ADDITIONS ET CORRECTIONS

A LA

GÉNÉALOGIE DE CORNULIER

IMP. GEORGES JACOB, — ORLÉANS.

ADDITIONS ET CORRECTIONS

A LA GÉNÉALOGIE

DE CORNULIER

ÉDITION DE 1884

ET AUX PIÈCES JUSTIFICATIVES

PRÉCÉDEMMENT IMPRIMÉES

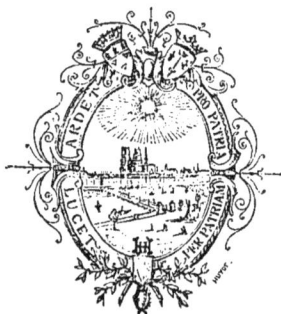

ORLÉANS

H. HERLUISON, LIBRAIRE-ÉDITEUR

17, RUE JEANNE-D'ARC, 17

—

1886

ADDITIONS ET CORRECTIONS

A LA

GÉNÉALOGIE DE CORNULIER

ÉDITION DE 1884

ET AUX PIÈCES JUSTIFICATIVES PRÉCÉDEMMENT IMPRIMÉES

Page **9.**

A une époque voisine de la Révolution, une partie des cartons de Gaignières, représentant les anciens monuments de la France, furent dérobés à la bibliothèque royale et vendus en Angleterre; c'est aujourd'hui la bibliothèque d'Oxford qui les possède. Le gouvernement de Napoléon III a fait faire des copies de ces dessins pour compléter la collection de Paris, mais ces copies ne furent pas toujours exécutées fidèlement. De graves inexactitudes ayant été reconnues, M. Hucher, conservateur du musée archéologique du Mans, fit copier directement à Oxford, pour le compte de la ville, en 1856, ceux de ces dessins qui concernaient le Maine. Ces copies furent faites sous la direction d'un célèbre antiquaire d'Oxford, sir John-Henri Parcaire, qui a contresigné tous les dessins.

Dans la généalogie imprimée en 1863, nous avons donné le dessin du tombeau de BÉATRIX DE CORNILLÉ, l'une des bienfaitrices de la Chartreuse du Parc et inhumée dans la nef de l'église de ce monastère en 1421, d'après la copie qui existe à Paris; ici nous donnons la photographie du dessin bien plus complet qui est déposé à la bibliothèque du Mans.

Page **13.**

De deux actes, en date du 30 juin 1392, analysés par Dom de Villevieille dans son recueil, vº *Andigné*, il appert que Jehan *de Cornillé* était à cette époque curateur de Guillaume d'Andigné conjointement avec Guy du Gué, chevalier. Ils font un accord sur partage entre ledit Guillaume d'Andigné, petit-fils et héritier P. et N. de Geoffroy d'Andigné, chevalier, d'une part ; et Olivier d'Andigné, fils puiné dudit Geoffroy et Jehan d'Andigné, seigneur des Essars, oncle dudit Guillaume, d'autre part.

Page **17.**

Emma de Cornillé, citée par Dom Piolin (*Histoire de l'Église du Mans*, t. IV, p. 359) comme l'une des bienfaitrices de la Chartreuse du Parc, devait être fille de Pierre de Cornillé, seigneur de la Bichetière, car sa donation date d'environ 1550.

Page **19.**

Dans une enquête judiciaire faite à Rennes le 11 mai 1624 et rapportée par Julien Picot, notaire, pour vérifier si Charles d'Aiguillon, sieur de la Touche et de la Juliennaye, et Denise Guéhenneuc, sa femme, étaient parents au degré prohibé d'un certain nombre de magistrats du Parlement de Bretagne, où ils avaient un procès contre Guillaume de Bruc, déposent :

Le 1er témoin, écuyer René le Mesnager, dit savoir que ladite Guéhenneuc, veuve en premières noces d'écuyer Jacques Le Borgne, dont elle a un fils unique, Jean le Borgne, est remariée à Charles d'Aiguillon ; qu'elle est fille de feu écuyer René Guéhenneuc et de dame Jeanne de Kermainguy, sieur et dame de la Briançaye. — Laquelle de Kermainguy était fille de feu écuyer Guillaume de Kermainguy et de demoiselle Isabeau *de Cornillé*, sieur et dame de Rainefort. Que ladite Isabeau *de Cornillé* était fille de feu messire Briand *de Cornillé*, etc.

Le 3e témoin, Me Guillaume Jehanne, fait la même déclaration et ajoute que Guillaume de Kermainguy était fils d'écuyer François de Kermainguy, président en la Chambre des Comptes de ce pays, et de Marie Grignon.

Dans les titres produits, on vise le contrat de mariage de Briand *de Cornillé* avec Jeanne *de Poix,* du 6 mai 1545, signé Greslier et Gasrel ; et celui d'écuyer Guillaume de Kermainguy, seigneur de Rainefort, avec demoiselle Isabeau *de Cornillé,* du 13 février 1560. (*Extrait communiqué par M. Saulnier, conseiller à la Cour d'appel de Rennes.*)

Page **20.**

Le contrat de mariage de Christine *de Cornillé* et la transaction entre Pierre de la Haie et René Guéhenneuc sont extraits des archives du château de Bosré, commune d'Aubigné (Sarthe), appartenant à M. le comte de Buglion. Ces deux pièces ont été insérées dans le *Complément de la Généalogie de Cornulier,* p. 124-127.

Pages **21** et **22.**

Extraits des registres de la chancellerie de Bretagne.

En 1474, Évocation au Conseil entre Hervé *de Cornillé* et Geoffroy de Chasné, curateur de Bertrand de Chasné.

En 1526, Perrine et Françoise *de Cornillé* contre François de la Cigoigne, garde de sa fille, pour partages ; et aussi Guyonne *de Cornillé,* veuve de feu Hervé *de Cornillé.*

Page **29.**

C'est bien vers 1405, et non vers 1415, comme une erreur de lecture faite sur une copie presque indéchiffrable nous l'avait fait dire précédemment, que Guillaume Ier *de Cornillé* ou *de Cornulier* épousa Honorée de Montbourcher. En effet, son fils, rendant aveu pour sa terre de la Janneusse en 1433, devait, pour être capable de cet acte, être majeur de 25 ans à cette époque, ce qui reporte sa naissance au plus tard en 1408.

Comme l'aveu du fils devait être rendu dans l'année du décès du père, celui-ci dut mourir à la fin de 1432 ou au commencement de 1433.

Quant à Michelette, elle était certainement encore mineure en 1433, puisqu'elle ne figure pas personnellement dans cet acte.

Page **40.**

Ajoutez à la suite du premier alinéa de la note : Mais ce brevet n'avait rien de commun avec la charge de secrétaire du Roi en titre ; il ne le créait pas officier de chancellerie. La preuve qu'il ne jouissait pas des privilèges attachés à cette charge, c'est qu'à l'occasion de son acquisition de la vicomté de Rezé, le roi lui fit, par lettres spéciales, à titre gracieux et exceptionnel, remise des droits de lods et ventes qui lui étaient dus ; or, l'un des principaux privilèges des notaires secrétaires du roi en titre consistait dans l'exemption de ces droits ; elle allait de droit.

Page **43.**

Extrait des manuscrits de Dom Fonteneau, déposés à la bibliothèque de la ville de Poitiers, t. VIII, p. 307 et 308.

Du 2 novembre 1609, transaction passée entre H. et P. messire Josias Bouchard d'Aubeterre, chevalier de l'Ordre du roi, gentilhomme ordinaire de sa chambre, seigneur de Saint-Martin-de-la-Couldre en Saintonge, seul hérititier de défunt H. et P. mesire Jean Bouchard d'Aubeterre, chevalier de l'Ordre du roi et seigneur du dit lieu de Saint-Martin, et de dame Françoise Hamon, ses ayeul et ayeule, d'une part ;

Et H. et P. dame Robinette Hamon, dame d'honneur ordinaire de la défunte royne douairière de France, dame de la Flocellière, Cerisay, Laspois, Saint-Martin-d'Ars et Vernon en Poitou, et de Saint-Jean-sur-Coynon en Bretagne, veuve de défunt H. et P. messire Claude de Maillé, vivant chevalier de l'Ordre du roi et gentilhomme ordinaire de sa chambre, seigneur de Milly, Brezé et Sésnoussan, d'autre part :

Pour raison de ce que ledit seigneur de Saint-Martin disait que par le contrat de mariage des dits seigneur et dame Jean Bouchard d'Aubeterre et Françoise Hamon, ses ayeul et ayeule, dame Renée de Surgères, vivante dame de Serrant, mère de feu messire Jean Hamon, vivant seigneur de Bouvet, frère aîné de ladite Françoise, aurait entre autres choses promis auxdits Bouchard et Hamon, conjoints, la somme de cinq mille livres, payable deux ans après le décès de ladite de Surgères, pour les successions paternelle et maternelle de ladite dame Françoise Hamon, au sujet de quoi ils font traité.

A la ligne 5 de la note, lire *Nort* au lieu de Niort. Et ligne 12, ajoutez : un adepte prétentieux de la renaissance des lettres grecques l'aurait nommée *Khelidonic*, un Anglais *Nightingalia*.

Page **48.**

Dans une *Note sur les relations officielles que les États de Bretagne ont entretenues avec les historiens de la province*, M. Hippolyte Raison du Cleuziou rappelle qu'un rapport fut fait, aux États assemblés de Rennes en 1617, sur la somme promise à Charles d'Argenté, par l'évêque de Tréguier, l'un de leurs députés, et il ajoute que « le siège épiscopal de Tréguier était « occupé à cette date de 1617 par messire Pierre Cornulier, homme de

« grande science et d'un rare mérite, que les États élurent en 1614 pour
« adresser un compliment au jeune roi Louis XIII et à la reine régente,
« Marie de Médicis, sa mère, venus à Nantes faire l'ouverture de la tenue,
« et qui fut aussi choisi pour l'un des représentants de l'Église de Bretagne
« aux États-généraux de 1614, bien qu'il ne fût encore qu'abbé de Saint-
« Méen. »

Cette députation du Clergé de Bretagne aux États-généraux de 1614 se composait des évêques de Rennes et de Saint-Malo ; d'Artus d'Espinay, abbé de Redon ; Pierre Cornulier, conseiller au Parlement de Bretagne, abbé de Saint-Méen ; Sébastien de Rosmadec, abbé de Paimpont ; et de Charles Gouault, archidiacre de Rennes.

Il aurait été intéressant de connaître la harangue adressée à Louis XIII par Pierre Cornulier à l'ouverture des États tenus à Nantes en 1614, mais les procès-verbaux de cette session ne la rapportent pas. Elle devait y être insérée ; elle est mentionnée ; un blanc a été réservé pour sa transcription sur le registre ; mais ce blanc n'a pas été rempli, faute sans doute par l'abbé de Saint-Méen d'avoir fourni aux secrétaires la copie de son discours.

Quant à la harangue adressée par Pierre de Cornulier au Maréchal de Thémines, lors de son entrée à Rennes en 1627, et qui est mentionnée avec éloges par le *Mercure Français*, le texte en paraît également perdu.

Page **51**.

Le 7 septembre 1635 furent réunis au manoir épiscopal de Rennes Révérend Père en Dieu Pierre Cornulier, Monseigneur évêque de Rennes, et MM. les députés de la Communauté de ville et du Chapitre dudit Rennes. Lequel seigneur évêque a remontré comment ladite ville ayant été durant longues années affligée d'un mal contagieux, il aurait plu à la divine bonté inspirer le salutaire conseil d'offrir à Notre Seigneur et à la glorieuse vierge, sa mère, de la part de tous les ordres de ladite ville, un vœu solennel afin d'obtenir la cessation de ce mal ; ce qui leur aurait si favorablement succédé que, incontinent cette résolution prise, on aurait vu la maladie cesser et disparaître tout d'un coup. En suite duquel bienfait et visible assistance du ciel, ils auraient l'an dernier, au jour et fête de la nativité de la Vierge, présenté leur dit vœu à Dieu et à la Vierge en cette église cathédrale, et icelui porté de là en procession solennelle en l'église de Notre-Dame de Bonne-Nouvelle, où il aurait été posé et laissé.....

Pour perpétuer et entretenir la mémoire de ce bienfait, l'évêque propose que chaque année il se fasse, au jour de la Nativité, en l'église cathédrale, un service solennel, comme aux plus grandes fêtes, auquel la communauté assisterait en corps, avec procession au couvent de Bonne-Nouvelle, et autres offices détaillés. Pour la fondation de laquelle solennité, l'évêque offre de constituer une rente perpétuelle de 40 livres.

Et, pour ce que l'intention dudit seigneur évêque est de faire construire de ses deniers dans l'église-cathédrale une chapelle qui sera appelée *la chapelle du Vœu,* où seront mises les armes du Roi en alliance de Bretagne, celles dudit seigneur-évêque avec celles du Chapitre et de la ville, etc.

Tous lesquels articles ont été agréés par MM. les députés de la communauté de la ville et du Chapitre, signé : P. Cornulier, E. de Rennes ; de tous les députés ; Richard et Priou, notaires et tabellions royaux.

Le 15 avril 1637, le vénérable Chapitre reconnaît que le lieu le plus favorable pour établir la chapelle du Vœu est le côté septentrional de l'aile gauche de la cathédrale. Dit qu'elle sera bâtie et ornée aux frais du seigneur évêque, sans qu'il en coûte rien aux vénérables chanoines, lesquels consentent que l'image de Saint-Sébastien, qui est à présent dans le lieu destiné à ladite chapelle, soit transportée en autre place. Que ladite chapelle s'appellera désormais *la Chapelle de Notre-Dame-du-Vœu ;* que ledit seigneur évêque pourra y faire construire une sépulture avec un enfeu prohibitif pour y inhumer son corps ou ceux des membres de sa famille ; sans qu'aucun autre puisse être enterré dans l'enceinte de ladite chapelle, prohibitive à lui et aux siens, que par la permission et congé de l'aîné de sa maison. Qu'il y fera mettre ses armes avec celles de l'Église ; y aura écussons, banc à accoudoir tels que bon lui semblera.

En faveur et reconnaissance de quoi ledit seigneur évêque déclare vouloir bâtir, embellir et enrichir ladite chapelle à ses propres coûts et dépens, et baille auxdits sieurs du Chapitre la somme de 3,600 livres, savoir présentement 2,100 livres pour être, par eux, employée aux embellissements de ladite église, dont ils le quittent; et le surplus, qui est de 1,500 livres, il le donnera pour accroître les orgues. En conséquence de cet engagement, le Chapitre décide que les armes de l'évêque seront apposées avec les siennes au buffet et tuyaux desdites orgues.

Le 6 avril 1642, MM. du Chapitre donnent acte à M. Moreau, faisant pour M. le général de la Touche-Cornulier, frère et héritier principal et noble de feu Monseigneur de Rennes, de ce qu'il a versé la somme de 1,500 livres ci-dessus promise à M. Varignon, facteur d'orgues, dont il présente la quittance, Priou, notaire royal.

Page 52.

Extrait du 1er registre de la paroisse de Saint-Martin-des-Vignes de Rennes (1562-1664). — Mort et inhumation de Pierre Cornulier, 1639.

Le vendredi 22e jour de juillet 1639, environ un quart d'heure après-midi, décéda en la maison des Trois-Croix, paroisse de Saint-Martin, Révérend père en Dieu Messire Pierre Cornulier, évêque de Rennes, abbé de Saint-Méen, natif du pays nantais. Lequel évêque est digne de mémoire pour ses grandes vertus, étant homme quasi sans pareil, pour bien et dignement officier pontificalement en l'église; et, ayant été vingt ans évêque de Rennes, a continuellement résidé et fait ses visites chacun an par son évêché et tenu ses synodes, auxquels il a toujours fait de très belles et très pieuses exhortations. Homme lequel en ses actions communes n'a contrevenu en quoi que ce soit à la connaissance du public à ce qu'il a prêché en chaire.

Toutes fois, pendant sa charge, a été fort actif à défendre les droits, honneurs et rangs de l'Église; et jusque même, au grand regret des ecclésiastiques, aurait entrepris et eu procès contre le Parlement. Et a eu l'œil à tenir les prêtres en leur devoir; a réformé les monastères et couvents; célébrait quasi tous les jours la messe. Assez humble et affable à tous, quoique bien et honorablement suivi, et étant homme riche de trente mille livres de rente en bénéfices et maisons, et bien vu chez le Roi et en Cour. Homme grand et net d'esprit, de bon conseil. Lequel avait été conseiller au Parlement avant que d'être évêque de Tréguier, puis fut évêque de Rennes. Lequel prenait à ladite maison des Croix sa récréation ordinaire, a fait embellir icelle maison, laquelle appartenait à son frère aîné demeurant à Nantes.

Homme lequel conservait et chérissait sa santé, toutefois fut saisi d'une fièvre chaude et continue le vendredi treizième jour de juillet au soir, de laquelle, quoique assisté de plusieurs médecins, il décéda le vingt-deuxième. Pendant laquelle, contre la nature de son mal, ainsi que disaient les médecins, il ne perdit pas le jugement, sinon par intervalles; mais toutefois les deux derniers jours de sa vie son esprit lui revint sans aucune réserve, et même n'eût-on pas dit qu'il eût été malade pour l'attention de son esprit et les résolutions et grand désir qui le prit de mourir en bon état avec Dieu ; avec de très belles protestations de foi qu'il fit en communiant trois fois les trois derniers jours de sa vie, comptant le jour qu'il décéda, et faisant de très belles exhortations sur la créance, vertu et efficacité qu'il croyait être au précieux corps de Jésus-Christ. Faisant remontrance à ceux qui venaient le voir, principalement du Clergé, de Messieurs du Parlement, de la communauté de ville de ce qu'ils devaient porter aux prêtres.

Étant décédé, il fut question de l'enterrement et de la forme de l'enlever de ladite maison des Croix. Quelques-uns étaient d'avis que cinq ou six chanoines fussent venus avec les prêtres et autres officiers dudit défunt, tous en surplis conduire son corps au manoir (le palais épiscopal) ; autres qu'on l'eût mis en son carrosse avec ses prêtres et conduit au manoir. A tout quoi je m'opposai de paroles, quoi qu'il eût été mon évêque, nonobstant qu'il était mon paroissien, et mourut sous notre juridiction de Saint-Melaine. Quelle opposition fut trouvée bonne cause, pourquoi on m'en laissa le soin de la conduite, de sorte que je fis venir plusieurs prêtres jusqu'au nombre de cinquante ou soixante, tous en surplis ; et moi avec mon surplis et étole, fis la conduite du corps jusqu'au manoir de Rennes, et le laissai sur son lit d'honneur. Quelle conduite se fit processionnellement, la croix levée, chantant en voix moyenne et d'un ton, le même jour de son décès, environ les huit heures du soir, n'y ayant aucune paroisse que la mienne. A laquelle conduite assistèrent un nombre infini de personnes.

Le lendemain son corps fut ouvert et fut trouvé par les médecins que ç'avait été un miracle de ce que son esprit ne s'était point extravagué en sa maladie ; puis fut remis sur son lit d'honneur, l'espace de trois ou quatre jours, contre ce qu'il avait expressément dit et ordonné qu'on ne lui fît aucune pompe après son décès.

L'évêque de Dol officia pontificalement le jour de son enterrement solennel. Il portait en ses armes une tête de cerf et une hermine entre les branches. Il fit bâtir la Chapelle de la Vierge en l'église Saint-Pierre pour le Vœu du Roi, laquelle est à l'entrée vers la grande porte, à venir de Saint-Sauveur droit en ladite église ; mais il mourut avant qu'elle fût parachevée à ses frais, suivant le marché qu'il avait fait avec les architectes. Dieu veuille le mettre en son paradis.

Il y a quelque chose écrit de lui par les recteurs de Servon et de la Mesière.

Signé : Fr.-Joseph de la MARQUERAYE.

Nota. — François-Joseph de la Marqueraye était religieux bénédictin de l'abbaye Saint-Melaine, licencié en droit canon, prieur-recteur de Saint-Jean-d'Ercé-en-la-Mée, et recteur de Saint-Martin. (*Communiqué par M. Saulnier, conseiller à la Cour d'appel de Rennes.*)

Gilles de Languedoc, greffier de la communauté de la ville de Rennes, rapporte dans son *Recueil* manuscrit que cette communauté n'assista pas en corps aux funérailles de l'évêque de Cornulier, à cause d'une contestation qu'il y avait alors au sujet de sa préséance. Cette difficulté ne fut réglée que par un arrêt du Conseil du 13 mai 1659, qui attribua cette préséance au gouverneur de Rennes, à son lieutenant ou aux connétables, à l'exclusion des officiers du présidial qui y prétendaient.

Le corps de l'ancienne cathédrale de Rennes menaçant ruine, l'évêque décréta sa fermeture en 1754. A la suite de cette décision, et avant de procéder à la reconstruction du vaisseau, deux procès-verbaux de l'état des lieux furent dressés : l'un pour les parties apparentes à l'extérieur, l'autre pour les parties souterraines. Ces procès-verbaux ont été publiés dans le recueil intitulé *Bulletin monumental*, année 1877, au tome 43 et suivants. Ils ont pour objet principal de décrire les intersignes existant dans l'église, afin de constater les droits des fondateurs, et de pouvoir reproduire dans la nouvelle construction leurs chapelles prohibitives, leurs écussons, leurs tombeaux et leurs épitaphes. Nous extrayons de ces procès-verbaux ce qui a rapport principalement à la Chapelle dite du Vœu de Cornulier, qui occupait le fond du transept nord de l'ancienne cathédrale.

« Avenant le lundi, 17ᵉ jour de février 1755, nous commissaires étant en-
« trés dans la chapelle dite *du Vœu*, située à l'extrémité septentrionale du
« bras de la Croix de l'église, a comparu maître Christophe Mahé, avocat en
« la cour, agissant pour Messire Toussaint *de Cornulier*, chevalier, seigneur
« du Bois-Maqueau, président à mortier au Parlement de Bretagne, qui a
« représenté appartenir audit seigneur président de Cornulier, comme chef
« de nom et d'armes, une chapelle en cette église nommée *la Chapelle du*
« *Vœu*, occupant le fond de l'aile senestre ; fermée de balustrades à colonnes
« de marbre, avec une porte d'entrée à deux battants sur laquelle sont les
« armes de la Maison de Cornulier, de même que sur le frontispice de ladite
« porte en voûte de pierre de tuffe sculptée. En laquelle Chapelle est un
« autel élevé et très orné, au frontispice duquel sont pareillement les armes
« de la Maison de Cornulier, même en plusieurs autres endroits de ladite
« Chapelle ; en laquelle sont pareillement un enfeu avec tombe et banc à
« accoudoir portant les mêmes armes qui sont : *une tête de cerf avec ses*
« *branches, fond d'azur, une hermine d'argent entre les branches ;* le tout
« lui appartenant prohibitivement comme représentant Messire Pierre de
« Cornulier, vivant seigneur évêque de Rennes, auquel et aux siens de sa
« famille ladite Chapelle fut cédée par acte du 15 avril 1637 ; et a requis que
« les décorations et ornements de ladite Chapelle et autel soient conservés
« pour être replacés de la même structure. De plus a requis être fait vérifi-
« cation que les mêmes armes de Cornulier sont en la boisure des orgues de
« ladite église et ailleurs ; sous réservation de l'exécution de la fondation
« faite par ledit seigneur-évêque de Cornulier, par autre précédent acte du
« 7 septembre 1635.

« A l'endroit, les députés de la ville et communauté de Rennes ont dit que
« la maladie contagieuse étant dans la ville de Rennes en l'année 1631, la
« communauté de cette ville fit un vœu qu'elle dédia à Notre-Dame de
« Bonne-Nouvelle, pour la délivrance de ce mal, lequel fut porté le jour de
« la Nativité, 8 septembre 1634, en la Chapelle de Notre-Dame de Bonne-
« Nouvelle, où il est déposé. On ordonna aussi qu'il serait fait une fondation
« en l'église cathédrale de Saint-Pierre et construit un autel sur lequel les
« armes de la ville seraient peintes. Messire Pierre de Cornulier, lors évêque
« de Rennes, voulut contribuer à cet acte de piété, de manière qu'il se passa,
« le 7 septembre 1635, devant les notaires royaux de Rennes, un acte entre
« ledit seigneur-évêque, les députés de la Communauté de cette ville et les
« députés du Chapitre, pour faire cette fondation concurramment, laquelle
« serait nommée la *Chapelle ou autel du Vœu*. En laquelle Chapelle située
« au septentrion de la nef, on voit en plusieurs endroits les armes dudit
« seigneur de Cornulier, évêque de Rennes, et il paraît une place vide où
« étaient vraisemblablement les armes de ladite ville et communauté.

« Procédant à la visite et examen de ladite Chapelle *du Vœu*, nous avons
« vu ce qui suit.

« Le grand vitrail qui éclaire cette chapelle est *semé d'hermines.*

« Le rétable de l'autel est d'ordre Corinthien ; les quatre grandes colonnes
« et les quatre moyennes sont de marbre jaspé.

« Le tableau du milieu représente l'annonciation de la Sainte-Vierge ; les
« armes qui sont peintes au bas de ce tableau, du côté de l'évangile, sont
« *d'azur à la rencontre de cerf d'or, surmontée d'une hermine d'argent,*
« avec couronne de comte, *cordon de Saint-Michel,* un casque de front avec
« lambrequins et un mortier au-dessus.

« Le couronnement de l'ordre attique du rétable d'autel porte les mêmes
« armes et les mêmes attributs en sculpture.

« Le tympan, d'ordre Corinthien, est chargé d'un écusson pareil, avec
« mitre et crosse d'évêque.

« Les deux couronnements des arrière-corps du rétable portent chacun
« un écusson semblable au précédent.

« Les armes ci-dessus se trouvent répétées en peinture sur les gradins de
« l'autel.

« Une arcade, du côté de l'épître, pratiquée dans l'épaisseur du mur, ornée
« de sculptures et de petites tables de marbre incrustées dans la pierre. La
« clef de voûte de cette arcade porte les mêmes armes ; elles sont encore
« répétées au-dessous d'une pierre tombale de marbre noir élevée à environ
« deux pieds et-demi au-dessus du pavé et posée horizontalement dans cette
« arcade. Dans le fond, au-dessus de ladite table de marbre, on trouve une
« épitaphe sur marbre noir contenant ces mots... » (Cette épitaphe a déjà
été donnée, 1er *Supplément,* p. 120 ; seulement le *Bulletin monumental* la
reproduit, tome 44, telle qu'elle était figurée sur la pierre.)

« La porte d'entrée de cette chapelle est décorée de pilastres et de colonnes
« de marbre d'ordre corinthien. L'amortissement au dehors de cette porte
« est chargé des mêmes armes que les précédentes.

« Le mardi 18 février 1755, étant montés dans les orgues, nous avons re-
« connu que lesdites armes de Cornulier sont sculptées sur le buffet desdites
« orgues du côté gauche.

Deuxième procès-verbal.

« Avenant le mercredi 28e jour de janvier 1756, étant entrés dans la cha-
« pelle du *Vœu de Cornulier,* nous avons fait lever la pierre tombale de
« marbre noir qui couvrait le tombeau qui est dans une arcade pratiquée
« dans le mur du côté de l'épître. Nous avons trouvé un cercueil de plomb
« sous cette pierre tombale. Ce cercueil a sept pieds de longueur sur deux pieds
« huit pouces et quinze pouces de largeur. Il n'y a qu'une Croix de plomb
« soudée sur ce cercueil, sans aucune épitaphe ni écusson que ceux qui sont
« à l'extérieur, savoir, un écusson portant : *d'azur au rencontre de cerf d'or*

« *surmonté d'une hermine d'argent*, avec mitre et cordon d'évêque, et l'épi-
« taphe de M. Pierre de Cornulier, évêque de Rennes, décédé en 1639, âgé
« de 74 ans, comme le rapporte notre premier procès-verbal.

« Le jeudi 29ᵉ jour de janvier audit an 1756, nous sommes entrés dans la
« Chapelle du *Vœu de Cornulier* pour continuer d'y faire la fouille. Après
« avoir fait creuser dans différentes parties de ladite chapelle, nous avons re-
« connu par la solidité de la terre qu'elle n'avait point été remuée et que
« personne n'y avait été inhumé. Nous avons cependant trouvé un caveau
« sous terre de quatorze pieds de longueur, cinq pieds et demi de largeur et
« huit pieds de hauteur, sous clef, fermé en plein ceintre, dont le dessus est
« de niveau avec le sol du pavé de ladite chapelle. On descend dans ce caveau
« par six marches de moellon, et l'entrée en était fermée par une grande
« pierre d'Orgères.

« Étant descendus dans ce caveau, nous y avons trouvé tous les ossements
« d'un homme avec des morceaux de bois qui étaient les restes d'un cercueil.
« Il paraît qu'on avait mis de la chaux sur ce cadavre pour le consommer
« promptement. Nous n'avons trouvé autour de ces ossements aucun inter-
« signe qui nous pût faire connaître quelle était la personne que l'on avait
« inhumée dans ce caveau. Nous avons fait creuser le fond, mais la consis-
« tance du terrain nous a fait voir qu'il n'avait jamais été remué. »

Page **53.**

Du 6 novembre 1597, contrat de mariage entre noble et puissant René
Champion, fils et héritier noble de défunts messire François Champion,
vivant chevalier de l'ordre du roi, et dame Françoise de la Chapelle, sieur
et dame de Cicé, des Croix, des Noiers, des Cerrières, demeurant en la ville
de Rennes d'une part ;

Et demoiselle Charlotte Cornulier, fille de défunt noble homme Pierre
Cornulier, Conseiller du roi, trésorier de France et général des finances en
Bretagne, et de demoiselle Claude de Comaille, sieur et dame de la Touche,
la Haye, etc. Ladite dame demeurant en la paroisse de Sainte-Radégonde de
la ville de Nantes et stipulant pour sa fille.

Ladite Charlotte Cornulier aura pour droit aux successions de ses père et
mère la somme de douze mille écus sol, valant soixante sols pièce, dont onze
mille seront placés par le sieur de Cicé en acquets nobles. La future épouse
aura pour douaire la jouissance viagère de la moitié des immeubles du sieur
de Cicé. Ledit mariage fait du consentement de ladite de Comaille et de
nobles gens Jacques de Launay, sieur dudit lieu, président en la cour de
Parlement de Bretagne, — Claude Cornulier, sieur de la Touche, trésorier
deFrance et général de ses finances en Bretagne, — Jean Cornulier sieur de
Lucinière, demoiselle Anne Harouys, dame du Chapeau, tous parents et
alliés de ladite mineure.

Fait et consenti en la ville de Nantes, le jeudi 6 novembre 1597, signé : *Claude de Comaille, René Champion, Charlotte Cornulier, de Launay-Cornulier, Jan Cornulier, dame de Harouys,* Bezier, notaire royal, et Chauveau, notaire royal, vers lequel le registre est demeuré.

REMARQUE. — Il résulte de l'acte précédent que Marie de Cornulier, mariée à Jacques de Launay, était l'aînée, et que c'est elle dont le contrat fut passé le 26 mai 1594, celui de sa sœur Charlotte étant de 1597.

Ce jour... novembre 1599, ont comparu devant nous, notaire de la cour de Rennes, noble et puissant René Champion, chevalier de l'ordre du roi, et dame Charlotte Cornulier, sa compagne, seigneur et dame de Cicé, les Croix, le Noyer, la Chèze, etc. H. P. et N. de feu aussi N. et P. François Champion, son père, vivant, aussi chevalier de l'ordre, demeurant au château de Cicé, paroisse de Bruz. Lequel seigneur de Cicé nous a déclaré qu'à la mort de son père, il a trouvé sa succession chargée de beaucoup de dettes et que ses parents assemblés ont été d'avis que le meilleur moyen de sortir d'embarras était de vendre sa terre des Croix, qui était celle de moindre rapport ; et que, d'un autre côté, ne s'étant trouvé pour en faire l'acquisition que le sieur général de la Touche Cornulier, ils auraient ainsi arrêté les conditions du contrat.

Les sieur et dame de Cicé vendent à N. H. Claude Cornulier, seigneur de la Touche, Conseiller du roi, trésorier de France et général des finances en Bretagne, le manoir, maison seigneuriale et terre des Croix et dépendances, sise en la paroisse de Saint-Martin-des-Vignes, près de cette ville de Rennes, relevant prochement et noblement de l'abbaye de Saint-Melaine de Rennes, avec moyenne et basse justice. Plus sept bailliages qui en dépendent et s'étendent dans les paroisses de la Chapelle-des-Fougerais, de Montgermont, de Mélesse, de Betton et de Cesson, lesquels relèvent du roi, de la cour de Betton et de la cour de l'évêque de Rennes. La vente est faite au prix de six mille écus.

(Communiqués par M. Saulnier, conseiller à la Cour d'appel de Rennes.)

Page 54.

Du 18 février 1612, aveu rendu au chapitre de Nantes par Claude de Cornulier pour sa terre de la Haye, en la paroisse de Sainte-Luce, comprenant un manoir principal flanqué de quatre pavillons, écuries, chapelle, jardins, vergers, futaie, cours, métairies, étables ; le tout clos de murailles avec tourelles, contenant environ cinq journaux. Bois de haute futaie et de décoration, taillis, prés, châtaigneraie comprenant vingt-quatre journaux d'un seul tenant et sans tressaut.

Page **60.**

*Contrat de gage, sous forme de vente à réméré, de la Vicomté de
Saint-Nazaire.*

Par acte du 12 janvier 1635, au rapport de Jean Caud, notaire royal à
Rennes, appert que messire Gabriel de Goulaine, seigneur-marquis de Goulaine, héritier de dame Marguerite de Bretagne, sa mère, reconnaissant que
messire Claude *Cornulier*, seigneur de la Touche, conseiller du roi en ses
conseils d'État et privé et trésorier général de ses finances en Bretagne,
résidant en la ville de Nantes, se serait à son instante prière et requête démis
en sa faveur, entre les mains de M. de la Galissonnière, conseiller du roi en
ses conseils d'État et de ses finances, des terres et seigneuries de la Grande-
Guerche et de Saint-Aubin-de-Luigné, au pays d'Anjou, qui lui avaient été
adjugées aux requêtes du Palais de Paris dès le mois de juillet 1633. Or, par
acte du 14 février 1630, ledit marquis avait promis de remettre lesdites
terres, quittes de tous frais, aux mains dudit seigneur de la Galissonnière,
moyennant quoi il demeurerait déchargé des cent mille livres qu'il lui devait.

En récompense de laquelle cession, montant tant en principal qu'en
accessoires à la somme de cinquante-quatre mille livres, ledit marquis,
n'ayant aucuns deniers pour rembourser ledit seigneur de la Touche, l'aurait
supplié dans une occasion aussi importante et utile en la nécessité de ses
affaires, de prendre en acquit la terre et seigneurie de Saint-Nazaire, lui
appartenant du chef de sa mère, lui offrant de la faire valoir le juste revenu
des terres d'Anjou. Ce que ledit seigneur de la Touche a eu agréable pour
faire plaisir audit marquis et le servir en cette occasion pour l'accommodement de ses affaires, encore qu'il ait déjà acquitté grande quantité d'autres
dettes de la succession du feu seigneur de Goulaine.

A ces causes, icelui seigneur-marquis a par ces présentes héritellement
transporté audit seigneur de la Touche acceptant la terre et seigneurie et
appartenances de Saint-Nazaire, s'étendant en diverses paroisses, avec ses
prééminences, foires, marchés, fiefs, sans aucune réservation, et ce moyennant le prix de cinquante-quatre mille livres que lui avaient coûté les terres
d'Anjou cédées au seigneur de la Galissonnière par contrat de ce jour.

Et néanmoins aurait été accordé par ledit seigneur de la Touche audit
seigneur de Goulaine la condition et grâce qu'en lui remboursant ladite
somme de cinquante-quatre mille livres, dans le temps de neuf ans, en un
seul payement, icelui seigneur de Goulaine pourra rentrer en possession
d'icelle terre, s'obligeant la faire valoir trois mille trois cent soixante-quinze
livres de revenu annuel et lui bailler fermiers solvables pour ce prix dans
trois mois.

Par acte du 22 avril 1644, messire Pierre Cornulier, conseiller du roi en ses conseils d'État et privé, président au Parlement, reconnaît avoir reçu de Messire René du Liscouet, seigneur du Bois-de-la-Roche, en l'acquit du marquis de Goulaine, la somme de trente-quatre mille livres, pour le reste et parfait paiement de l'engage de la terre et seigneurie de Saint-Nazaire.

(Extrait des minutes de Berthelot, aux archives de la Cour d'appel de Rennes, communiqué par M. le conseiller Saulnier.)

Page 65.

Du 25 juillet 1455, lettres-patentes données à Vaujoyeux (vaujours en Anjou) par le duc Pierre de Bretagne.

« Comme de longtemps à notre très cher et bien-aimé cousin Jehan, sire
« de Bueil, comte de Sancerre, admiral de France, ait fait par plusieurs
« instances, demandes et questions à feuz princes de chère mémoire,
« MM. les ducs Jehan et François, nos père et frère que Dieu pardoincts,
« et à nous-mêmes d'avoir récompense et rétribution de la terre, chastellenie
« et seigneurie de Chasteaufromont, située en notre pays de Bretagne,
« laquelle fut audit sieur de Bueil et à ses antécesseurs, dont il disait et se
« maintenait avoir été subtilement et induement spolié et départy par feue
« la reine de Sicile dernière trépassée au traité de mariage de feuë Yolant,
« sa fille, qui en son istant eut épousé feu notre dit frère le duc François.
« De laquelle terre et seigneurie de Chasteaufromont, valant cinq cents livres
« de rente environ, nos dits prédécesseurs et nous avons accueilly possession
« et la baillée en partage à notre très cher cousin le comte d'Estampes,
« seigneur de Clisson, qui encore la tient à présent sans que ledit sieur de
« Bueil en eût jamais eu condigne récompense, pourquoi avait continuelle-
« ment poursuivy jusqu'à ores.
« Nous, ces choses considérées, voulant et désirant, pour la décharge des
« âmes de nos dits prédécesseurs, satisfaire audit sieur de Bueil, sopier et
« éteindre ladite demande et à ce que nous, notre dit cousin d'Estampes et
« tous autres nos héritiers et concernants puissions entièrement être et demeu-
« rer justement propriétaires et droicturiers seigneurs de ladite terre et
« seigneurie de Chasteaufromont, et que lesdits sieurs de Bueil ne puissent
« jamais aulcune chose demander.... avons, par la délibération de notre
« conseil, cédé et transporté..... audit sieur de Bueil la terre et seigneurie de
« Courcelles et de Chouzé, près Chasteaux en Anjou (nunc Château-la-
« Vallière, Indre-et-Loire) qui fut et appartenait à notre très cher et bien-
« aimé nepveu et feal Jehan, seigneur de Derval et de Chasteaugiron. Duquel
« sieur de Derval, ô l'autorité de notre très cher cousin et féal Geoffroy de
« Malestroit, son père, avons eu le retrait par titre héritel de ladite terre et
« seigneurie de Courcelles et Chouzé. »

(Communiqué par M. Charles d'Achon).

Page **67**.

Accord entre Pierre de Cornulier et Pierre de Champaigné.

Le 21 novembre 1644, par devant Berthelot et Lambert, notaires royaux à Rennes, ont comparu messire Pierre Cornulier, chevalier, seigneur de la Touche, conseiller du roi en ses conseils d'État et privé, président en son Parlement de Rennes, d'une part; et messire Pierre de Champaigné, chevalier, seigneur de la Motte-Ferchault, gouverneur de la ville de Château-Gontier, entre lesquels a été fait le présent acte. Parce que ledit seigneur président, comme subrogé de messire Claude des Houmaux, chevalier, seigneur de la Pérochère, son beau-père, aurait fait appeler aux requêtes du Palais de Rennes, messire Louis Cousturier, seigneur de Chambrette, conseiller audit parl¹ de Rennes, afin d'être condamné à lui payer la somme de trois mille livres en exécution de certain acte d'accord passé le 6 février 1630 entre lesdits seigneurs de la Motte-Ferchault et de la Pérochère. Et que lesdits seigneurs Président et de la Motte ont compté des jouissances du douaire de feue dame Anne Chenu, dame de la Haye-de-Torcé, mère de la dame femme dudit sieur de la Motte, et des obligations qu'elle avait consenties tant au sieur de la Pérochère qu'à son second mari; se sont respectivement tenus quittes.

Fait à Rennes, en l'hôtel dudit seigneur président, rue de la Cordonnerie, signé : Cornulier, Pierre de Champayné ; Berthelot et Lambert, notaires.

(Communiqué par M. Saulnier, conseiller à la Cour d'appel de Rennes.)

Page **79**.

Renée Hay, mariée à Claude de Cornulier, ne possédait pas d'autre immeuble que la terre et seigneurie de la Ville-Basse près de Tréguier. N'ayant pas laissé d'enfants, sa succession fut partagée de gré à gré, le 6 juillet 1719, entre : 1º Jean-Paul Hay, seigneur des Nétumières, conseiller au Parlement, H. P. et N. ; 2º François-Auguste Hay, seigneur de Tizé, son puîné ; 3º Joseph de la Grue, seigneur de la Frudière, fils de Louis de la Grue, seigneur de la Guerche, et de feue Jeanne-Françoise-Angélique Hay, sœur de la défunte présidente de Cornulier. Par arrangement particulier fait entre eux, la Ville-Basse resta au seigneur de Tizé, et c'est par ce moyen qu'elle revint à Marie-Félix-Pauline Hay, mariée en 1766 à Toussaint-Charles-François de Cornulier.

Page **80**.

Quand un fief changeait de mains par voie de vente, cette mutation produi-
sait dans la seigneurie le même effet qu'un brusque changement de dynastie
dans un grand État. Les officiers de la cour féodale, qui tenaient leurs pouvoirs du précédent seigneur, les perdaient ; ils devaient recevoir une nouvelle
investiture de celui qui le remplaçait. Or, d'un autre côté, ces officiers étaient
propriétaires de leurs charges ; ils les avaient acquises comme le faisaient alors
ceux de toutes les juridictions ; ils avaient donc droit à une indemnité s'ils
n'étaient pas agréés par le nouveau seigneur. Et celui-ci, en les agréant béné-
volement, se privait de son droit d'investiture, partie de ses casuels de fief.
Qui devait leur rembourser la finance qu'ils avaient versée pour prix de
leur office ? C'était évidemment l'ancien seigneur, s'il n'avait pas pris la précaution d'imposer leur maintien à son acquéreur.

Tel était le cas où se trouvait Guy de Lesrat, conseiller au parlement, qui,
par contrat du 15 avril 1686, au rapport de Petit, notaire à Nantes, avait vendu
la baronnie de Montrelais à Toussaint de Cornulier, sans stipuler aucune
réserve en faveur des officiers de cette cour. Dès qu'ils eurent connaissance
de cette omission, les sieurs Philippe Brevet, Sénéchal, et Julien Foucher,
procureur fiscal de la juridiction de Montrelais, firent opposition entre les mains
du marquis de Cornulier au paiement de ce qu'il restait devoir à son vendeur, jusqu'à concurrence des sommes qu'ils avaient versées pour l'acquisition
de leurs offices. De là un procès pendant aux requêtes du palais de Rennes.

Le différend fut assoupi par une transaction au rapport de Berthelot et
Bretin, notaires à Rennes, passée entre toutes les parties le 7 juillet 1690.
Moyennant la somme de mille livres, dont M. de Lesrat faisait remise, sur ce
qui lui restait dû, au marquis de Cornulier ; celui-ci consentait à ce que le
procureur fiscal gardât la jouissance de son office sa vie durant, et à ce que
le sénéchal gardât le sien en toute propriété, avec faculté pour lui et ses
héritiers de vendre sa charge à toute personne agréable au seigneur ; le tout
sans avoir à payer aucune nouvelle finance.

Page **85**.

Extrait des registres de la cathédrale de Saint-Malo.

Le 8 septembre 1680, acte du mariage célébré dans l'église cathédrale de
Saint-Malo par Pierre de la Cornillère, chanoine de cette église, entre messire
Toussaint de Cornulier, chevalier, marquis de Châteaufremont, baron de
Montrelais et autres lieux, conseiller du roi, président à mortier en survi-
vance au parlement de Bretagne, de la ville de Rennes, paroisse Saint-Aubin ;

— et demoiselle Anne-Louise de Trémerreuc, dame comtesse de Largouet, le Chesnay et autres lieux, de cette ville. En suite du décret de parentelle émané de la juridiction de Matignon, à cause de la minorité de ladite comtesse de Largouet, en date du 1er du présent mois.

En présence de H. et P. seigneur messire Claude de Cornulier, chevalier, marquis de Châteaufremont, seigneur de la Haye, la Renouardière, etc., conseiller du roi en ses conseils, président à mortier au parlement de Bretagne, père dudit seigneur marquis de Châteaufremont ; d'écuyer Jean Goret, seigneur de la Tandourie, conseiller du roi, notaire et secrétaire en la chancellerie de Bretagne, maison et couronne de France, ayeul de ladite dame de Largouet du côté maternel ; de messire Jean-Baptiste de Cornulier, chevalier, seigneur du Boismaqueau, conseiller du roi en ses conseils, président en la chambre des comptes ; d'écuyer Jean Goret, seigneur de la Couldre, fils dudit seigneur de la Tandourie. Signé : T. de Cornulier, Anne-Louise de Trémerreuc, Goret, F. Nepveu, Louis Hubert de Lasse, J. B. de Cornulier, C. L. de Cornulier, P. de la Cornillère.

(Communiqué par M. Saulnier, conseiller à la Cour d'appel de Rennes.)

Du 23 septembre 1690, au rapport de Berthelot et André, notaires royaux à Rennes, acte de vente d'une maison sise à Rennes, place du Champ-Jacquet, consentie par noble et discret messire Jean Bouvier, prêtre, recteur de la paroisse de Saint-Aubin de cette ville, au profit de messire Toussaint de Cornulier, chevalier, seigneur marquis de Cornulier, conseiller du roi en ses conseils, reçu en survivance président à Mortier au parlement de Bretagne, demeurant aussi place du Champ-Jacquet. Ladite vente faite moyennant le prix de 7400 livres et à la charge de servir une rente de 40 livres à la fabrique de la paroisse de Saint-Aubin. Cette dernière rente franchie le 27 février 1708 moyennant le paiement d'une somme de 800 livres.

Page 94.

Les deux sœurs de la présidente de Cornulier eurent cela de commun entre elles et de différence avec leur aînée qu'elles épousèrent de mauvais administrateurs de leur fortune ; qu'elles n'eurent chacune qu'un fils unique (c'est par erreur qu'il a été dit que Mme de Saint-Pern mourut sans postérité), et que ces enfants vendirent tout ce qu'ils avaient recueilli de leur mère. La présidente de Cornulier racheta toutes les terres que ses neveux avaient aliénées, à l'exception de celle de Lézonnet. Celle-ci lui était particulièrement chère, parce que c'est là qu'elle était née, mais elle fut vendue en bloc, en 1783, avec celle de Glévilly, par le marquis du Dresnay (Louis-Marie-Ambrise-René), à Jeanne-Charlotte Floye de Tréguibé,

2

veuve d'Auguste-Félicité Le Prestre de Châteaugiron, ancien avocat général au parlement de Bretagne, moyennant la somme de 205,400 livres, que la présidente de Cornulier jugea trop considérable pour exercer un retrait qui aurait occasionné trop de trouble dans ses affaires, au moment où elle venait d'abandonner à ses enfants la moitié de ses revenus. Cependant, ayant appris que Mme Le Prestre s'était associée postérieurement dans cette acquisition avec MM. Desnos de la Grée, auxquels elle abandonnait la terre de Glévilly, à la condition de payer les trois huitièmes du prix de son contrat, elle se fit, par retrait lignager, substituer à ces derniers en 1784, mais non sans avoir à soutenir, contre Mme Le Prestre, un procès difficile au présidial de Ploërmel.

Le mari de Hiéronyme de Cornulier s'était distingué d'une manière toute particulière au combat de Saint-Cast, en 1758; c'était un brave gentilhomme, mais un détestable administrateur; il se ruina complètement par des dépenses excessives et surtout en édifiant dans des proportions insensées son château du Lattay, qu'il fut obligé de vendre après l'avoir achevé. Il mourut, en 1784, dans une telle détresse qu'il n'y avait pas de quoi subvenir à ses obsèques. Son fils, Louis-François-Toussaint de Saint-Pern, fut encore un plus grand dissipateur que son père. Tout ce qu'il avait recueilli de sa mère disparut au jeu et en débauches. Il avait vendu, dès 1773, sa terre de la Tronchaye, à Julien-François de la Motte, comte de Beaumanoir, sur lequel sa tante, la présidente de Cornulier, la retira par prémesse lignagère en 1775. Le prix de cette vente comprenait, en outre du prix principal de cent mille livres, une rente viagère de 7,500 livres que l'acquéreur devait lui servir, et dont la retrayante se trouva naturellement chargée : cette précaution ne fut pas suffisante pour assurer son avenir. En 1785, sa situation, à Paris, était telle qu'il alla trouver M. Galles, chargé des affaires de la présidente de Cornulier, le priant de le faire conduire à Saint-Lazare pour le mettre à l'abri des poursuites dont il était assailli et hors d'état de faire de nouvelles sottises. M. Galles lui répondit qu'on ne recevait personne à Saint-Lazare sans un ordre du roi et qu'il fallait engager sa famille à le solliciter. Sur les entrefaites, quelques-uns de ses créanciers le firent enfermer pour dettes à la prison de l'Abbaye, et d'autres obtinrent un arrêt qui obligeait sa tante à consigner sa rente viagère à leur profit, sauf une pension alimentaire de 1,200 liv. qui lui était laissée. Sur un mémoire du premier président de Catuélan, adressé au baron de Breteuil, représentant qu'il importait beaucoup, pour la tranquillité et l'honneur de ses parents, que M. de Saint-Pern ne jouît plus de sa liberté, le ministre accorda une lettre de petit cachet en vertu de laquelle il fut enfermé, en 1786, au Mont-Saint-Michel. Cette translation, qui coûta à la présidente de Cornulier 2,800 liv., parce qu'il fallut désintéresser ceux de ses créanciers qui l'avaient fait mettre à l'Abbaye, ne se fit pas sans quelque résistance ; le prisonnier refusait de quitter Paris, mais un inspecteur de la police le prit avec lui dans une chaise de poste et le conduisit à sa destination avec recommandation de le veiller de près. Au Mont, sa tante payait, au Prieur de cette maison, la pension de 1,200 liv., qui avait été allouée à son neveu, et elle la consigna à son profit quand la Révolution lui en ouvrit les portes, car il était impossible d'avoir des relations directes avec lui. Il s'était fixé alors à Dinan, où il est mort sans postérité, dernier des Saint-Pern de la branche du Lattay. En 1786, il avait un fils naturel auquel il était fort attaché. Il signait toujours *de Saint-Pern de la Tronchais*, et parfois : *L'abbé de Saint-Pern de la Tronchais ;* en sa qualité de minoré, il avait même sollicité un bénéfice qu'il ne put obtenir.

Si la présidente de Cornulier eut des embarras à l'occasion de ses neveux, elle en eut aussi pour la succession de sa tante, la comtesse de Ménoray, morte sans postérité ; il y eut un procès, mais il fut apaisé par une transaction en 1788. Enfin ses propres fils furent loin de lui donner toute satisfaction et contribuèrent également à troubler son existence : un vertige de dissipation semblait avoir tourné toutes ces têtes.

Quant à elle, son administration fut toujours admirablement conduite. Avant de retirer les terres de Basse-Bretagne vendues par ses neveux, elle avait été en marché avec le duc de Charost pour acheter sa baronnie d'Ancenis, mais ils ne purent s'entendre sur le prix. En 1784, elle aurait encore voulu acquérir sa terre de Varades, mais M. Galles répondait au tuteur de ses petits-enfants de Cornulier : « Ce seigneur a de l'ordre et de l'économie ; il n'est ni dans la nécessité ni dans l'intention de vendre. Il y a douze ans qu'il eût traité de sa baronnie d'Ancenis et de ses autres possessions voisines ; je me rappelle les pourparlers qui eurent lieu ici (à Paris) entre lui et Mme de Cornulier. Elle aurait fait alors une belle acquisition, qui, jointe à sa terre de Vair, eût formé un domaine très considérable. Aujourd'hui, Mme de Cornulier ne pourrait obtenir la terre de Varades qu'en faisant un sacrifice considérable pour sa convenance. »

Page **95**.

A peine la réformation de la noblesse des personnes, ordonnée en 1668, était-elle terminée, qu'une mesure analogue, relative à la qualité des terres, ou plutôt aux juridictions féodales qui y étaient attachées, était décrétée. Un édit du mois de novembre 1672 créa une chambre royale du domaine, au Parlement de Rennes, avec mission de procéder à la recherche des *justices* usurpées par les particuliers ou communautés dans l'étendue de la province et duché de Bretagne. Il enjoignait à tous ceux qui prétendaient avoir droit de justice à un degré quelconque dans leurs terres et seigneuries, qui la faisaient ou avaient fait rendre en leurs noms, d'avoir à présenter devant ladite chambre les titres et pièces justificatives de ces juridictions. Pour parvenir à l'exécution de cet édit, la nouvelle chambre rendit, le 14 mars 1673, un arrêt général de signification qui fut publié à toutes les messes paroissiales de la province.

C'est pour répondre à cet appel que Jean-Baptiste *de Cornulier*, conseiller en la cour, produisit, le 23 octobre 1673, les titres et enseignements de sa terre et seigneurie du Boisbenest ou Boisbenoit, dans la paroisse de Vallet, à l'effet d'y être maintenu au droit de moyenne et basse justice, sous la juridiction de Clisson d'où elle relevait, ce qui lui fut confirmé par arrêt du 5 janvier 1674 (1).

Les pièces produites furent : 1o le contrat d'acquet de ladite terre fait judiciairement à la barre de la cour par écuyer Damien de Rogues, sieur de la Poëze, le 19 juin 1651 ; 2o un aveu de ladite terre rendu en la chambre des Comptes, l'an du rachat arrivé par le décès du sire de Clisson, par demoiselle Françoise de la Fontaine, veuve d'écuyer Roland Cheminée, en date du 29 novembre 1547 ; 3o cinq aveux des années 1434, 1462, 1477, 1576 et 1653 rendus à ladite seigneurie par des vassaux d'icelle ; 4o une liasse d'actes justifiant de l'exercice de ladite juridiction depuis l'an 1527 ; 5o trois registres des audiences de ladite cour.

Page 106.

Le commandeur de Cornulier avait prétendu, en 1784, s'approprier la jouissance de la terre de la Touche en Nozay, sous prétexte qu'elle avait été retirée en son nom par ses père et mère. En conséquence il mit arrêt entre les mains des fermiers avec défense de payer le prix de leurs fermes en d'autres mains que les siennes. La présidente de Cornulier, sa mère, obtint main-levée de ces arrêts et fit débouter son fils de toutes ses demandes.

(1) Les minutes de cette chambre ont été détruites en 1790, comme celles de la chambre établie pour la réformation de la noblesse. L'intérêt qui s'attachait à ces arrêts étant moindre que celui relatif à l'état des familles, on en avait levé peu d'expéditions, et on n'en avait pas fait d'extrait général, ce qui est à regretter pour l'histoire des terres.

Au Mémoire imprimé de son fils, la mère avait répondu par un autre Mémoire imprimé dans lequel elle lui dit que, s'il est aujourd'hui dans la détresse, il ne peut s'en prendre qu'à lui-même ; que s'il voulait absolument tenir galère, il devait le faire comme l'ont fait de nombreux cadets qui s'en sont tirés honnêtement sans dépenser les 40,000 livres qu'elle lui avait alloués à cet effet ; que s'il avait agi comme eux, il jouirait maintenant de sa commanderie qui lui rapporterait net et quitte plus de 6,000 livres ; car, en 1773, elle était affermée 9,000 livres et susceptible d'être portée à 11,000 livres. Ce sont ses dettes qui ont occasionné le séquestre.

Quoi qu'il en soit, il lui reste 1,200 livres de rente qu'elle lui fait, une portion congrue de 864 livres sur sa commanderie, le bénéfice du Boislong qu'elle lui a abandonné, soit un revenu insaisissable de 2,252 livres, supérieur à ce qu'il aurait pu prétendre, étant huitième cadet, dans la succession de son père, qui seule est échue, s'il était resté dans le monde.

Il n'a rien de mieux à faire que de renoncer à l'odieux procès qu'il a intenté à sa mère et qui, du Parlement de Bretagne, vient d'être évoqué à celui de Bordeaux.

C'est en effet ce dernier parti que prit le commandeur ; il se désista de toutes ses demandes et renonça par un traité à en former aucune autre. Sensible aux regrets que témoignait son fils, la mère porta de 1,200 livres à 2,400 livres la rente viagère qu'elle lui faisait.

Page **107.**

Du 2 juin 1775, au rapport de Paulmier, notaire du Châtelet à Paris, acte de constitution d'une rente de deux cent cinquante livres, au capital de cinq mille livres, au profit de H. et P. seigneur Joseph-Élisabeth vicomte de Cornulier (1), capitaine de dragons au régiment de Monsieur, frère du roi, seigneur de la Touche, et à H. et P. dame Reine-Louise-Josèphe de Kervenozaël, son épouse ; consentie par H. et P. seigneur Toussaint-Charles-François, marquis de Cornulier, conseiller au Parlement de Bretagne ; sous la caution de H. et P. seigneur Messire Toussaint de Cornulier, conseiller du

(1) D'où venait cette qualification de *vicomte de Cornulier* ? On n'avait pas encore l'habitude d'en accoler au nom patronymique sans qu'elle se rapportât indirectement à quelque terre. Il ne possédait que la Touche, en Nozay, qui lui était donnée en dot. On n'aperçoit pas d'autre érection régulière de cette terre en dignité que celle qui l'élève au titre de châtellenie en 1611 ; cependant nous verrons plus loin que cette terre de la Touche est qualifiée *vicomté* en 1782.

roi en ses conseils, président à mortier au Parlement de Bretagne, et de
H. et P. dame Marie-Angélique-Sainte de Cornulier, son épouse, père et mère
dudit marquis et dudit vicomte.

En épousant Mlle de Kervenozaël, le vicomte de Cornulier lui avait
constitué un douaire de 3,000 livres ; c'était beaucoup, comme *prœmium
pudicitatis,* pour une veuve qui avait déjà une fille ; cela parut exor-
bitant quand, après cette union de très courte durée, on la vit convoler
en troisièmes noces, moins d'un an après la mort de son mari. On n'en
fut pas moins obligé de lui servir cette rente jusqu'au 24 janvier 1790,
date de sa mort.

Page **108.**

Marie-Anne-Josèphe de Lanloup, fille unique de Anne-Joseph comte de
Lanloup et de Marie-Anne-Charlotte *de Cornulier,* épousa à Saint-Brieuc, le
27 avril 1789, Marie-Louis de Bellingant, fils aîné de Jean-Vincent comte de
Bellingant, chef d'escadre des armées navales, chevalier de Saint-Louis, et de
Marie-Jacquette de la Haye, dont :
Jeanne-Josèphe-Louise de Bellingant, fille unique, née à Versailles le
9 août 1791, mariée le 24 septembre 1817 à Henri Sterling, sous-lieutenant
aux dragons de la Manche.

Page **109.**

La présidente douairière de Cornulier, ayant bien marié toutes ses
filles et voyant les intérêts de ses petits-enfants de Cornulier remis en
mains sûres et capables, jugea que le moment était venu de se dessaisir
d'une partie de sa gestion de chef de famille et d'augmenter l'aisance de
ses héritiers en leur abandonnant le revenu de celles de ses terres qui
étaient les plus éloignées de sa résidence; c'était se donner un repos
devenu nécessaire à son âge et avancer la jouissance de personnes qui
lui étaient chères. En conséquence, elle consentit, sous signatures privées, l'acte suivant à la date du 26 août 1780 :

Première démission de la présidente de Cornulier.

Nous dame Marie-Angélique-Sainte de Cornulier, veuve de messire Toussaint de Cornulier, président honoraire à mortier au Parlement de Bretagne,
désirant donner de plus en plus à nos enfants et petits-enfants des preuves de

notre tendresse, déclarons nous démettre en leur faveur du revenu de partie de nos biens propres dont l'énumération suit :

1º La terre, seigneurie et comté de Largouet, ses annexes, droits et devoirs y attachés, tant sous le domaine de Vannes que sous celui d'Auray, produisant annuellement, suivant les comptes du régisseur, déduction faite du droit de recette, dixième et deux sous pour livre. . . . . 13.635 livres.

2º La terre de la Touche, en Trevé, comme dessus, produisant net. 8.782

3º La terre de la Touche, en Nozay, produisant net. 7.800

4º La terre de la Tranchaye et dépendances, produisant net. . . . 7.302

5º La terre de Boismaqueau, produisant net. 2.861

Total du revenu des fonds. . . . . 40.380 livres.

Sur quoi on estime que les réparations annuelles peuvent s'élever à 2.815

Produit net. . . . . 37.565 livres.

Plus abandonne onze rentes constituées dont le revenu, taxes déduites, s'élève à. 5.210

Produit général. . . . . 42.775 livres.

Les démissionnaires devront acquitter les rentes viagères ci-après et profiteront de leurs extinctions :

1º A M. de Cornulier, notre fils, chevalier de Malte. . . 1.200

2º A Mme de Cornulier, religieuse, notre fille. 100

3º A la comtesse de Dresnay, auparavant veuve du vicomte de Cornulier, pour son douaire. 2.670

4º A M. de St-Pern du Lattay ou ses créanciers. 6.675

5º A Mlle du Plessis. 267

6º A six anciens serviteurs dénommés, ensemble. . . . 557

Total. 10.469 10.469

Bénéfice net de l'abandon. . . . . 32.306 livres.

Notre intention formelle est que le bénéfice de notre démission soit partagé jusqu'à l'ouverture de notre succession des deux tiers au tiers, sans avoir égard à la nature des biens : savoir les deux tiers à nos petits-enfants de Cornulier comme représentant notre fils aîné, et le tiers à être subdivisé par égales portions entre nos cinq filles, sauf à faire entre eux, à notre décès, un partage définitif au désir de la coutume.

Notre intention est pareillement, et nous l'apposons comme condition, que nos enfants et petits-enfants jouissent par indivis de notre abandon, et qu'à cet effet ils prennent un régisseur général qui l'administrera et en fera entre eux la répartition.

La présente démission, faite sous signatures privées en sept expéditions, est approuvée : à Vair, le 26 août 1780, signé : *Cornulier de Cornulier.* Au Brossay, le 9 septembre 1780, signé : *du Merdy de Catuélan, Cornulier de Catuélan, Mallier de Chassonville, Cornulier de Chassonville.* A Paris, le

14 septembre 1780, signé : *J. C. J. F. M. du Merdy de Catuélan, R. A. Cornulier de Catuélan.* A Lanloup, le 24 septembre 1780, signé : *de Lanloup,* père et garde naturel de Marie-Anne-Josèphe de Lanloup, ma fille. A la Motte, le 19 octobre 1780, signé : *Morel de la Motte, fils ; Cornulier de la Motte-Morel.* Enfin, signé : *Gaultier de la Guistière,* tuteur comptable des enfants de M. le président de Cornulier.

Les estimations de la présidente douairière étaient très favorables à ses enfants, car on voit par les comptes du régisseur de Largouet, dont la cession comprenait, sous le nom de dépendances, Lanvaux, Quintin-en-Vannes, Lescouet et le Boismourand, que cet article avait rapporté en 1785, net de toutes charges, 22,877 livres.

La terre et seigneurie de la Touche en Trévé était aussi en régie ; elle comprenait, outre la Touche, les seigneuries de Molac, Montoir, Rétéac, la Ville-Morvan, la Ville-ès-Prevelle, la Ville-Hervé, la Villeauveneur, Garanton, Kerbiguet, Le Feau, etc. On allouait au régisseur 5 p. 100 de sa recette ou, comme on disait alors, le sou pour livre, ce qui était le taux général en Bretagne. En 1784, elle avait donné net 9,500 livres.

A la Touche en Nozay, le château, le parc et la retenue étaient loués séparément, en 1785, moyennant 1,880 livres, et les terres à un fermier général, par un bail qui avait été porté à 8,000 livres.

En 1785, le bail de la Tranchaye avait été consenti à un fermier général au prix de 10,000 livres, mais à la suppression des droits féodaux, qui entraient pour plus de moitié dans le produit de cette terre, on fut obligé de la mettre en régie.

Sous le nom de Boismaqueau, on comprenait en outre de cette terre les juridictions de Saint-Père et de Saint-Ouen, en Mouzeil ; celles de Bourmont et Clermont, en Panecé, et la Motte, en Trans. En 1783, le tout était loué moyennant 4,000 livres à un fermier général, mais il fallut beaucoup en rabattre lors de la suppression des droits féodaux.

Depuis l'abolition de ces redevances foncières, la logique révolutionnaire a poursuivi ses déductions ; elle en est venue à conclure qu'il n'y avait de revenu légitime que celui qui était le salaire d'un travail actuel, d'où la terre au laboureur et l'usine à l'ouvrier, c'est-à-dire à proclamer la stérilité du capital acquis.

Du 18 septembre 1782, au rapport des notaires de Montrelais et d'Ancenis en résidence à Varades, accord fait entre haute et puissante dame Marie-Angélique-Sainte de Cornulier, dame marquise de Châteaufremont, veuve, de H. et P. Messire Toussaint de Cornulier, seigneur de Boismaqueau et autres lieux, président honoraire à mortier au Parlement de Bretagne, demeurant à son château de Vair, paroisse d'Anetz, d'une part ;

Et Dom Pierre-Pascal Joubert, prêtre, religieux de la congrégation de Saint-Maur, ordre de Saint-Benoît, prieur de l'abbaye de Saint-Florent-le-Vieil, de nul diocèse, vicaire général perpétuel et irrévocable du seigneur-évêque d'Angers dans le territoire de ladite abbaye, y demeurant, paroisse de Saint-Florent, au nom et comme fondé de procuration de Dom Urbain Borel, prêtre, religieux de la même congrégation, prieur de l'abbaye de Sainte-Trinité de Beaulieu près Loches, titulaire du prieuré simple et régulier de Saint-Herblon, au diocèse de Nantes, d'autre part ;

Lesquels ont dit que le prieur de Saint-Herblon est inféodé du droit de percevoir le tiers de la dixme ancienne dans les deux paroisses de Saint-Herblon et de la Rouxière, lequel tiers il partage avec les recteurs desdites paroisses, retenant les deux tiers et leur abandonnant l'autre tiers, ce qui leur fait un neuvième ; chacun d'eux ayant en outre droit aux novales qui leur appartiennent dans leurs paroisses respectives ;

Que la dame de Cornulier, comme seigneur de Châteaufremont et de Vair, est pareillement inféodée du droit de percevoir sur les deux paroisses les deux tiers de la dixme ancienne ;

Que de temps immémorial les seigneurs de Vair et de Châteaufremont sont dans l'usage de recueillir la totalité de ces dixmes en nature, et de servir au prieur et aux recteurs une redevance en argent pour leur tenir lieu de leurs droits ; laquelle, présentement et depuis bien longtemps, est de cent quatre-vingt-seize livres pour la part du prieur, de soixante-six livres pour le recteur de Saint-Herblan, et de cinquante-cinq livres pour le recteur de la Rouxière, que ces derniers prétendent que la rétribution est bien inférieure à la valeur de leur part ;

Pour éviter un procès, la dame de Cornulier s'engage, pour elle et ses successeurs, à servir auxdits prieur et recteurs une rente annuelle de neuf cents livres, savoir : six cents livres au prieur et cent cinquante livres à chacun des recteurs.

(Communiqué par M. de la Nicollière-Teijeiro.)

Deuxième démission de la présidente de Cornulier, du 15 février 1790.

Par ce second acte, sous seings privés comme le premier, la présidente de Cornulier, voulant donner à ses enfants et petits-enfants une nouvelle preuve de sa tendresse, et en même temps se décharger des soins et embarras qu'entraîne la gestion de ses terres, déclare se démettre en leur faveur des terres et seigneuries de *Vair, Châteaufremont, Montrelais* et *la Chapelle-Saint-Sauveur,* leur transportant tous les droits qu'elle peut y avoir. Cette démission faite aux mêmes clauses et conditions que celle de 1780, à la charge d'acquitter les rentes dues au prieur de Saint-Herblon, aux recteurs de Saint-Herblon et de la Rouxière, aux tombeaux d'Anetz, au chapitre de Nantes, à l'église de Sainte-Radégonde de la même ville, aux sœurs de Saint-Herblon, au prieur de Montrelais, montant ensemble à . . . . 1,472 livres.

Trois rentes viagères, montant à 2,050

Et de servir à son fils, le commandeur de Cornulier, si l'arrangement projeté avec lui a lieu, une seconde rente de . . . 1,200

Soit en tout 4,722

La présidente se réserve une rente de 20,000 livres qui lui sera payée directement par quinze fermiers désignés des terres ci-dessus, chacun pour une somme déterminée. Elle se réserve également les redevances dues par ces fermiers, la jouissance des prés de l'Officière, en la paroisse de Saint-Julien-de-Concelles, sur lesquels est assise la fondation de la chapelle de Vair, et celle du château et pour prix de Vair.

Ces dispositions approuvées le 15 février 1790, à Vair, et signées : *Cornulier de Cornulier ; de Cornulier ; Saint-Pern ; du Merdy de Catuélan*, faisant et garantissant tant pour moi que pour M. le comte et Mᵐᵉ la comtesse *de Catuélan*, mes frère et belle-sœur, en attendant leur ratification ; *Cornulier de Catuélan ; Mallier de Chassonville ; Cornulier de Chassonville ; de la Motte-Morel ; de Cornulier de la Motte-Morel ; de Bellingant ; Lanloup de Bellingant*, et *du Bois des Sauzais*, curateur de M. le marquis de Cornulier, et tuteur comptable de Mˡˡᵉ sa sœur puînée.

La sœur aînée du marquis de Cornulier avait été mariée en 1787 au président de Saint-Pern avec 6,000 livres de rente de dot, et la cadette était en pension chez les dames de la Trinité à Rennes.

Lors de cette dernière démission, un état détaillé des revenus de tous les biens qu'elle comprenait fut dressé et signé de toutes les parties. Il établit que les terres de Vair et de Châteaufremont rapportaient 25,179 livres, et celles de Montrelais, de la Chapelle-Saint-Sauveur et de Bonbuisson 17,136 livres, soit en tout 42,315 livres.

Dès les premiers mois de 1790, les esprits étaient fort agités en Bretagne ; la résidence y devenait difficile dans les châteaux, elle était même périlleuse. A Loudéac, les têtes étaient très montées et le régisseur de la Tronchaye écrivait qu'il ne savait comment s'acquitter de sa tâche malgré la douceur qu'il y apportait. Les fermiers se refusaient à acquitter toutes leurs redevances sous prétexte qu'elles étaient entachées de féodalité. A Nozay, une troupe de soi-disant patriotes avait envahi le château de la Touche ; elle le mit à sac et faillit l'incendier en cherchant des titres qui n'y étaient pas, et, dans sa déception, se rua sur les registres paroissiaux qu'elle brûla, voulant ainsi anéantir l'état-civil de toutes les classes indistinctement pour arriver à une égalité parfaite (1).

(1) Une lettre écrite par Mᵐᵉ Worloch, femme d'un ancien négociant de Nantes alors locataire de la Touche, et adressée le 18 février 1790, sous l'impression même des événements, à M. des Sauzais, donne une idée exacte de ce qui, à quelques variantes près, se passait partout.

« Qu'on est malheureux, monsieur, d'habiter des châteaux en ce moment-ci ! Nous « l'avons bien éprouvé lundi soir.

« Une troupe de plusieurs centaines de coquins s'était répandue dans la ville de « Nozay. Sur les trois heures de l'après-midi elle envahit la demeure du procureur « fiscal, brûla tous ses papiers et défonça ses barriques de vin ; elle mit également à

Les environs d'Ancenis n'étaient pas plus calmes, et la douairière de Cornulier dut abandonner son château de Vair avec son petit-fils pour se soustraire à des insultes quotidiennes et à des menaces réitérées contre sa personne. Son gendre, le premier président de Catuélan, écrivait à M. des Sauzais le 20 mars 1790 : « Il est essentiel que ma belle-« mère et mon neveu ne reparaissent pas à Vair de si tôt; tâchez de l'en « détourner. Un couvent à Nantes ou à Paris serait, je crois, ce qui con-« viendrait le mieux à sa sûreté et à son repos; mais vous savez qu'on ne « la décide pas comme on veut. Je crains bien que Fontaine (son procu-« reur fiscal), accoutumé à l'ancien régime, ne nous attire de nouveanx « orages. Recommandez-lui bien strictement d'user des plus grands « ménagements, de ne se permettre aucune menace ni propos dur. Les « petits sacrifices ne doivent pas coûter en ce moment. Les droits hono-« rifiques ne sont que de la fumée. Je crains, pour ce qui est essentiel, « qu'il n'ait été trop fiscal, sous prétexte que les premières concessions

« sac une autre maison. Tous ces excès se passaient un jour de foire, au milieu d'un « grand concours de peuple, sans que personne ait songé à porter secours aux « victimes.

« Nous devions avoir notre tour, et un sort pire, car on nous avait réservés pour la « nuit. A cinq heures et demie, ces forcenés se présentèrent à la Touche criant : « *Vive le Roi et le Tiers! Nous sommes tous égaux. Donnez-nous les papiers ou* « *nous mettons le feu. Du pain, du fricot et du vin rouge.* Et tout cela était « accompagné de nombreuses décharges de coups de fusil.

« Dans l'espoir de les calmer, nous leur fîmes le meilleur accueil qu'il nous fut « possible ; mais leur rage et leur fureur étaient telles que j'étais demi-morte de « frayeur, tant pour moi que pour mon mari dont je voyais la vie exposée par les « efforts qu'il faisait pour les dissuader d'incendier le château.

« On leur servit tout ce qu'ils demandaient, vin et viande, jusqu'à ce qu'il n'y en « eût plus ; mais ils avaient beau boire et manger, cela ne leur faisait pas perdre « l'idée du feu. A tout moment ils tiraient des coups de fusil, disant : « *Mettons le* « *feu aux armoires ; s'il y a des papiers dedans, ils brûleront.* »

« Je n'en finirais pas si je vous répétais toutes les insultes que j'ai souffertes sans « rien dire. Ils voulaient me prendre ma montre, et j'allais la leur abandonner quand « quelques-uns d'entre eux les arrêtèrent.

« Ce tumulte dura jusqu'à deux heures après minuit ; ils étaient ivres et dirent : « Finissons-en et mettons le feu » ; mais d'autres s'y opposèrent en alléguant qu'il « valait mieux passer la nuit au château pour s'y reposer et remettre l'exécution au « lendemain. Sur quoi une partie alla se coucher à la paille et l'autre resta chez « nous, où nous mourions de peur, mais la fatigue et le vin les endormirent bientôt.

« Enfin, sur les quatre heures du matin, arrivèrent les cavaliers de la maréchaus-« sée qui, les trouvant endormis, leur ôtèrent leurs armes et les dispersèrent sans « trop de difficulté ; il n'y eut que trois ou quatre blessés parmi ceux qui firent « résistance.

« Et notez, monsieur, que les vociférations et les décharges de fusils retentis-« saient dans tous les environs sans qu'aucun fermier ni voisin nous soit venu en « aide. »

« faites aux vassaux les enhardissent à en exiger de nouvelles ; il vaut
« mieux perdre que de faire des mécontents. Cette opinion paraîtrait
« bien étrange à ma belle-mère ; si on renvoie à elle, elle jettera les
« hauts cris ; il faut ménager une susceptibilité qui est rachetée par tant
« de bonnes et précieuses qualités. C'est pour nous qu'elle tient à garder,
« nous savons qu'elle ne dissipera pas. Présentez-lui les choses en lui
« laissant l'option d'abandonner elle-même ou de porter la perte à notre
« compte. »

Cependant la douairière de Cornulier s'était réfugiée d'abord à Paris,
puis à Versailles, où elle mourut le 31 décembre 1793. A peine avait-
elle quitté Vair que le district d'Ancenis s'empressa de la déclarer émi-
grée et que le séquestre fut mis sur tous ses biens. C'est en vain qu'on
produisit des certificats de résidence en France : le fisc et surtout les
autorités locales n'en tenaient aucun compte ; tous les prétextes étaient
bons pour prolonger un état de chose qui favorisait tout à la fois les intérêts et les passions du jour. Le domaine national agissait en propriétaire,
percevait les fruits, se faisait largement payer sa régie, coupait les futaies
et vendait même les fonds sans attendre une décison définitive. C'est là
notammment ce qui était arrivé pour la Tronchaye et pour la Touche en
Trevé : ces deux terres avaient été acquises par leurs régisseurs. Les voisins pillaient impunément, tout était permis vis-à-vis des suspects d'in-
civisme. Le fidèle serviteur à qui l'on avait confié la garde du château
de Vair écrivait à M. des Sauzais, le 12 germinal an IV (1er avril 1796) :
« Veuillez me faire savoir si je puis me rendre à Rennes en sûreté pour
« de là gagner mon pays. Ma présence à Vair est devenue absolument
« inutile ; la maison est totalement dévastée ; il ne m'est plus possible
« d'habiter le pays, qui est toujours en insurrection. »

Page **110.**

Extrait des registres du Parlement.

Ce jour, 11 mai 1762, chambres assemblées, maître Toussaint-Charles-
François de Cornulier, avocat en Parlement, pourvu d'un état et office de
conseiller originaire en la cour, mandé en icelle, chambres assemblées, a
répondu sur la loi 12e au code *De nuptiis nec filiam quidem*, etc., sur les
volumes des *Digestes* à l'ouverture des livres, et sur la pratique. S'étant retiré,
et délibéré sur sa suffisance et capacité, a été arrêté que ledit de Cornulier
sera reçu en l'exercice dudit office. Et fait entrer dans ladite cour a fait et
prêté le serment en tel cas requis, et a pris place.

Page **111**.

Les gages de président à mortier étaient, en 1780, de 3,800 livres, sur lesquels on retenait 285 livres pour impositions royales, et les paiements étaient de plusieurs années en retard.

Page **112**.

Ce n'est pas à la Visitation de Rennes que Mlle des Nétumières, sœur de la marquise de Cornulier, entra en religion, mais bien au couvent de Notre-Dame-de-Charité-de-la-Trinité de cette ville. C'est là que fit profession, le 11 septembre 1773, demoiselle Félicité Hay des Nétumières, dite en religion sœur Marie de Chantal, alors novice dans cette maison. L'abbé Hay de Bonteville, vicaire général de Rennes, son oncle et son tuteur, et le marquis de Cornulier, son beau-frère, lui firent une dot de 10,000 livres et lui constituèrent une rente viagère de 300 livres.

Le 31 octobre 1773, par-devant Hérault et Jalaber, notaires royaux à Nantes, furent présents H. et P. seigneur messire Toussaint-Charles-François de Cornulier, chevalier, marquis de Châteaufremont, et H. et P. dame Pauline-Marie-Félix Hay des Nétumières, son épouse, demeurant à leur château de la Touche, paroisse de Nozay. Ladite dame âgée de vingt et un ans quatre mois, à laquelle ledit seigneur marquis s'oblige aussitôt sa majorité, qui sera acquise à la Saint-Jean-Baptiste 1777, de faire approuver le présent contrat.

Lesquels ont par ces présentes vendu et transporté en pleine propriété à H. et P. seigneur messire François-Julien de Rosily, chevalier, marquis de Rosily, seigneur de Mesros, Coëtloury, etc., demeurant à Nantes. La terre et seigneurie de Châteaugal, dont l'ancien manoir était situé en la paroisse de

Landeleau, près Carhaix, avec toutes ses appartenances, ses droits de haute, moyenne et basse justice, de banc et tombeau en l'église de Landeleau et de seigneurie de ladite paroisse après le roi, et dont les fiefs s'étendent, en outre, dans les paroisses de Plouvenez, Plouguer et Châteauneuf. Droit de tombeau dans l'église collégiale de Carhaix et de nomination d'une chapellenie en ladite collégiale. Sans autre réserve que la métairie noble du cloître, qui fut précédemment vendue au père dudit marquis de Rosily par contrat du 7 mai 1754. Ladite terre et seigneurie relevant prochement et noblement du roi sous son domaine de Landeleau et Carhaix, pour la plus grande partie, et, pour le reste, de la seigneurie de Thimeur, à devoir de foi, hommage et rachat, sans aucune autre charge. La présente vente faite moyennant la somme de 121,200 livres.

Sur ce prix, une somme de 40,000 livres fut retenue par le marquis de Rosily, qui ne devait la payer qu'à la ratification du contrat par la marquise de Cornulier devenue majeure, ou plutôt, s'il en était fait remploi, par une acquisition foncière en son nom. C'est pour remplir cette dernière condition que fut acquise la terre de Bonne-Denrée ou Ville-Ginguené.

La terre de Châteaugal avait été acquise par messire Augustin-François Hay, chevalier, seigneur de Tizé, le 18 avril 1728, par contrat au rapport de Barbier, notaire à Rennes.

Du 30 décembre 1774, au rapport des notaires du Châtelet de Paris, contrat de vente par H. et P. seigneur Toussaint-Charles-François de Cornulier, marquis de Châteaufremont, et H. et P. dame Marie-Félix-Pauline Hay des Nétumières, son épouse, consentie à Me Samuel Peixotto, banquier, demeurant à Paris, rue Vivienne, d'une grande maison et dépendances située au village d'Asnières, près Paris, telle que les sieur et dame de Cornulier l'avaient acquise, par contrat du 28 mai 1773, de Me François-Nicolas Vaillant, ancien conseiller du roi au bailliage de Metz. Ladite cession faite au sieur Peixotto moyennant le prix de 42,000 livres, que l'acquéreur s'oblige de payer aux créanciers desdits sieur et dame de Cornulier; savoir : au sieur Vaillant, leur vendeur, 32,000 livres qui lui restent dus en principal; au chapitre de chanoines de Saint-Marcel, aux dames de l'abbaye royale de Saint-Cyr et à l'abbaye de Saint-Denis, les lods et ventes qui leur sont dus à cause de l'acquisition faite par les sieur et dame de Cornulier; à MM. les fermiers généraux ce qui leur est dû pour droit de centième denier, par les mêmes; et au receveur des vingtièmes et autres impositions, ce qui lui est dû pour la même cause; et le surplus aux créanciers hypothécaires avec les intérêts sur le pied du denier vingt; ces derniers, au nombre de onze, donnent main-levée de leurs oppositions le 1er août 1775.

Du 17 octobre 1776, au rapport de Pocquet et Richelot, notaires à Rennes, acte de constitution de 200 livres de rente consenti par H. et P. seigneur messire Toussaint-Charles-François de Cornulier, marquis de Châteaufremont, président à mortier au Parlement de Bretagne, et H. et P. dame Marie-Félix-Pauline Hay des Nétumières, son épouse, demeurant en leur hôtel, rue aux Foulons, moyennant la somme de 4,000 livres qui leur a été versée par noble maître Alexandre-Bonaventure-Jacques Arot, avocat en Parlement, receveur des pauvres honteux sous le titre de la *Charité de la Marmitte* de cette ville, et faisant pour *le bouillon desdits pauvres*. Ladite rente nette de frais et quitte de vingtièmes, dixiaiemes, deux sous pour livre d'iceux, et généralement de toutes autres taxes et impositions venues et à venir, conformément aux privilèges desdits pauvres honteux.

Ledit emprunt fait pour payer les lods et ventes dus pour raison de l'acquet de la terre de la Bonne-Denrée. Au pied de l'acte est la reconnaissance du remboursement fait en principal et intérêts, le 7 mars 1783, par M. Gaultier de la Guistière, tuteur des enfants mineurs des défunts emprunteurs.

Le président de Cornulier poursuivait ses emprunts : 20,000 livres à M. Charpentier de Lenvos, conseiller au Parlement; 6,000 livres à M Tuffin-Rouerie, commissaire des guerres à Rennes; 2,000 livres à la comtesse de Cicé; 8,000 livres à M. Achille Hay de Bonteville, etc., auxquels il constituait des rentes perpétuelles; à d'autres, il consentait des obligations à terme, et généralement ne soldait point les mémoires de ses fournisseurs qui s'étaient accumulés d'une manière formidable au jour de sa mort : c'était un homme de plaisir qui ne savait point compter, une de ces natures imprévoyantes et frivoles si communes à la fin du siècle dernier.

Le 5 janvier 1780, a comparu au greffe du siège présidial de Rennes haute et puissante dame Marie-Félix-Pauline Hay des Nétumières, veuve de haut et puissant messire Toussaint-Charles-François de Cornulier, chevalier, seigneur de Vair et autres lieux, conseiller du Roi en tous ses conseils, président à Mortier au parlement de Bretagne ; ladite dame renonçante à la communauté d'entre eux et assistée de son procureur. Laquelle a remontré que de leur mariage sont issus trois enfants, savoir : Marie-Pauline-Sainte, âgée de douze ans ; Toussaint-François-Joseph, âgé de huit ans six mois; et Marie-Camille-Félicité de Cornulier, âgée de deux ans deux mois, qu'il est nécessaire de pourvoir de tuteur ;

Que l'amour et la tendresse qui l'animent pour ses enfants l'auraient déterminée à demander la garde de leurs personnes et de leurs biens, si elle ne craignait que son inexpérience au fait des affaires ne leur fût préjudiciable ; que par ce motif, elle se borne à demander la garde de leurs personnes seulement, à condition que MM. les parents nommeront un tuteur comptable pour la régie et administration des biens et des affaires, duquel tuteur elle paiera les honoraires selon qu'ils seront réglés par MM. les parents nominateurs auxquels il rendra ses comptes.

Du 1er février 1780, a comparu Me Henry-Michel Havet, procureur, lequel a représenté dix procurations, aux termes desquelles a dit :

1º Pour H. et P. seigneur messire Daniel-Henri-Louis-Philippe-Auguste de Mallier, chevalier, seigneur comte de Chassonville, demeurant à son château, paroisse de Saint-Gravé ; parent au premier degré dans l'estoc paternel des enfants mineurs de H. et P. seigneur messire Toussaint-Charles-François de Cornulier, chevalier, seigneur du Boismaqueau, comte de Largouet, marquis de Châteaufremont et autres lieux, conseiller du roi en tous ses conseils, président à Mortier au Parlement de Bretagne, et de dame Marie-Félix-Pauline Hay des Nétumières.

2º H. et P. messire Anne-Joseph de Lanloup, chevalier, seigneur chef de nom et d'armes, comte de Lanloup, demeurant à son château de Lanloup, dite paroisse; parent du côté paternel desdits mineurs à cause de dame Marie-Anne de Cornulier, son épouse, leur tante germaine.

3º H. et P. seigneur messire Jean-Baptiste-Toussaint de Cornulier, chevalier, seigneur de Lesnaudière, chevalier de saint Louis, demeurant en son hôtel à Nantes ; parent au second degré desdits mineurs dans l'estoc paternel.

4º H. et P. seigneur messire Charles-Jean-Baptiste Morel, chevalier, seigneur de la Motte et autres lieux, conseiller au Parlement de Bretagne, demeurant à son hôtel à Rennes, parent au second degré desdits mineurs dans l'estoc paternel.

5º H. et P. seigneur messire Jacques-Célestin-Jean-François-Marie du Merdi de Catéluan, demeurant à Paris, paroisse Saint-Sulpice, parent au second degré desdits mineurs dans l'estoc paternel.

6º H. et P. messire Marie-Paul Hay, chevalier, marquis des Nétumières et autres lieux, demeurant à son château des Rochers près Vitré, parent au 3e degré desdits mineurs dans l'estoc maternel.

7º H. et P. seigneur messire Hercule-François-Paul Hay, chevalier, comte de Bonteville et autres lieux, demeurant au château de Maubouant, paroisse de Moulier, parent desdits mineurs dans l'estoc maternel au 6e degré.

8º H. et P. seigneur messire Louis-Pierre-Marie de Lorgeril, chevalier, seigneur de Lorgeril, chef de nom et d'armes, ancien officier de la marine, seigneur du Chalonge, Trebodan, Kerenroy, etc., demeurant à son château du Chalonge, paroisse de Trebodan, parent au 2e degré desdits mineurs dans l'estoc maternel.

9º H. et P. seigneur messire Joseph de Keroignant, chevalier, seigneur comte de Trezel, demeurant à son château d'Estuer, évêché de Saint-Brieuc, parent desdits mineurs au 3e degré dans l'estoc maternel.

10° H. et P. seigneur messire Guillaume-Guy de Lesrat, chevalier, comte
des Briottières, ancien capitaine au régiment de Foix, demeurant à son
château des Briottières près Angers, parent desdits mineurs au 3e degré
dans l'estoc maternel.

Tous lesquels ont été d'avis que Mme la présidente de Cornulier soit ins-
tituée tutrice honoraire de ses enfants et que Me Gautier de la Guistière,
avocat au Parlement, soit nommé leur tuteur comptable pour l'administration
de leurs biens et de leurs affaires. Que ledit tuteur accepte la succession du
feu seigneur président de Cornulier, purement et simplement. Qu'il rendra
ses comptes à M. le premier Président, à M. le marquis des Nétumières et à
M. des Tulais. Que MM. de Chassonville et de Lorgeril seront chargés de
faire rendre lesdits comptes. Que ledit tuteur servira à la mère une rente de
trois mille livres pour les pensions, entretien et éducation desdits mineurs
jusqu'à ce qu'ils aient atteints l'âge de quatorze ans ; savoir 1,400 livres pour
le fils et 800 livres pour chacune des filles. Qu'il se gouvernera par l'avis de
MM. du Parc Poullain, Le Chapelier, Drouin et Boislêve, le jeune ; l'un à
défaut de l'autre, sauf à en consulter trois dans les affaires difficiles et importantes. Fixent les honoraires dudit tuteur à la somme de 600 livres pour la
première année et à 300 livres pour les suivantes ; lui allouent 12 livres par
jour pour ses déplacements. A M. Gauthier de la Guistière, décédé en 1786,
succéda comme tuteur onéraire M. Dubois Des Sauzais, son gendre.

Le 3 février 1780, sont comparus au greffe du présidial de Rennes :

1° H. et P. seigneur messire Charles-Marie-François-Jean-Célestin du
Merdi, chevalier, seigneur marquis de Catuélan, conseiller du roi en
tous ses conseils, premier président du Parlement de Bretagne ; mari de
dame Marie-Angélique-Renée de Cornulier, et, à cause de son épouse,
oncle propre des enfants de feu M. le président de Cornulier.

2° H. et P. messire René-Guy Tranchant, chevalier, seigneur des Tulais,
chevalier de saint Louis, commissaire de l'hôtel des gentilshommes de
Bretagne ; parent du 3e au 4e degré desdits mineurs de Cornulier dans
l'estoc maternel du maternel, à cause de dame Marie-Henriette
Le Moine de la Tachelais, son épouse.

Lesquels, après avoir pris lecture de la délibération ci-dessus, ont déclaré
être du même avis.

En conséquence, ordonnance du présidial du 12 février 1780 qui homologue
les suffrages des douze parents paternels et maternels des mineurs de
Cornulier.

Le même conseil de famille se réunissait de nouveau, le 21 juin 1781, pour
aviser aux mesures à prendre par suite du décès de la présidente de Cornulier,
née des Nétumières. Il décide que la fortune de la défunte sera administrée
comme l'était celle de feu son mari et par le même tuteur comptable. En
raison des nouveaux soins qui vont incomber à ce tuteur, le conseil porte

ses honoraires fixes à 800 livres par an. Puis, considérant que les mineurs ont des santés très délicates, qui réclament une éducation privée, plus dispendieuse que l'éducation publique, il éleva à 4,000 livres l'allocation à faire au jeune marquis de Cornulier, et à 3,000 livres celle à attribuer à ses deux sœurs, sauf à augmenter ces allocations quand les circonstances l'exigeront.

Le président de Cornulier avait laissé des dettes considérables ; sa mère, qui avait du faible pour son aîné, en avait cautionné plusieurs et elle avança immédiatement 30,000 livres au tuteur comptable pour payer les créanciers les plus pressés. Il fut recommandé à cet administrateur de faire en sorte d'éteindre les autres dettes par des prélèvements sur les revenus des mineurs.

Le défunt n'avait pas mieux géré la fortune de sa femme que la sienne propre ; mariée à l'âge de quatorze ans, elle avait laissé son mari faire de sa fortune ce qu'il voulait. Il avait négligé l'entretien de ses biens sans y faire aucune réparation; les avait dépréciés en rasant toutes les futaies ; réalisé ses contrats de rentes et ses créances, et vendu, en 1773, sa belle terre de Châteaugal au marquis de Rosily-Mesros. Sur toutes ces aliénations, il n'avait fait remploi que de 38,500 livres, prix de la petite terre de la Bonne-Denrée. En conséquence, les reprises de Mlle des Nétumières se trouvèrent monter à plus de 160,000 livres, et sa fortune foncière établie comme il suit :

1º La terre et châtellenie de la *Rivaudière*, haute justice, appartenait en 1522 à Pierre Thierry, seigneur de Boisorcant. Marguerite Thierry, sa petite-fille, l'apporta en mariage à Jean d'Angennes, seigneur de Poigny, ambassadeur de France. En 1698, Marguerite d'Angennes vendit la Rivaudière à Pierre Castel, connétable de Rennes, ancien alloué de la juridiction de la Rivaudière.

Par acte du 15 juin 1751, Perrine Castel, veuve de François-Mathurin Bréal, chevalier, seigneur des Chapelles, commandant des milices de Dinan, vendit la Rivaudière à H. et P. messire Charles-Marie-Félix Hay, chevalier, comte des Nétumières, capitaine au régiment du Roi, infanterie, chevalier de Saint-Louis, et à H. et P. dame Jeanne-Marguerite Hay, comtesse des Nétumières, son épouse, moyennant le prix de 100,000 livres. Tous les deux moururent en 1757 et leur fille aînée hérita alors de la Rivaudière.

2º La *Vrillière*, terre noble, mais sans féodalité, était affermée 4,200 livres en 1785. Elle avait été acquise de la marquise de Carcado, en 1764, moyennant 60,000 livres par le tuteur des demoiselles des Nétumières.

3º La *Ville-Basse* était aussi affermée par bail général 4,500 livres en 1785 ; elle relevait des Régaires de Tréguier.

4º L'hôtel de Tizé, à Vitré, et le domaine des *Clairaux*, près de cette ville, étaient affermés 1,900 livres en 1785.

5º *Bonne-Denrée*, terre noble, se nommait autrefois la *Ville-Ginguené* et appartenait d'ancienneté à la famille de ce nom. En 1720, René Ginguené, écuyer, seigneur du Boisjan et Jean Ginguené, son frère, vendirent la Bonne-Denrée à François de la

Barre, seigneur de la Rive, négociant à Saint-Malo. En 1744, Marie-Geneviève Vient, veuve de Julien-François de la Barre, vendit cette terre à Jacques Buchet, dont la fille, Jacquette Buchet, fut mère de Jacques-Mathurin Ponthais.

Par acte du 15 juillet 1776, Jacques-Mathurin Ponthais vendit Bonne-Denrée à dame Marie-Félix-Pauline Hay des Nétumières, épouse séparée de biens de H. et P. seigneur messire Toussaint-Charles-François de Cornulier, marquis de Châteaufremont, président à Mortier au parlement de Bretagne, moyennant le prix de 38,500 livres ; la dite acquisition faite en remplacement des propres aliénés de sa femme.

Quant à l'office de président à mortier de son mari, on n'était pas encore parvenu à le vendre en 1788, et l'on continuait à en toucher les gages *intermédiaires*, dont le produit net était de 3,297 livres.

Dès la fin de 1774, Mlle des Nétumières, éclairée enfin sur la mauvaise administration de son mari et craignant pour l'avenir de ses enfants, avait présenté une requête aux juges de la châtellenie de Nozay pour obtenir sa séparation de biens, faculté qui lui était réservée par son contrat de mariage passé à Rennes, le 12 juin 1766, devant Soyer et Pocquet. Elle y allègue qu'aînée de sa maison, elle a apporté au marquis de Cornulier, avec une naissance distinguée, une fortune honnête dont il est triste pour elle de lui voir faire un usage peu mesuré, ou pour mieux dire dont il a dissipé la majeure partie, depuis huit ans qu'il est établi avec une personne encore mineure. Sur l'exposé détaillé de ses griefs, les juges de Nozay prononcèrent la séparation de biens demandée.

Mais le marquis de Cornulier, qui avait fait opposition, ne se hâtait pas d'expédier cette sentence à M. Paulmier, son chargé d'affaires à Paris, qui la réclamait avec instances, lui écrivant le 10 mai 1775 :

« Vous avez à me répondre à cinq lettres plus intéressantes les unes que les « autres, permettez-moi de vous témoigner toute ma surprise de votre silence. Mme du « Bois de la Motte continue ses poursuites avec une vivacité incroyable ; elle vient « d'obtenir une sentence qui, si elle est mise à exécution, vous fera perdre 8 à « 10,000 livres en faux frais. Les autres créanciers font des frais à qui mieux mieux ; « les chanoines de Saint-Marcel et les fermiers généraux : ces derniers vous « demandent un triple droit. Si j'avais la sentence de séparation, je ferais cesser les « frais et tiendrais les opposants en échec. . . . .

« Le défaut de cette sentence, dont je réclame inutilement l'envoi depuis plus de « deux mois, suspend à votre préjudice toutes mes opérations ; j'ignore ce qui peut « occasionner votre léthargie dans des circonstances si critiques. . . . . . .

« Il me semble que votre intérêt réel serait : 1° De liquider tous vos créanciers « dont la masse est considérable ; 2° D'avoir une charge honnête faite pour être « conservée par l'aîné de la famille ; 3° De vivre avec décence, ordre et économie, « jusqu'à ce que des circonstances, qui doivent arriver suivant l'ordre de la nature, « vous mettent à même de jouir d'une opulence en rapport avec votre charge. J'ai-« merais mieux être, pour me servir de vos expressions, *un pauvre président,* ne « devant rien, qu'un conseiller instrumenté journellement par ses créanciers. »

M. de Lucinière, qui portait un grand intérêt à son cousin, appuyait fort les idées de M. Paulmier. « Venez à Rennes, lui écrivait-il, et abandonnez l'appartement que « vous avez pris à Nantes ; vous vous entendrez facilement avec votre père pour la « cession de sa charge ; il est disposé à faire des sacrifices pour vous. Il l'estime « 134,000 livres, vous voudriez que le prix n'en fût fixé qu'au cours qu'elle aura au « jour de l'ouverture de sa succession. Que vous importe ?

« J'ai eu soin de vous faire mettre à la Tournelle, croyant qu'il est très intéressant

— 36 —

« de faire ce service pour vous mettre en lieu où vous pourrez vous instruire de la
« partie où, devenant président, vous serez naturellement destiné d'abord. Là, vous
« en apprendrez plus en deux mois d'exercice que par de longues études. »

Le marquis de Cornulier céda enfin à toutes ces instances, et se décida à accepter
la présidence que son père tenait à lui résigner; et dès lors celui-ci l'aida à se débar-
rasser de ses créanciers. Il fut reçu en sa charge par arrêt du 7 août 1775.

Page **113**.

Le 25 juin 1782, M. Gautier de la Guistière rendait aveu de la terre de la
Vrillière aux seigneuries dont elle relevait, comme tuteur comptable *des enfants mineurs de feus monsieur le président et madame la présidente de Cornulier*. Cette désignation n'ayant pas été trouvée suffisante, il fournit, le
10 septembre suivant, une addition à son aveu dans laquelle il déclare que ces
enfants sont : messire Toussaint-François-Joseph de Cornulier, marquis de
Châteaufremont, comte de Largouet, *baron de la Tronchais* (1), vicomte de
la Touche et autres lieux ; demoiselles Marie-Pauline-Sainte et Marie-Camille-
Félicité de Cornulier, ses sœurs.

Au commencement de 1788, le jeune marquis de Cornulier poursuivait son éducation à l'Académie d'Angers, où il
était placé avec un gouverneur et un laquais, lorsque le fils
aîné du premier président de Catuélan et l'évêque d'Auxerre,
qui se trouvaient à Paris, eurent l'idée d'arranger le mariage
de l'écolier de dix-sept ans avec Mlle de Saint-Pern, qui n'en
avait que quinze.

Mlle de Saint-Pern avait peu de fortune à attendre du côté
de son père, qui vivait à Tours séparé de sa femme, qui
avait été interdit à la requête de sa famille, et qui finit,
en 1795, par couronner de tristes et basses relations par

(1) La qualification de baron de la Tronchais paraît ici pour la première fois; il y
a sans doute là erreur d'application du titre qui doit se rapporter au fief de Molac,
souvent qualifié de baronnie, et qui était un démembrement de la grande seigneurie
de ce nom. Au reste, dès la fin du siècle dernier, il s'était introduit bien des irré-
gularités dans ces sortes de qualifications, et nous voyons les héritiers présomptifs
d'une terre en prendre le titre sans attendre le jour où ils en seraient venus en possession ; c'est que déjà on estimait que le titre avait un caractère plutôt familial que
terrien.

un second mariage sans dignité. Il avait d'ailleurs un fils
appelé à recueillir la grosse part de ce qui pouvait venir de
son côté. (Le malheureux jeune homme fut exécuté avec sa
mère en 1793 ; il n'avait encore que seize ans et demi.) C'était
du côté maternel que Mlle de Saint-Pern devait avoir une
grande fortune ; les Magon de la Balue étaient immensément
riches en valeurs mobilières qui se partageaient également.

Ce projet d'union précoce fut agréé par la présidente
douairière de Cornulier, et sa perspicacité ne se trouva point
en défaut dans le jugement qu'elle portait sur les qualités
personnelles dont elle distinguait déjà le germe dans la
fillette qu'on destinait à son petit-fils. En annonçant cette
nouvelle aux parents, elle leur disait : « Vous serez sans
« doute surpris que je songe à marier un jeune homme qui
« n'a que dix-sept ans, mais j'espère que vous donnerez
« votre approbation à cet établissement dans lequel se
« trouvent la naissance, la fortune et les qualités réunies de
« l'esprit et du cœur, en un mot tout ce qui peut rendre
« mon petit-fils heureux ; ce sont ces avantages qui m'ont
« déterminée. » Le conseil de famille donna son suffrage
au mariage ; il fut sanctionné par une sentence du présidial de Rennes, et les conditions du contrat furent arrêtées
entre :

Très haut et très puissant seigneur, messire Toussaint-François-Joseph,
chevalier, chef de nom et d'armes, marquis de Cornulier, fils mineur, héritier
principal et noble de très haut et très puissant seigneur, messire Toussaint-
Charles-François, chevalier, marquis de Cornulier, vivant, conseiller du roi,
en ses conseils et son président à mortier au Parlement de Bretagne, et de
très haute et très puissante dame Marie-Félix-Pauline Hay des Nétumières,
ses père et mère décédés. Le dit seigneur marquis de Cornulier, demeurant

ordinairement à Rennes, rue des Dames, assisté et autorisé de très haute et très puissante dame Marie-Angélique-Sainte, marquise de Cornulier, son aïeule paternelle ; et de noble maître René-Ange-Félix Dubois des Suzais, avocat au Parlement de Bretagne, son tuteur onéraire, d'une part :

Et haute et puissante demoiselle Amélie-Laurence-Marie-Céleste de Saint-Pern, fille mineure de haut et puissant seigneur messire Bertrand-Auguste, marquis de Saint-Pern, chevalier, seigneur de La Bryère ; et de haute et puissante dame Françoise-Marie-Jeanne Magon, son épouse, d'autre part.

Les futurs étaient mariés sous le régime de la communauté et régis par la coutume de Bretagne. Il était alloué à l'époux une dot de 24,000 livres de rente, qui serait portée à 40,000 livres après le décès de sa grand'mère. Conformément à l'avis des parents, et en exécution du décret de justice qui autorisait le mariage, les biens du futur continuaient à être administrés jusqu'à sa majorité par son tuteur comptable, sans qu'il pût toucher rien de ses revenus au delà de la dot qui devait lui être payée quitte et nette. En cas de prédécès du mari, un douaire de 7,500 livres était assuré à sa veuve, avec le droit d'habitation à la Rivaudière.

M. Magon de la Balue, aïeul maternel de la future, lui donnait en dot 200,000 livres, dont il lui ferait la rente à raison de 10,000 livres jusqu'à ce que les parents nominateurs de la tutelle du futur en eussent trouvé l'emploi utile.

La présidente de Cornulier donnait à sa belle petite-fille une corbeille de noces de 36,000 livres ; et celle-ci recevait de son grand-père de la Balue un trousseau de 40,000 livres, sans compter, d'ailleurs, de magnifiques présents, dont un bracelet estimé 15,000 livres.

M. de Catuélan fils écrivait, de Paris, à son père: « Le jeune mari paraît fort épris de sa petite femme, et « celle-ci lui correspond de tout cœur ; ce jeune couple « fait plaisir à voir, et je m'applaudis de mon ouvrage. » Rien ne leur manquait, en effet; ils étaient défrayés de tout dans l'opulent hôtel de M. de la Balue, place Vendôme, et ils avaient 34,000 livres de rentes à dépenser pour leurs menus plaisirs et pour les œuvres de charité auxquelles la jeune femme et sa mère étaient dévouées ; le présent était magnifique et l'avenir s'annonçait comme devant être plus brillant encore.

Hélas ! l'enchantement fut de courte durée et la chute terrible. L'orage révolutionnaire s'amoncelait ; bientôt il gronda menaçant et ne tarda pas à éclater d'une manière foudroyante, brisant tout autour de la jeune marquise de Cornulier, la laissant seule avec trois enfants et dans un dénuement complet. Son mari, sa mère, son frère, son aïeul, la plupart de ses parents avaient péri sur l'échafaud ; les autres y avaient dérobé leurs têtes par la fuite ou se tenaient soigneusement cachés. Son père restait, mais il n'y avait pas à compter sur lui. Dans cette situation cruelle, désespérée, elle montra un rare courage.

Aussi longtemps que la tourmente garda toute sa violence, il n'y avait qu'à se dissimuler et à vivre misérablement en vendant successivement le peu d'objets mobiliers qu'on avait pu sauver du pillage. Ce fut seulement à partir de 1795 qu'il fut permis à la jeune et infortunée veuve de se produire au grand jour et de s'occuper de l'avenir des trois chers enfants qui faisaient toute sa consolation. La Convention venait de décréter (24 pluviose, an III) la restitution des biens aux familles des malheureux qui avaient été exécutés. C'était une porte ouverte pour sortir de la misère, mais que de difficultés et de lenteurs pour la franchir ! La mauvaise volonté des autorités locales saisissait toutes sortes de pretextes pour retarder et éluder l'application de la mesure réparatrice, et surtout pour annuler les ventes qui avaient été faites depuis sa promulgation. Vaincre ces résistances exigeait des démarches multipliées, de nombreux voyages sur les lieux, une activité, une persévérance et une

mesure peu communes. Guidée par des conseillers habiles
et dévoués, par M. Le Picard surtout, elle finit par obtenir
la levée des séquestres qui avaient été mis sur tous les biens
de ses enfants, et par débrouiller un formidable chaos
d'affaires, mais les privations se prolongèrent pendant longtemps encore.

« J'ai grand besoin d'argent, écrivait-elle de Paris à
« M. des Sauzais, à la fin de 1795 ; s'il vous était possible
« de me faire passer quelques fonds, cela me ferait grand
« plaisir, car je suis à bout de ressources. »

Et encore, à la fin de 1796 : « Il paraît que la locataire
« d'une maison de ma mère, à Rennes, ne demande pas
« mieux que de me payer 600 livres *en numéraire* ; em-
« pressez-vous de me les expédier par petites sommes de
« 100 à 150 livres, et *en numéraire* sans lequel il est impos-
« sible de se procurer les choses de première nécessité. Je
« suis ruinée entièrement de mon côté, puisqu'on s'obstine
« à ne me rien rendre de ce qui a été pris chez mon grand-
« père (M. de la Balue) ; je n'ai pu toucher cette année que
« 3,600 livres en assignats : vous voyez combien je suis à
« court. »

Ce qui marchait moins vite encore que les restitutions
nationales, c'était le réglement des partages. Il était loin
d'être terminé en 1799, lorsque M. des Sauzais demanda,
vu son âge, à être remplacé par M. Maurice du Lérin dans
la direction des affaires de la famille de Cornulier. « Mon
« existence est trop incertaine, lui écrivait la jeune veuve ;
« il me tarde de voir déterminés les droits de mes enfants

« dans les différentes successions où ils sont fondés. Ce
« qui m'importe avant tout, c'est de savoir sur quoi je
« puis compter ; quel qu'en soit le montant, je m'arran-
« gerai pour vivre en conséquence. »

Cette affaire de l'apurement des successions était héris-
sée de difficultés ; il y en avait d'échues sous des régimes
différents. Celle de Mme de Cornulier, née des Nétumières,
morte avant la Révolution, devait être partagée dans la
proportion fixée par les lois antérieures et eu égard à la
qualité des biens. Les reprises de Mme de Saint-Pern,
née de La Balue, vis-à-vis de son mari toujours existant,
s'élevaient à près de 200,000 fr. Et puis, on n'avait pas
seulement à compter avec les héritiers naturels, il fallait
encore se débattre avec le domaine national mis aux lieu
et place de ceux d'entre eux qui avaient émigré. Le domaine exigeait sur toutes choses des justifications complètes
et dispendieuses : il n'était rien moins qu'accommodant.
Aussi l'ordre et la sécurité étaient-ils rétablis déjà depuis
longtemps dans le pays que les tribulations d'affaires de la
marquise de Cornulier se prolongeaient encore ; mais elle
avait acquis dans ce genre de lutte toute l'habileté d'un
homme de loi.

La rentrée des Bourbons la rasséréna ; ils ramenaient ce
régime sous lequel s'étaient écoulées ses jeunes années, les
seules où elle eût connu le bonheur ; elle se flattait que ses
derniers jours ressembleraient aux premiers. Si toutes ses
espérances ne furent pas réalisées, elle y trouva du moins
le repos avec la considération. Cependant elle était encore

appelée à voir deux révolutions qui l'inquiétèrent, par les appréhensions qu'elle avait gardées de la première, mais sans l'atteindre personnellement.

En 1832, l'un de ses gendres, le comte de Saint-Pern, habitait le château de la Bourgonnière, dans le pays qui répondit à l'appel de la duchesse de Berry. Avisé qu'une troupe de ces fidèles allait passer chez lui, il fit tuer une vache pour la restaurer. Les procureurs de Louis-Philippe virent un crime capital dans cet acte d'hospitalité; ils firent incarcérer le comte de Saint-Pern comme fauteur de l'insurrection, et il fut traduit devant les assises du Loiret. Les jurés de ce département essentiellement modéré acquittèrent tous les prévenus politiques de cette échauffourée. Mais la marquise de Cornulier ne se reposait pas sur ce qu'on lui disait de ces dispositions favorables; elle jugea utile d'aller s'établir à Orléans quelque temps à l'avance pour s'y créer des relations et agir par ce moyen sur l'esprit des jurés appelés à prononcer sur le sort de son gendre. C'est dans ce petit séjour qu'elle fit la connaissance de la famille de la Barre, qui avait une fille à marier, et lui proposa son petit cousin de Cornulier-Lucinière; et c'est ainsi que celui-ci se trouva attaché à cette ville.

Page **120**.

Élevé à Mont-de-Marsan, où son père s'était fixé, le marquis de Cornulier ne vint s'établir en Normandie que par suite de son mariage. Devenu, par la succession de sa tante, la marquise de Canisy, l'un des plus grands propriétaires fonciers du Calvados, n'ayant d'ailleurs aucune inclination pour les fonctions publiques sous des régimes qui lui étaient peu sympathiques, il consacra ses loisirs à l'industrie principale du pays et y acquit une notoriété qui le porta à la présidence de la société fondée pour l'amélioration du cheval de race française.

Le jour où le pays se sentit menacé d'une ruine prochaine par le défaut de protection de ses intérêts économiques, le marquis de Cornulier se trouva naturellement désigné pour aller les défendre à la Chambre; aussi fut-il élu, par 51,716 voix, député aux élections générales du 4 octobre 1885. Appréciant par-dessus tout le calme dont il jouissait à son foyer, il était loin d'avoir brigué un mandat qui le jetait dans les agitations de la politique; le devoir ne lui permit pas de le refuser.

*Page **124**.*

Extrait des registres des délibérations de la ville de Nantes.

Le 16 mai 1640, payé à messire Pierre de Cornulier, seigneur de la Haye, conseiller du roi en ses conseils d'État et privé, et son président au Parlement de ce pays, la somme de 650 livres tournois pour une demi-année de jouissance du logis lui appartenant, sis en la rue du château dudit Nantes, pour le service de monseigneur le maréchal de la Meilleraye, notre gouverneur.

Le 16 février 1659, payé la somme de 1,300 livres à écuyer Charles Cornulier, sieur des Gravelles, pour une année échue à Noël dernier du louaige de son logis.

(Communiqué par M. de la Nicollière Teijeiro.)

Page **130.**

Jacques-René ou mieux Jacques-René-Arthur de Ménardeau, dit le chevalier de Maubreuil, seigneur de la Combaudière, terre dont il hérita de sa mère, Jacquette Le Haste, épousa, par contrat du 10 janvier 1751, Gabrielle-Renée d'Andigné des Écottais. De ce mariage vint :

Flavie de Ménardeau, mariée le 25 septembre 1769 à Louis-Pierre-Gabriel de Launay, chevalier, seigneur de la Mottaye, dont :

1º Louis-François de Launay, marié avec Louise de Billon-Vendôme,

2º Charles de Launay, marié à demoiselle de Sapinaud,

3º Adélaïde de Launay, mariée à Scévole Pocquet de Livonnière, dont une fille mariée au général comte de la Motte-Rouge.

Page **134.**

Arnaud-Désiré de Cornulier avait été nommé membre du Conseil municipal de Nantes par ordonnance du 4 septembre 1816, enregistrée à la municipalité de cette ville le 8 avril 1817. Retenu à Paris par une maladie, il ne put se présenter et être installé dans ses fonctions que le 8 janvier 1818.

Page **137.**

Extrait des registres de l'état-civil de la ville de Nantes.

Le 6 mai 1884, ont comparu en la maison commune :

Adolphe-Eugène-Michel-Marie-Édouard Le Gualès, propriétaire, célibataire, fils majeur de feu Ange-Jean-Marie-Adolphe Le Gualès, colonel d'infanterie, commandeur de la Légion-d'Honneur, décédé à Cherbourg (Manche), le 22 novembre 1859, et de Claire-Thérèse de Kérautem, son épouse, âgée de soixante-dix ans, domiciliée à Plérin (Côtes-du-Nord), présente et consentante ; né le 16 mars 1858, à Givet (Ardennes), et domicilié à Saint-Nicolas-du-Pelem (Côtes-du-Nord), d'une part,

Et Marie-Thérèse-Joséphe de Cornulier, célibataire, fille mineure de Jean-Louis-Arthur de Cornulier, âgé de cinquante-deux ans, et de Victoire-Marie de Montsorbier, son épouse, âgée de quarante-trois ans, propriétaires, présents et consentants ; née à Nantes le 17 janvier 1865, et y domiciliée chez ses père et mère rue Tournefort, d'autre part,

Lesquels nous ont requis de procéder à leur mariage et ont déclaré qu'ils avaient passé contrat en date de ce jour au rapport de Mᵉ Auguste Bernard, notaire à Nantes.

Témoins :

Anatole-Louis-Marie Rogon de Carcaradec, propriétaire, âgé de quarante-six ans, demeurant à Buhulien (Côtes-du-Nord), cousin de l'époux.

Alain-Ange-Marie Le Gualès, propriétaire, âgé de vingt-trois ans, demeurant à Plérin (Côtes-du-Nord), frère de l'époux.

Pierre-Marie-Édouard de Cazenove de Pradines, propriétaire, âgé de quarante-sept ans, demeurant à Nantes rue du Lycée.

Et Louis-Marie de Charette de la Contrie, propriétaire, âgé de cinquante ans, demeurant à Nantes rue Félix.

Page 146.

Le comte Auguste de Cornulier est mort, à Paris, le 13 février 1886. M. Le Royer, président du Sénat, annonçait, en ces termes, son décès à l'ouverture de la séance du même jour :

« Messieurs les Sénateurs, je viens de recevoir à l'instant la triste nou-
« velle de la mort de l'un de nos collègues, M. le comte de Cornulier,
« sénateur de la Vendée depuis 1876.

« M. le comte de Cornulier était né à Nantes en 1812. Il s'était beau-
« coup occupé des affaires de son département, et, en 1868, il avait été
« nommé membre du Conseil général de la Vendée.

« Par modestie, M. de Cornulier n'a pas joué au Sénat le rôle auquel
« auraient pu l'appeler ses connaissances, son expérience des affaires
« publiques et son talent d'exposition.

« Vous vous rappelez, Messieurs, cette physionomie calme et bien-
« veillante ; vous vous souvenez de l'attention que M. de Cornulier
« apportait à nos débats qu'il écoutait sans jamais interrompre. Il obéis-
« sait à de vieilles et profondes convictions par-dessus tout honorables et
« respectables. (Très bien ! très bien !)

« J'adresse au nom du Sénat des paroles sympathiques à sa famille,
« et je lui exprime les regrets que nous éprouvons tous de la dispa-
« rition de cet excellent collègue. (Très bien! très bien! et applaudis-
« sements unanimes.)

« Les obsèques de M. de Cornulier auront lieu, mardi 16, à dix
« heures, à Saint-Sulpice. »

L'inhumation eut lieu à Saint-Hilaire-de-Loulay, et sur sa tombe furent prononcés plusieurs discours que le journal l'*Espérance du Peuple* du 20 février résume ainsi :

« M. de Cornulier naquit en 1812, au sein d'une famille dont la foi
« politique n'est surpassée que par la foi religieuse. Son père, ardent roya-
« liste, paya bravement de sa personne sur les champs de bataille de la
« Vendée. Sa mère, femme d'un esprit supérieur, était une vaillante
« chrétienne ; sa mémoire, en dépit des années, n'a pas cessé d'être en
« vénération sur la terre vendéenne.

« Élevé à pareille école, Auguste de Cornulier pouvait-il être autre
« chose qu'un courageux chrétien et un royaliste déterminé ?

« Fidèle aux traditions de sa famille, il se destina à la carrière des
« armes ; son père le fit entrer aux pages de Charles X. Il y resta jus-
« qu'en 1830.

« De retour en Vendée, il prit une part active au soulèvement de 1832
« et fut emprisonné, ainsi que son père et son cousin, Victor de Cornu -
« lier. Dans une rencontre, il essuya un coup de feu à bout portant ; s'il
« échappa à la mort, ce fut une sorte de miracle. Il aimait à raconter cet
« épisode de sa vie, et terminait son récit en disant : « Je suis tout prêt à
« recommencer. »

« Après être resté longtemps en dehors des affaires publiques, un jour
« vint où M. de Cornulier consentit à se mettre à la tête de l'adminis-
« tration de la commune de Saint-Hilaire-de-Loulay. Ce qu'il y fit de
« bien est immense ; bornons-nous à rappeler qu'il entreprit et mena à
« bonne fin un long et difficile procès qui procura à sa chère commune
« des ressources précieuses.

« En 1868, M. de Cornulier accepta le mandat de conseiller général
« pour le canton de Montaigu, et depuis cette époque les électeurs lui
« conservèrent toujours leur confiance.

« Il se distingua dans l'assemblée départementale par sa compétence
« remarquable en matières financières ; ses rapports sur les questions du
« budget faisaient autorité.

« Quand on lui proposa d'entrer au Sénat, en 1876, il fallut pour
« ainsi dire lui faire violence. « Je suis trop vieux, disait-il ; un séna-
« teur plus jeune sera plus à même de rendre des services. » Les élec-
« teurs le nommèrent malgré lui, et M. de Cornulier dut bon gré mal-
« gré aller siéger au Luxembourg.

« Son mandat expira en 1882 : il manifesta alors l'intention formelle
« de se retirer et de consacrer ce qui lui restait de forces aux intérêts de

« sa commune. Il remit même l'établissement qu'il avait à Paris; mais
« le regretté sénateur avait compté sans l'entêtement de ses électeurs,
« qui se refusèrent obstinément à faire un autre choix. Il dut céder
« encore une fois.

« M. de Cornulier était l'homme du devoir avant tout. Il suivit, sans
« en dévier jamais, la ligne qui lui était tracée. Il est mort sur la brèche,
« en défendant jusqu'à sa dernière heure les intérêts dont les électeurs
« vendéens lui avait confié la garde.

« D'un caractère aimable et conciliant, il s'était fait de nombreux
« amis; ceux-là mêmes qui ne partageaient pas ses convictions lui accor-
« daient sans réserve leur respect.

« La mort de M. le comte de Cornulier est une perte douloureuse
« pour la commune de Saint-Hilaire-de-Loulay, pour la Vendée,
« pour les assemblées délibérantes, où sa connaissance des affaires et
« sa longue expérience étaient grandement appréciées, et pour notre
« parti tout entier. »

Page **147.**

Louis-Henri-Marie de Cornulier de la Lande a été élu le 11 avril 1886,
par le canton de Montaigu, conseiller général de la Vendée en remplacement de son père décédé.

Extrait des registres de la commune de Meslay-du-Maine (Mayenne).

L'an 1883, le 18 octobre, devant nous, maire de la commune de Meslay,
arrondissement de Laval, ont comparu :

1° M. le comte Charles-Marie de Cornulier, sous-lieutenant au 125e régiment
d'infanterie de ligne stationné à Poitiers, domicilié à Saint-Hilaire-de-
Loulay (Vendée), âgé de vingt-six ans, né à Saint-Hilaire-de-Loulay, le
19 novembre 1856, fils majeur de M. le comte Auguste-Louis-Marie de
Cornulier, sénateur de la Vendée, âgé de soixante-et-onze ans, et de
Mme Pauline-Caroline Grimouard de Saint-Laurent, son épouse, domi-
ciliés ensemble au château de la Lande, commune de Saint-Hilaire-de-
Loulay, présents et consentants au mariage ci-après;

2° Mlle Géneviève-Marie-Anne Pineau, vicomtesse de Viennay, propriétaire,
domiciliée avec son père, âgée de vingt ans, née à Cagny (Calvados), le
10 juin 1863, fille mineure de M. Georges-Gabriel-Marie-Antoine Pineau,
comte de Viennay, âgé de quarante-trois ans, domicilié au château des
Rochères, en cette commune, demeurant de fait à Laval, ici présent et

consentant au mariage, et de Mme Brigitte-Marie-Noémie Costé de Tri-
querville, son épouse, décédée à Hyères (Var), le 11 décembre 1863,

Lesquels nous ont requis de procéder à la célébration du mariage projeté
entre eux, et dont les publications ont été faites à Meslay et à Saint-Hilaire-
de-Loulay. Vu l'autorisation du ministre de la guerre du 28 septembre dernier;
la déclaration d'avoir fait un contrat de mariage devant M° Thuau, notaire à
Meslay, le 17 octobre courant,

En présence de :

1° Henri-Victor-Marie de Cornulier, âgé de soixante-sept ans, conseiller
général de la Loire-Inférieure, demeurant à Nantes, rue du Lycée, oncle
de l'épouse ;

2° Henri-Jules, Comte de Grimouard de Saint-Laurent, âgé de soixante-neuf
ans, demeurant au château de la Loge, commune de Saint-Laurent-de-la-
Salle (Vendée), oncle maternel de l'époux ;

3° André-Pierre Costé, marquis de Triquerville, âgé de trente-sept ans, demeurant au château de Triquerville, commune de Triquerville (Seine-
Inférieure), oncle de l'épouse ;

4° Yves-Marie-Célestin-Frédéric, comte Le Gonidec de Traissan, âgé de
quarante-trois ans, demeurant au château du Rocher, commune de
Mezangers (Mayenne), oncle paternel de l'épouse.

De ce mariage :

A. Germaine-Brigitte-Marie-Joséphine DE CORNULIER, née au château des
Rochères, commume de Meslay, le 21 juillet 1884.

Page 151.

Par suite de ses annexions, Jean de Cornulier porta à 470 hectares l'étendue
du domaine de Lucinière.

Page 159.

En même temps que Marie de Cornulier, le 13 décembre 1637, faisait
profession au couvent de la Trinité, de Vitré, mais bien malgré elle,
Marie de Keraldanet, avec laquelle elle était particulièrement liée, et qui
depuis, après avoir été relevée de ses vœux, épousa Gilles de Sévigné,
comte de Montmoron, conseiller au Parlement de Bretagne. L'histoire
lamentable de cette infortunée Marie de Keraldanet a été racontée par
M. Saulnier dans la *Revue de Bretagne et Vendée*, livraisons d'avril,
de mai et de juin 1885.

Page 160.

L'un des cinq enfants d'Isabelle de Cornulier et de René des Vaulx était Marguerite des Vaulx, mariée d'une façon très particulière, le 15 mai 1659, à Jean Picault, écuyer, seigneur de la Morinaye. Ce Jean Picault n'avait pas encore quatorze ans accomplis lors de son mariage ; on le laissa vivre pendant dix-huit mois avec sa femme, puis on l'envoya achever ses études dans le couvent des Chanoines réguliers de Saint-Augustin, près de Chartres. Il y était depuis cinq ans lorsque, son père étant venu à mourir, il tomba sous la tutelle du sieur de La Vente, son beau-frère, qui entreprit de faire casser son mariage comme ayant été contracté avant l'âge compétent. Jean Picault et sa femme se pourvurent près de l'évêque de Rennes, qui leur administra lui-même, à nouveau, la bénédiction nuptiale le 26 septembre 1667.

Charles-François de la Vieuville, par la grâce de Dieu et du Saint-Siège apostolique, Évêque de Rennes, conseiller du Roi en tous ses conseils, à tous qu'il appartiendra, salut en Notre-Seigneur.

Savoir faisons que ce jourd'hui 26° de septembre 1667, avant midi, Jean Picault, écuyer, Sr de la Morinaye, nous étant venu trouver dans notre manoir épiscopal dudit Rennes, nous a déclaré que ci-devant et dès le 14ᵉ jour de mai 1659, il avait épousé en face de notre mère la sainte Église, suivant les formes accoutumées et dans toutes les solennités requises, damoiselle Marguerite des Vaulx, aussi présente, par l'avis d'écuyer René Picault, son père, et de dame Isabelle de Cornulier, mère de ladite des Vaulx, comme il nous l'a fait voir par l'extrait de ses épousailles lui délivré le 18 de septembre dernier, en date dudit jour 14 mai 1659, signé : Malapère, prêtre, curé de la paroisse d'Ercé, en ce diocèse. Et qu'il aurait ménagé avec ladite demoiselle des Vaulx l'espace de dix-huit mois entiers et plus ; après lequel temps il serait allé dans le couvent des chanoines réguliers de Saint-Augustin, près Chartres, pour faire ses études, où il aurait été cinq ans. Au bout duquel temps, son dit père étant décédé, il se serait trouvé en la tutelle du sieur de la Vente, son beau-frère, lequel, contre son gré, l'aurait obligé d'entreprendre la rupture dudit mariage, sous prétexte qu'il n'avait pas quatorze ans accompli lors de la célébration d'icelui ; ce qu'il ne croit pas être vrai et raisonnable. Et nous ayant fait voir un acte de désaveu qu'il a fait par devant Gohier, notaire royal à Rennes, par lequel il déclare désavouer tout ce que avait fait et pourrait ci-après faire l'appelé Morinay, procureur en l'officialité dudit Rennes. L'instance pour la rupture dudit mariage est pendante en date du 24ᵉ de septembre 1667, laquelle il aurait fait signifier audit Morinay, prétendu procureur.

Il nous aurait requis, pour la sûreté de sa conscience et de celle de la damoiselle Marguerite des Vaulx, présente, de leur vouloir administrer la bénédiction nuptiale. A quoi inclinants, Nous, après avoir, en tant que besoin serait, dispensé les dits Picault et des Vaulx de la répétition de leurs bans, leur avons administré la bénédiction nuptiale dans la chapelle de notre dit manoir épiscopal dudit Rennes, en présence de haut et puissant messire Jean du Boisgelin, seigneur de Mesneuf,

4

conseiller du roi en ses conseils et président à mortier en son parlement de Bretagne ; de noble et discret messire Hiérôme de Racinoux, prêtre, scholastique, chanoine et official dudit Rennes ; de messire Francois Guichardi, seigneur de Martigné, conseiller du roi audit parlement de Bretagne et de plusieurs autres. En foi de quoi nous avons signé le présent à Rennes les dits jours et an que dessus.

Signé : Marguerite des Vaulx ; J. Picaud ; Charles-François, E. de Rennes ; J. du Boisgelin ; F. Guischardi ; de Racinoux.

Nota. — Le dépôt de cette pièce a été opéré par dame Marguerite des Vaulx, dame de la Morinaie Picaud, aux mains de Mᵒ Bretin, notaire à Rennes, suivant procès-verbal du 25 mai 1678, ratifié par Jean Picaud le 19 juillet 1685. (*Extrait des minutes de Bretin aux archives de la Cour d'appel de Rennes,* communiqué par M. Saulnier, conseiller à ladite cour.)

Page 166.

Suite de la note. L'ancienne magistrature était une sorte de sacerdoce civil ; elle est devenue une carrière, presque un métier. Jadis les pères formaient leurs fils dès l'enfance aux devoirs de leur profession et les initiaient aux difficultés de la jurisprudence ; les maximes du droit s'enseignaient par tradition dans les familles de robe, comme les devoirs militaires dans les familles d'épée, et chacun n'avait d'autre ambition que de succéder à l'office de son père, de s'asseoir sur le siège qu'il avait occupé ou de le remplacer au régiment. Aujourd'hui, le magistrat et l'officier ne sont plus que des fonctionnaires tourmentés du désir d'avancer, ne rêvant que déplacements pour obtenir un rang plus élevé et surtout mieux rétribué.

Page 175.

Du 5 décembre 1692, au rapport de Berthelot, notaire à Rennes, acte de compte entre messire Jean-Baptiste de Cornulier, chevalier, seigneur de Lorière, conseiller au Parlement de Bretagne, demeurant en son hôtel, rue Corbin, à Rennes, d'une part; et dame Marie Guillay, veuve de messire Bernard-François des Vaulx, seigneur de la Motte, mère et tutrice des enfants de leur mariage, demeurant à sa maison de la Motte, paroisse d'Ercé, d'autre part.

Lesquels reconnaissent qu'en exécution de l'acte de partage passé entre tous les cohéritiers en la succession de défunt messire Claude de Cornulier, abbé de Blanche-Couronne et du Hézo, ledit seigneur de Lorière ayant compté avec ledit seigneur de la Motte des Vaulx, il serait demeuré redevable de la somme de 6,000 livres au 12 juin 1683. Que depuis cet arrêté, ledit seigneur de Lorière a payé diverses sommes, et qu'il ne reste plus devoir aux enfants dudit seigneur de la Motte des Vaulx que 4,900 livres qu'il a accepté de payer en leur acquit à divers créanciers de la succession des Vaulx. Signé : Marie Guillay, J. B. de Cornulier, Berthelot et Bretin, notaires royaux.

Pages **182** à **188**.

La note placée au bas des pages 182-188 de la *Généalogie de Cornulier*, édition de 1884, a donné lieu à une controverse d'un certain intérêt. Dans cette note, l'auteur expose, *sur le mode de dévolution des titres héréditaires actuels*, une thèse qui n'est conforme ni à la règle ancienne ni à la jurisprudence moderne, mais qu'il soutient être la seule compatible avec l'état présent des choses, état qui s'impose avec l'autorité d'un fait dominant et dont il faut tenir compte en cette matière comme en toute autre.

Il fait remarquer que la règle traditionnelle qu'il combat est surannée et ne s'est conservée que par une sorte d'inertie, sans avoir égard aux modifications profondes survenues dans la matière qu'elle gouverne depuis l'époque où elle a été établie. Qu'à une situation nouvelle, il faut une législation nouvelle ; que la règle ancienne, appropriée aux qualifications réelles et féodales, toutes positives, visibles et concrètes, ne convient plus à de simples adjectifs honorifiques ajoutés au nom sans donner à celui qui le porte aucun relief social effectif, sans lui conférer aucune prééminence ou supériorité tangible et légale ; un adjectif sans rapport avec une prétention seigneuriale quelconque. Que les dénominations actuelles de comtes, de marquis, etc., ne répondent plus à l'idée ancienne qui y était attachée, et que ce sont les choses qu'il faut considérer en elles-mêmes, et non les noms qu'on leur donne. Que la loi qui régit la dévolution héréditaire des biens matériels ne saurait être appliquée au titre actuel, tout idéal, ne reposant sur aucune propriété apparente, ne correspondant à aucun office, ne conférant aucun privilège, ne possédant aucun des caractères qui entraînent l'unité.

A l'origine, les titres n'étaient pas autre chose que les dénominations des fonctions précaires dont étaient pourvues les personnes qui les portaient : un duc était un général d'armée ; un comte, un gouverneur de province ; un vicomte, un sous-gouverneur ; un marquis, le gouverneur d'une marche ou province frontière. Quant au titre de baron, c'était un terme générique, comme celui de sire, s'appliquant à tout homme puissant ; on disait : *Barones pro magnates et proceres regni.*

Les terres titrées, après avoir commencé par être le gage inféodé, le bénéfice ou salaire des fonctions, perdirent leur caractère rémunératoire d'un service en devenant héréditaires, alors que la charge cessa de se transmettre de père en fils. Devenues patrimoniales, les terres titrées d'ancienneté communiquèrent leur dignité à leurs possesseurs, par le seul fait de la possession, sans qu'il fût nécessaire d'exercer aucun office correspondant au titre ; on fut comte par cela seul qu'on possédait un comté, c'est-à-dire la terre dont la jouissance avait tenu lieu d'émolument à un gouverneur de province. En cet état on peut dire que la condition de la terre détermina celle de la personne.

Toutefois, et bien que tombées dans le commerce, une certaine qualité de naissance était requise pour posséder ces sortes de terres avec toutes les prérogatives qui y étaient attachées. C'est ainsi que le fameux financier Samuel Bernard, ayant acquis la terre de Rieux, l'une des baronnies d'états du Languedoc, ne fut pas admis à siéger au banc des barons de ce pays ; on lui objecta qu'il n'était pas gentilhomme. Un homme de condition commune ne pouvait même posséder une simple terre noble sans être assujetti à un droit particulier dit de *franc fief*.

Ainsi, sous l'ancien régime, les terres titrées d'ancienneté, c'est-à-dire celles dont l'origine du titre se perdait dans la nuit des temps, jouissaient de ce privilège qu'elles communiquaient leur titre à leurs possesseurs, pourvu que ceux-ci fussent personnes idoines à les posséder.

A côté de ces terres, qui portaient de droit leur titre à tout gentilhomme qui en devenait propriétaire, il en était d'autres qui ne pouvaient le transmettre que dans une certaine lignée ; c'étaient celles qui avaient été érigées en dignité en faveur d'une famille déterminée, hors de laquelle la grâce n'avait plus d'effet. Cette catégorie de titres, attachés tout à la fois à la possession d'une terre et à la descendance d'une race, étant de nature mixte, métis ou hybride, on pouvait lui appliquer la règle de transmission des choses réelles dont elle avait le caractère dominant, et c'est là ce que l'on faisait.

Après l'abolition des fiefs, on a fait dépendre l'hérédité des titres de la création d'un majorat destiné à en soutenir l'éclat comme l'était jadis la seigneurie. Cette nouvelle base ayant été supprimée à son tour, le titre est devenu une distinction exclusivement morale, et, en cet état abstrait, son mode de dévolution exige une règle toute différente de l'ancienne.

En effet, Troplong remarque qu'il n'en est pas du patrimoine moral du chef de famille comme de son patrimoine matériel ; *le premier ne se divise pas.* « Ce patrimoine, dit-il, composé du nom, des vertus, *de l'honneur, de la* « *considération*, est dévolu aux enfants de plein droit : *il se fixe sur chacun* « *d'eux indivisible*, parce que telle est sa nature. Chacun en a sa part et *tous* « *l'ont tout entier.* » Or, le titre moderne n'étant plus qu'une qualification purement honorifique, une expression de la considération qui appartient à la famille, tous les enfants se trouvent y avoir un droit égal.

Cette simple remarque tranche la question ; mais il ne suffit pas, quand on touche à la législation et à un ordre établi, qu'une vérité soit démontrée pour la faire accepter ; il faut encore écarter une à une les objections qu'elle a soulevées contre elle et les difficultés d'application qui semblent en sortir ; il faut surtout montrer que cette vérité est déjà entrée dans l'ordre pratique. Il ne suffirait pas d'alléguer, comme exemple de possessions simultanées d'un même titre moral, ce qu'a fait le pape Pie IX en créant ducs héréditaires de Castel-Fidardo les deux fils du général de Pimodan ; et comme exemple de l'acceptation des titres modernes dans le sens purement moral, ce qui se voit en Espagne, où, après avoir établi la prononciation pour règle de l'orthographe, sans égard à l'étymologie, c'est-à-dire à la tradition d'origine, on a créé des princes de la paix, des ducs de la victoire, des marquis de la loyauté, etc. Il faut examiner de plus près les transformations qui se sont opérées chez nous-mêmes.

C'est bien l'application du partage égal que comprend l'usage actuel quand il substitue le nom patronymique au nom de terre comme véhicule du titre, quand il le rattache à la race de préférence à la possession féodale qui a disparu. La vieille législation des titres reposait sur cette dernière, la législation intermédiaire, sur la possession des majorats qui ont été pareillement abolis. Le nom patronymique est aujourd'hui la seule base à laquelle un titre héréditaire puisse être rationnellement attaché.

Depuis qu'il n'y a plus de fiefs, c'est un non-sens que de se qualifier comte ou marquis de tel endroit sur lequel on n'a aucune juridiction. Il ne serait pas moins contraire à la raison de se dire comte ou marquis de soi-même. Le titre accolé directement au nom patronymique marque une dignité toute personnelle et viagère ; il prend un autre caractère quand on place entre eux la particule *de* ; celle-ci établit un rapport entre le titre et la race qui porte le nom, comme elle l'indiquait entre le seigneur et son fief. Un titre héréditaire ne peut plus avoir d'acception singulière ; il ne peut être reçu que comme une distinction de famille, d'où il suit qu'il appartient indistinctement à tous ses membres.

L'attribution du titre paternel aux cadets comme à leur aîné n'a d'ailleurs rien de foncièrement contraire aux idées traditionnelles. Sous l'ancien régime, les partages entre cohéritiers étaient tenus pour si favorables, dit Hévin, que les noblesses et prérogatives du patrimoine se répartissaient également entre eux, autant que la nature des choses le permettait. Ainsi, il était de règle que la portion d'héritage donnée par l'aîné à son puîné conservât le même degré de justice, de noblesse et de gentillesse que celui qui appartenait au fief d'où elle était détachée ; l'amoindrissement ne portait que sur l'élément matériel dont la nature ne permettait pas de conserver l'intégrité. C'est d'après ce principe que le juveigneur tenait de son aîné *en parage*, c'est-à-dire sur le pied de l'égalité. Vis-à-vis de lui, il était dispensé des formalités de sujétion qui étaient imposées aux autres vassaux dans le cérémonial de l'hommage des fiefs : il ne déposait pas ses éperons, ne mettait pas le genou en terre ; l'aîné n'avait sur lui ni droit de bail ou garde noble, ni rachat, ni vente, ni haute justice.

Si les fiefs de dignité ne suivaient pas la règle du partage des simples châtellenies et des justices, c'est que, par des raisons d'un ordre politique qui n'existent plus, ces grandes seigneuries avaient été déclarées foncièrement indivisibles : « Baronnie ne se départ mie entre frères », portent les *Établissements de saint Louis*. Le titre restait unique parce que la terre sur laquelle il reposait était tenue *baronnaument*. Mais, pour compenser cette rigueur établie dans l'intérêt public, beaucoup de coutumes accordaient aux puînés un équivalent, fixé par estimation, aux titres et prérogatives attribués à l'aîné seul et qui formaient un tout corporel. Aujourd'hui, où toutes les terres sont tenues sous un régime uniforme, où le titre n'a plus rien de matériel, il n'y a plus de raison pour qu'il ne soit pas réparti comme le sont les autres branches du patrimoine moral.

Une institution secondaire ne peut se maintenir qu'autant qu'elle s'adapte à la constitution générale qui l'enveloppe et la domine, car il en est de cette constitution comme de l'organisme des corps vivants qui repousse tout ce qu'il ne peut s'assimiler. Cette institution secondaire doit se mettre en har‑ monie avec la législation générale, se plier à la réalité des faits, prendre pour base ce qui existe, et non s'inspirer d'un ordre de choses qui s'est évanoui. Le principe dominant du régime actuel est celui de l'égalité civile des citoyens ; *a fortiori* doit-on admettre l'égalité de situation entre frères qui ont immédia- tement une origine identique. Ce n'est plus que par leurs dénominations seulement que les titres encore en usage rappellent l'ancienne organisation féodale du territoire. Il n'y a plus de fiefs, par conséquent plus de marquisats, de comtés, etc., *réels*, plus de titres concrets, mais seulement des qualifica- tions abstraites ; ce n'est donc plus la règle de transmission des choses positives et corporelles qu'il convient d'appliquer aux titres ; c'est la règle toute différente qui gouverne les successions dépourvues de corps, les successions morales.

Tout en gardant l'ancienne nomenclature, les qualifications aujourd'hui en usage ont changé de sens comme elles ont perdu leur nature foncière ; elles n'éveillent plus les mêmes idées qu'autrefois. Jadis, les titres de baron, de comte, etc., étaient entendus comme des augmentatifs spéciaux de la simple qualité de seigneur ; ils exprimaient l'autorité effective qui s'exerçait sur un territoire important, déterminé, et sur les vassaux qui l'habitaient. Là où il n'y a plus de justice particulière, plus de sujets, un titre n'est plus qu'une variété de la qualification vague d'*excellence*, d'*éminence*, ne constitue plus que le droit à une appellation particulière ; il n'y a plus de raison pour le rattacher à une dénomination territoriale qui ne répondrait à rien. Si, dans quelques collations modernes, notamment sous les deux derniers empires, on a conservé quelques dénominations de lieux, c'est uniquement comme souvenir d'une illustration acquise sur ces points et nullement dans l'idée d'y conférer au titulaire une autorité quelconque.

Il en était tout autrement sous l'ancien régime. Si l'hérédité nobiliaire se transmettait par le sang, c'était, avant tout, sur la possession du fief érigé en dignité qu'était fondée la transmission héréditaire du titre. Il n'y avait de titres légalement héréditaires que ceux qui émanaient de la possession territoriale ; c'était la terre qui était décorée directement, et c'était elle qui communiquait à son possesseur le titre qui lui était affecté. Les qualifications de dignité établissaient des différences de degrés et non de genre entre les gentilshommes. Il n'y avait point de titre régulièrement transmissible qui ne fût attaché à une terre, et il fallait posséder une seigneurie pour s'en dire le seigneur. Une anecdote piquante caractérise bien l'ancienne règle générale sur cette matière.

Un gentilhomme avait ses preuves de noblesse à faire devant Chérin, le père. Irrité de ce qu'il ne lui avait pas donné le titre de marquis, auquel il prétendait, il lui dit : « Monsieur le généalogiste, partout où je vous rencon- « trerai, je vous donnerai du pied dans le derrière. — Je me cacherai si « bien, reprit Chérin, que vous ne me trouverez pas. — Où donc çà ? — « Parbleu ! dans votre marquisat. »

C'était si bien la terre qui, légalement, portait à son possesseur autorisé le titre dont elle était décorée que, contrairement à la règle de transmission masculine, la femme héritière d'un fief de dignité pouvait se décorer de son titre sans qu'elle eût besoin pour cela d'épouser un homme de même condition qu'elle; il suffisait qu'il fût gentilhomme. Elle pouvait se dire, de son chef, et sans que son mari y pût prétendre, marquise, comtesse, etc., de tel endroit ; elle n'avait qu'un *consort* sans titre.

Cependant, à côté de la légalité stricte, il y avait l'usage, la coutume, qui établissait une sorte de jurisprudence interprétant les textes de manière à les concilier avec les exigences du temps ; de longue date elle avait admis des tempéraments à la rigueur de la règle qui faisait dépendre le titre de la possession d'un fief érigé en dignité. Ce que l'élément réel perdait de jour en jour en importance se trouvait naturellement profiter à l'élément moral dans la conception du titre.

C'est ainsi que, par analogie avec la règle qui attribuait la noblesse hérédi- taire aux descendants de ceux qui, durant trois générations successives, avaient été revêtus de charges conférant la noblesse personnelle, la coutume admettait qu'un titre était incorporé à la race de ceux dont les auteurs avaient, durant plusieurs générations successives, été décorés viagèrement de ce titre en considération de leurs charges.

De même encore qu'un roi dépossédé de sa couronne n'en garde pas moins sa qualification, la coutume n'admettait pas, dans sa courtoisie, que la perte, fortuite ou imposée par des circonstances souvent fort honorables, d'une terre érigée en dignité et destinée à passer de père en fils, fût suffisante pour priver les descendants du titre qui y était attaché. Dans tous les cas, la coutume considérait que la longue possession d'un titre, quelles qu'en fussent d'ailleurs les conditions, suffisait pour qu'il fût acquis à la race par prescription. Elle ne faisait en cela qu'appliquer aux qualifications de dignité la règle de la posses- sion d'état séculaire admise pour prouver la noblesse d'ancienne extraction.

Depuis 1789, il n'y a plus de seigneuries, plus de fiefs hiérarchisés, plus de mouvances foncières, plus de terres érigées en dignité ; tous les anciens titres héréditaires ont donc perdu la base légale sur laquelle ils reposaient.

Est-ce à dire pour cela qu'ils soient tombés en deshérence ?

Non, car la charte de 1814 les a fait revivre. Elle ne les a pas rétablis, il est vrai, comme titres fonciers, mais comme qualifications de naissance, comme degrés de noblesse, ou plutôt de distinction au lieu de possession. Elle les a relevés en changeant leur caractère, leur nature, modification qui aurait exigé, pour régler leur transmission, une législation nouvelle qu'elle a omis d'édicter. La logique s'est chargée de remplir cette lacune, et un usage qui tend de plus en plus à se généraliser applique ses conclusions.

Ce n'est pas seulement la France, c'est l'Europe entière qui obéit à des lois instinctives d'évolution ; et partout où les gouvernements ne font pas de grands efforts pour les contrecarrer, ces tendances instinctives produisent à la longue des résultats assez identiques. C'est ainsi que, dans la matière qui nous occupe, nous voyons chez nos voisins les rejetons des familles titrées se qualifier : *des comtes de...., des marquis de...., des princes de....* Un titre purement honorifique, alors même qu'il est déterminé, peut d'ailleurs être porté simultanément par plusieurs personnes : tel était le cas, chez nous, des chanoines comtes de Lyon.

La loi qui a aboli les fiefs, passé le niveau sur toutes les terres comme sur toutes les personnes, n'a pas eu la puissance d'effacer les distinctions morales que les familles, ordre primordial et indestructible, s'étaient acquises dans la société. Il y a là un résultat historique qui se produit naturellement et se maintient de soi sous tous les régimes. Aux États-Unis d'Amérique, pays essentiellement démocratique, on reconnaît, dans les relations du monde, une supériorité de naissance aux vieilles familles européennes, qui les premières sont venues s'y établir ou qui se sont signalées dans la guerre de l'indépendance. C'est un genre de notoriété analogue que la charte de 1814 a entendu sanctionner.

Si donc le titre moderne n'implique plus l'idée d'une fonction effective, d'une autorité héréditaire sur un certain territoire, d'une situation qui ne pouvait être qu'unique, il signale aujourd'hui, comme une sorte d'étiquette officielle, la qualité, non plus d'une personne singulière, mais celle de toute une race qui s'est distinguée entre les autres, avantage qui, sans avoir rien de positif, conserve encore une valeur idéale aussi féconde que s'il était matériel.

En cet état, où le titre n'est plus seulement une appellation de courtoisie individuelle et viagère, comme il en existait une certaine catégorie sous l'ancien régime, où c'est un propre héréditaire, indépendant de la possession de toute terre érigée en dignité ; où il n'indique plus qu'une distinction de naissance, n'est plus qu'une marque d'extraction relevée ; il ne peut plus avoir d'autre attache rationnelle que le nom patronymique enseigne de la race. Or, comme ce nom est commun à tous ceux qui sont issus de la même souche primitivement décorée, on se demande comment tous ces descendants ne seraient pas également aptes à recueillir le titre, pourquoi il serait dévolu à l'aîné seul ?

Cette disposition exclusive, contraire à la nature du titre moderne, devenu, comme le nom, une simple propriété syllabique, n'a pas d'utilité sociale ; elle est, d'ailleurs, en opposition avec le droit actuel qui ne reconnaît plus de privilège d'aînesse en matière de successions, qui pose en principe l'égalité des partages.

Il ne faut pas s'en laisser imposer par le prestige attaché à la prééminence d'aînesse : une institution, si bonne qu'elle soit, devient mauvaise quand on la détourne de son but, quand on en exagère la portée. C'est là ce qui est arrivé au droit d'aînesse ; établi par la nature et reçu partout comme moyen de police domestique, le régime féodal s'en est emparé pour en faire un instrument d'organisation extérieure dans le système qu'il avait conçu. C'est bien ainsi que le comprenait Normand de Marchillé, prêtre du diocèse de Nantes, quand il faisait, en 1250, donation à Jean de Sesmaisons de la terre noble de la Sauzinière, près de cette ville, motivant ainsi sa libéralité : *Ne tanta domus pereat,* et y mettant cette condition, qu'il ne croyait pas destructive de la famille, que le partage s'en ferait toujours également (1).

L'inégalité des âges établit entre frères une hiérarchie qui s'impose avec la puissance propre aux lois naturelles. L'aîné guide les jeunes et ceux-ci se soumettent à sa direction ; il seconde et supplée le père dans ses fonctions et continue sa tutelle quand il vient à manquer. Il reste le *negotiorum gestor* de la famille aussi longtemps que dure sa communauté, mais sans prétendre à des avantages particuliers. Tel est le droit d'aînesse qui a été reconnu dans tous les temps, dans tous les pays et sous tous les régimes. C'est de lui qu'Hérodote a dit : *Mos omnium populorum est ut maximus natu liberorum obtineat principatum.* C'est cette autorité dans le domaine privé qu'Isaac déléguait exceptionnellement à Jacob en lui disant : *Esto dominus fratrum tuorum.* Et cette supériorité, toute morale, n'était accompagnée d'aucun avantage matériel, car Jacob et Esaü partagèrent également.

Au droit d'aînesse domestique, exercé avec dévoûment plutôt qu'avec profit, le régime féodal avait substitué, dans les classes privilégiées et pour les biens de qualité noble, une aînesse politique et léonine, tellement rigoureuse que Bodin a pu, dans sa *République,* assimiler les cadets à « des larrons qui « viennent prendre partie de ce qui était acquis à l'aîné. »

Le partage avantageux, qui a entraîné l'attribution du titre à l'aîné seul,

---

(1) Si le partage de la terre est contraire à l'organisation féodale du territoire, il n'est pas, comme certaines personnes le prétendent, destructif de l'établissement familial. L'importance de la possession importe bien moins à la conservation de la famille que sa nature patrimoniale, que sa transmission héréditaire ; il lui suffit pour s'asseoir d'un *fundulus,* pourvu qu'il soit *avitus.*

C'est une chose remarquable que la possession du sol soit intimement liée à la constitution de la famille et à celle de l'État ; que son hérédité soit la base de l'esprit de l'une et de l'attachement de l'autre. Un peuple qui ne connaît pas la terre de ses ancêtres n'est qu'une horde de nomades qui ignore le patriotisme ; une famille sans foyer est une association qui manque de corps. Le patrimoine, qui se transmet de père en fils, est le lien le plus énergique qui rattache les souvenirs aux espérances, qui fasse un tout du passé, du présent et de l'avenir.

fut établi d'abord par suite de l'organisation du territoire en fiefs qui devaient le service des armes : c'étaient ces unités militaires qu'il importait à l'État de ne pas voir fractionner. Cette considération devint sans objet par l'établissement des armées permanentes ; mais une autre lui succéda pour le maintien d'un mode de partage passé dans les habitudes : ce fut la conservation des familles principales dans la position sociale qu'elles occupaient.

Cependant, ce second but politique ne fut jamais complètement atteint, comme le remarquait déjà le vieux jurisconsulte Guy Coquille : « Tous les « moyens imaginés pour maintenir les grandes maisons dans leur splendeur « ont été, dit-il, impuissants pour les empêcher de déchoir. » En effet, placées au sommet de la Société comme les vagues à la surface de la mer, les familles marquantes sont plus exposées aux tempêtes que celles qui occupent les couches inférieures. Fréquemment agitées, elles s'élèvent ou s'abaissent sous la pression des évènements. Anéanties parfois, plus souvent elles disparaissent de la scène, tombent dans une obscurité telle que le public les oublie et que leurs membres eux-mêmes en viennent à ignorer leur passé. Si, en cet état, l'un d'eux vient à se faire jour, on le prend pour un sujet nouveau, alors qu'il n'y a chez lui qu'un réveil, un effet d'atavisme.

L'aristocratie de pure considération est la seule qui soit compatible avec le régime actuel ; or, c'est sur l'ensemble d'une famille bien plus que sur l'éclat particulier de l'un de ses sujets isolés que se fonde la considération qu'on lui accorde. Il en est d'une famille comme d'un arbre dont le port est d'autant plus majestueux que toutes ses branches s'épanouissent avec une vigueur égale ; un rameau malingre dépare son aspect. Jadis, même après que l'organisation féodale eut perdu sa raison d'être, on avait conservé le droit de primogéniture comme un moyen de fortifier la branche aînée de la famille, de la mettre à même de perpétuer son lustre. On rognait les cadets au profit de l'aîné ; mais aussi, pour que les cadets dépouillés ne fissent point tache dans la famille, la société leur réservait des places auxquelles ils avaient accès par droit de naissance. Ce privilège n'existe plus. Pour compenser sa suppression, il est juste qu'ils héritent de la marque distinctive de leur race, d'autant plus qu'il arrive souvent que ce soit un cadet qui ajoute le plus à la renommée de la famille.

Jamais on n'a posé en principe qu'il appartenait au chef seul d'une maison de porter un titre, comme s'il concentrait en sa personne l'honneur de toute la famille ; le contraire s'est vu fréquemment. La plupart des grandes maisons possédaient plusieurs terres érigées en dignité, souvent avec le même titre, d'où il résultait que leurs membres étaient également qualifiés et ne se distinguaient que par le nom de la terre à laquelle le titre était affecté. Pourquoi ne pas admettre, sous le régime du titre honorifique, le nom de baptême comme marque distinctive entre les frères également qualifiés ? A la dénomination terrienne, qui n'a plus de sens aujourd'hui, on substituerait le prénom déjà reçu chez nous, et qui est d'un usage général dans beaucoup de pays étrangers.

A l'aîné de la famille appartient exclusivement la qualification de *chef de nom et d'armes*, qui n'implique qu'une supériorité domestique. Il en est tout autrement du titre de dignité nobiliaire destiné à rayonner au dehors; celui-ci ne pourrait rationnellement, en restant abstrait, être dévolu à l'aîné seul qu'autant que cet aîné serait reconnu par la constitution du pays comme le représentant de toute la famille, ce qui n'a jamais été admis dans nos mœurs.

La législation nobiliaire moderne, imbue des traditions de l'ancien régime, avait imaginé, pour maintenir l'unité du titre dans chaque famille, aussi bien que pour soutenir sa dignité, de remplacer la seigneurie d'autrefois par un majorat, c'est-à-dire par un certain revenu spécial, déterminé, insaisissable, inaliénable et transmissible par ordre de progéniture masculine. C'est là ce qui avait été inauguré par des décrets de 1808 et de 1810, qui conféraient, entre autres, à tous les membres de la Légion-d'Honneur le titre de *chevalier* avec faculté de le rendre transmissible à leur postérité, à la condition d'y joindre un majorat. Mais cette base nouvelle, sur laquelle avaient été assis tous les titres héréditaires du premier empire, leur a échappé, comme le fief l'avait déjà fait; les majorats ont été frappés d'extinction après 1830, en sorte que les titres, complètement idéalisés, ne reposent plus aujourd'hui que sur le nom seul, d'où il résulte qu'ils doivent suivre le sort du nom, se répartir de la même manière que lui.

Comme transition entre le régime où le titre, étant réel et effectif, ne pouvait faire l'objet que d'une dévolution singulière; et le régime sous lequel le titre, passé à l'état purement moral, est devenu également attribuable à tous les héritiers, on a imaginé un système d'accommodement qui consiste à laisser à l'aîné la possession de la qualification intégrale et à attribuer à ses cadets, jusqu'à l'épuisement de la nomenclature, des qualifications de moins en moins relevées d'après l'ordre de leurs naissances.

Le vice radical de ce système consiste en ce qu'il double l'effet d'un titre dont il prétend conserver l'unité, qu'il garde tout à la fois la grosse pièce et sa monnaie. Malgré ce qu'il a d'irrationnel, ce mode de distribution des titres n'a pas laissé que d'être accueilli; une ordonnance de la Restauration a même rendu son application légale entre les fils des Pairs de France, et quantité de familles étrangères à la pairie s'en sont approprié le bénéfice. Si, pour conserver la tradition du temps où, comme marque de sa prééminence, le chef d'une famille avait seul le droit d'en porter les armes pleines, on veut qu'il ait seul le droit d'en porter le titre plein, le moyen le plus naturel de satisfaire à cette exigence est d'obliger ses cadets à ajouter à ce titre leur nom de baptême comme brisure, ce qui n'en change ni la dénomination, ni le caractère. C'est là l'idée qui a surgi spontanément dans nombre de familles; elle est logique et prévient la confusion des personnes.

On objecte qu'attribuer le titre du père à tous les enfants serait avilir la distinction en la multipliant outre mesure.

La même crainte d'affaiblissement porterait à réserver à l'aîné seul l'usage du nom patronymique, car lui aussi a son prestige comme le titre. Aujourd'hui, il est même une indication plus sérieuse que le titre de la valeur d'une famille, car le nom est son patrimoine inamissible, celui qui reste entier alors que les fortunes s'écroulent; mieux que titre, il est son drapeau, la représentation de son honneur et de ses services; en lui se résument tous les travaux, les dévoûments et les vertus d'une race; il assigne son rang dans la société, est le symbole de ses espérances et de ses souvenirs. Une longue expérience a montré que la fécondité des grandes races a été loin de nuire à leur renommée. Il n'en est autrement que dans le cas où la considération est attachée à la richesse seule. D'ailleurs il ne faut pas s'imaginer que l'attribution à tous les fils du titre de leur père occasionnerait un débordement de la distinction. Il y a des limites naturelles à la multiplication des familles; il y en a même beaucoup qui s'éteignent, et proportionnellement davantage dans les classes élevées que dans les autres; un homme peut avoir plusieurs fils sans que, pour cela, sa postérité masculine soit assurée; les uns n'ayant point d'enfants, les autres ne laissant que des filles.

L'avilissement des titres résulte bien plus de la tolérance des usurpations qu'elle ne résulterait de leur attribution légale à tous les rejetons d'une souche véritablement titrée. Les familles distinguées s'éteignent si rapidement, et les collations de titres nouveaux sont devenues si rares, que les titres sérieux sont plutôt menacés de disparaître de la société que d'y devenir trop communs. Ce qui surabonde, ce sont les qualifications de fantaisie. Combien de titres audacieusement arborés résisteraient à une révision générale, alors même que, sans remonter à l'origine de l'attribution, les enquêteurs se borneraient à exiger la justification de la prescription acquise par une possession d'état centenaire?

L'époque indiquée pour homologuer et réviser en détail les anciens titres était celle où la charte de 1814 les proclamait rétablis en bloc; mais une pareille réformation eût exigé un calme profond et la pleine puissance d'un Louis XIV; son successeur n'était pas en situation de dominer les susceptibilités et de réprimer les prétentions qu'une pareille opération n'aurait pas manqué de soulever.

Cependant, ce texte laconique : « L'ancienne noblesse reprend ses titres; la « nouvelle conserve les siens », ne suffisait pas pour régler la matière. Nulle difficulté d'application à l'égard des titres nouveaux dont l'hérédité était subordonnée à la constitution de majorats dont la transmission était légalement établie. Mais que décider pour la succession des anciens titres qui reposaient sur des terres érigées en dignité?

Aucune terre n'avait plus de relief sur les autres; l'abolition de la règle *paterna paternis* les faisait passer à chaque partage d'une famille dans une autre famille; la plupart de ces terres distinguées avaient d'ailleurs été ravies à leurs possesseurs durant la tourmente révolutionnaire. Ce n'était donc pas l'ancienne institution des titres que la charte de 1814 rétablissait; elle en inaugurait une toute nouvelle qui n'avait de commun avec l'ancienne que la similitude des dénominations. Le fond était totalement différent, puisque le titre repris n'avait plus de racines dans un objet qui en déterminât l'attribution héréditaire. C'est là ce qui faisait dire à M. Molé, en 1826, « qu'en dehors de « la pairie héréditaire, il n'existait plus en France d'aristocratie réelle ; que, « hors de là, il n'y avait plus que des supériorités morales consacrées par le « temps, des familles distinguées à divers degrés, mais chez lesquelles *rien* « *ne justifiait la constitution d'un privilège d'aînesse.* »

En effet, l'ancienne noblesse ne reprenait de ses titres que les dénominations seulement, c'est-à-dire un simple adjectif qui, ne pouvant plus se rattacher à la terre, ne pouvait désormais se joindre qu'au nom dont il devait nécessairement suivre le sort. C'est une législation en harmonie avec cette situation nouvelle qu'il aurait fallu inaugurer, en rétablissant les anciens titres. On n'y a jamais songé, mais l'usage a suppléé au silence du législateur.

Pour être équitable, la révision des anciens titres aurait dû être faite avec une grande bienveillance ; toute rigueur à l'égard de l'ancienne noblesse aurait été une injustice. Victime de dures spoliations matérielles, de cruels sacrifices personnels, elle avait droit pour le moins à quelques compensations honorifiques ; on ne pouvait oublier que c'est précisément pour récompenser les dévoûments que les distinctions d'honneur ont été créées. Il ne fallait pas perdre de vue ce que les simples gentilshommes perdaient déjà de ce côté. Les anciennes qualifications de *messire*, de *chevalier* et d'*écuyer* n'étaient plus usitées ; elles étaient tombées en désuétude, comme y était déjà tombée depuis longtemps la qualification de *sire de* ***, jadis l'une des plus relevées ; celle de *haut et puissant* eût été un anachronisme ridicule ; en fait, il n'y avait plus de pris en considération que les titres dits de dignité.

Il en était de ces titres eux-mêmes comme des monnaies ; les dénominations avaient été conservées, mais elles répondaient à des valeurs qui n'avaient cessé de décroître, en sorte que la date de leur émission était un élément essentiel de leur appréciation. A toutes les époques, d'ailleurs, des qualifications sonnant de même avaient été appliquées à des situations hiérarchiques fort différentes ; en sorte qu'une classification morale des familles en catégories *équestres, baroniales, comtales*, etc., seul objet des titres modernes, aurait été trompeuse si elle n'avait été basée que sur la désignation des titres qui leur avaient appartenu.

Jadis, du temps où les générations se succédaient sédentaires dans les mêmes foyers, la notoriété établie par la tradition suffisait pour assigner à chaque famille le rang qui lui appartenait dans la société de sa province ; l'autorité n'avait garde d'intervenir dans cette classification délicate. A mesure que les dépaysements sont devenus plus communs, les familles ont compris la nécessité de substituer à la notoriété, dont l'effet ne peut être que local pour le plus grand nombre, la publication de leur histoire ; de là la naissance de nombreux recueils généalogiques dont la véracité n'est malheureusement pas toujours à l'abri de reproche.

Ce que la Restauration aurait pu faire de plus efficace en faveur de l'ancienne noblesse aurait été la création d'un *livre d'or,* où auraient été inscrits non pas seulement les noms et armoiries des familles qui lui appartenaient, — un simple catalogue ne répondant pas aux exigences d'un siècle qui n'admet les jugements qu'autant qu'ils sont sérieusement motivés, — mais encore leurs *généalogies historiques,* circonstanciées et bien authentiques. L'établissement d'une filiation est en effet le seul moyen d'éviter la confusion entre collatéraux souvent très éloignés ; et, ce qui est plus grave, entre homonymes complètement étrangers les uns aux autres. Cette publication n'aurait été qu'une légère compensation aux spoliations brutales dont ces familles avaient été victimes, et à l'odieux desquelles la Restauration semblait s'associer en les déclarant irrévocables.

Elle reconnaissait les deux noblesses ; l'état de la nouvelle était clairement établi par des décrets récents inscrits au *Bulletin des lois ;* il eût été naturel de fixer d'une manière aussi patente l'état de l'ancienne ; il ne suffisait pas de reconnaître son existence en principe, il fallait la déterminer en fait. Cela devenait presque une nécessité après le mouvement général qui avait rompu tous les fils traditionnels. A l'égard des titres surtout, une révision était indispensable, tant il y avait de confusion et d'incertitudes, de prétentions plus ou moins fondées. La plupart des lettres qui les avaient conférés étaient anéanties. Une de leurs sources tacites, la possession des terres titrées d'ancienneté, était tarie. L'usage prolongé des titres de courtoisie avait ouvert des droits de prescription qu'on ne pouvait méconnaître, mais dont il importait de fixer les limites une fois pour toutes. L'établissement d'un pareil rôle paraissait si bien la conséquence de la déclaration de la charte de 1814 qu'à défaut du gouvernement divers particuliers s'empressèrent de suppléer à son silence. C'est ainsi que, dès 1815, le dernier des d'Hozier publiait une table des travaux généalogiques de ses ancêtres ; M. de Prat-Taxis un recueil des certificats de noblesse délivrés par les Chérin et par Berthier ; Viton de Saint-Allais un *Dictionnaire encyclopédique de la noblesse de France.* Plus tard, sous le second empire, alors qu'il s'agissait de mettre un frein à l'usurpation des titres, MM. de la Roque et de Barthélemy ont, dans le même but de constatation, mis au jour le Catalogue des Gentilshommes convoqués pour l'élection des députés aux États-Généraux de 1789. Mais ces documents partiels ne pouvaient avoir l'efficacité d'une publication complète et officielle qui aurait eu le triple avantage de rendre une justice autorisée aux races qui ont bien mérité ; d'obliger, par une sorte de mise en demeure, leurs descendants à ne point forligner ; et de couper court aux usurpations scandaleuses qui se produisent impunément loin des lieux d'origine. Il n'y avait pas d'autre moyen de faire connaître les familles qui formaient le corps de la noblesse morale, la seule compatible avec notre constitution actuelle : les familles qui s'étaient distinguées à divers degrés, comme le déclarait M. Molé en 1826.

Certains organisateurs de l'école de M. Le Play voudraient, pour maintenir l'unité du titre, comme cela résultait de la possession du fief ou du majorat auquel il était attaché, que le père eût la faculté de léguer cette distinction, par préciput et hors part, à celui de ses fils qu'il jugerait le plus digne.

Cette rénovation de l'antique bénédiction patriarcale surprise à Isaac serait une pomme de discorde jetée dans la famille. En apprenant que son cadet lui avait été préféré, Esaü *irrugiit clamore magno.* Pour prévenir ces colères et ces divisions domestiques, les coutumes avaient établi des règles absolues pour la transmission des fiefs; elles entendaient qu'en cette matière le père restât neutre entre ses enfants, n'admettaient ni institution testamentaire, ni adoption, tenaient pour maxime que « Dieu seul peut faire un héritier ».

En résumé, un titre héréditaire ne pouvant être transporté sur une tête au choix du père de famille sans compromettre la paix et l'union entre les frères, et la dévolution de ce titre par ordre de primogéniture étant contraire à la législation moderne, qui ne reconnaît plus de droit d'aînesse et réprouve les substitutions indéfinies dans un ordre particulier, il ne reste d'autre moyen de le perpétuer que de l'attribuer également à tous les enfants.

Cette disposition est conforme au droit général qui souhaite avant tout que les partages se fassent sur le pied de l'égalité. Elle est appropriée à la nature actuelle du titre dépourvu de tout élément matériel, de toute autorité effective, en sorte que rien n'oblige plus à en faire une dévolution singulière. Jadis, le titre répondait à une possession, aujourd'hui il n'indique plus qu'un degré particulier d'illustration acquis par une certaine lignée, il est le signe de son rang moral dans la société, une distinction qui lui est propre et dont tous ses membres sont appelés à recueillir le bénéfice comme ils en recueillent le sang et le nom.

Déjà, sous l'ancien régime, le jurisconsulte Denisart disait : « Le nom, les « armes et le rang des familles ne tombent point dans le commerce, et ils sont « inaliénables; c'est le seul bien indépendant des caprices et des révolutions « de la fortune. » Longtemps avant Denisart, Balde avait dit : « Dans le nom « et les armes résident la mémoire et la splendeur d'une race, ce qui fait que « ces biens appartiennent en commun à toute la famille. » Aujourd'hui, où le titre n'est plus attaché à la possession d'une terre ou d'un majorat, où il a pris une essence absolument incorporelle, où il est devenu un simple accessoire du nom, son complément honorifique, une sorte d'*agnomen*, comme en avaient les Romains, le titre est passé du patrimoine réel de la famille dans son patrimoine moral, et doit être attribué comme tout ce qui rentre dans cette catégorie. Cette conclusion peut n'être pas conforme à la légalité, mais elle est rationnelle, admise par l'usage et s'impose avec une force qui deviendra irrésistible.

Cette évolution d'une nature à l'autre, qui a rendu le titre patronymique dans l'ordre moral, n'a rien d'insolite, car le titre n'a fait en cela que suivre la voie déjà adoptée pour *le nom*, pour *les armoiries* et même pour la qualification de *chevalier.*

La communauté du *nom* n'a pas toujours existé dans la famille ; cette désignation, empruntée soit à une qualité individuelle, soit à une possession, n'a d'abord été héréditaire qu'avec elles ; c'est par suite d'un usage prolongé, par un effet de prescription, que le nom est devenu patronymique, indépendant de la cause qui l'avait imposé à l'origine, qu'il est devenu propre à la race, tellement que les enfants se sont appelés comme leur père et les cadets comme leur aîné.

La communauté des *armoiries* n'a été acceptée que plus tard. Pendant longtemps il a été de règle que l'aîné seul d'une maison avait le droit d'en porter le cri et les armes pleines ; les cadets devaient ajouter quelque brisure à leur écusson. Cet usage, non encore complètement aboli, venait de ce que les armoiries avaient été d'abord affectées plutôt à la désignation des fiefs qu'à celle de leurs possesseurs, en sorte que les aînés, héritiers principaux de la terre, étaient seuls fondés à s'en attribuer la représentation complète.

Cependant, une certaine catégorie d'armoiries perdit tout caractère foncier et devint exclusivement familiale, et c'est celle qui a généralement prévalu. Celles-ci, dégagées de l'élément qui en entraînait la modification, on comprit que leur transmission devait se faire sans avoir égard à la terre, qu'elle devait être intégrale ; que chaque membre de la race avait un droit égal à porter sans brisure le symbole qui la désignait comme il en portait déjà le nom sans altération.

Quant au titre de *chevalier*, il y a une analogie frappante en ce qui s'est passé à son égard, sous l'ancien régime, avec ce qui se passe aujourd'hui pour les titres dits de dignité. Du temps des armées féodales, la qualification de chevalier était donnée à tout possesseur d'un fief qui devait à l'ost un homme d'armes en équipage de guerre complet ; elle était héréditaire comme le fief. « Originairement, dit le savant jurisconsulte Pierre Hévin (*107e Consultation*), « il n'y avait non plus de chevalier sans chevalerie que de baron sans ba- « ronnie et de comte sans comté. Mais, au regard de la chevalerie, la coutume « s'établit de créer des chevaliers sans chevalerie, en sorte qu'il s'établit « parallèlement deux espèces de chevalerie : l'une réelle ou féodale, l'autre « personnelle. La chevalerie réelle ou féodale, dite *bachellerie*, pour la « distinguer de l'autre, était un titre inhérent à la terre : c'était le fief qui « communiquait cette qualité à son possesseur. L'autre chevalerie était « personnelle ; cette qualification était la récompense du mérite individuel ; « attachée à la personne, elle périssait avec elle. »

Quand, par suite de l'introduction des armées permanentes, le service du fief de haubert cessa d'être obligatoire, le titre de chevalier n'en resta pas moins dans les familles qui l'avaient porté ; mais, comme il n'avait plus rien de réel, qu'il devenait purement honorifique, il ne resta pas la propriété particulière du possesseur d'un fief qui ne jouait plus aucun rôle ; il fut attribué patronymiquement à tous les descendants de familles d'origine chevaleresque ;

ils s'en décorèrent curieusement dans les actes, et la loi les y autorisa formellement. Des *bannerets*, qui avaient un degré au-dessus des simples chevaliers, l'usage fit des barons de second ordre pour leur conserver leur rang.

C'est une transformation pareille à celle qui s'est opérée dans la nature du *nom*, dans celle des *armoiries* et dans celle de la qualification de *chevalier*, qui s'est faite dans la nature des titres de *baron*, de *comte*, de *marquis*, etc., et elle doit amener les mêmes conséquences.

L'acheminement naturel dans cette dernière voie est visible. Au moyen âge, où c'était surtout la possession des fiefs qui déterminait le rang des personnes, celles-ci abandonnaient volontiers leur nom patronymique pour prendre celui des terres dont elles tiraient leur relief. Au XVIIIe siècle, sous le règne absolu des intendants de provinces, alors que l'administration centrale absorbait tous les pouvoirs locaux, une tendance directement opposée se manifesta dans les classes supérieures; au lieu d'emprunter leurs noms aux terres, dont le rôle politique était fini, ce furent les personnes distinguées qui devinrent curieuses d'imposer à leur principale terre le nom qu'elles portaient elles-mêmes. Dans la plupart des érections de la dernière époque, on voit changer l'ancien nom des terres qui en sont l'objet et lui substituer le nom patronymique de la personne en faveur de laquelle l'érection est faite. Quand il se trouve que la seigneurie comprend toute la paroisse, celle-ci subit elle-même le changement de nom; en sorte que, pour le public superficiel, ce n'est plus à la terre que le titre est attaché, mais bien à la race qui a mérité cette distinction. Si le titre est encore réservé à l'aîné seul, c'est qu'il continue à rester l'héritier principal de la terre. Vienne le jour où ce privilège lui sera retiré, où il devra partager le domaine également avec ses frères, il est clair que le titre devra suivre la loi commune de la succession.

Dès la fin du XVIIe siècle, on voit le fils d'un homme régulièrement titré prendre dans les actes, du vivant de son père, le titre qui n'appartient encore qu'à ce dernier, seulement il l'ajoute à son nom patronymique, tandis que le père se qualifie du fief érigé en dignité dont il est propriétaire. Plus tard, le fils, venu en possession de la seigneurie, gardera la dénomination sous laquelle il est connu, et c'est ainsi que le titre passera insensiblement de la terre au nom de la famille, même avant que le fief ait perdu ses prérogatives.

Les institutions subissent toutes une gestation invisible durant laquelle elles recueillent et élaborent les éléments de leurs formes ultérieures et de leurs développements à venir. Les lois ne viennent que tardivement édicter ce que la logique avait pu recevoir dans l'opinion publique. Si le magistrat assis sur son siège ne peut, dans ses jugements, devancer la promulgation de la règle officielle, il est permis à ceux que le devoir professionnel n'enchaîne pas d'appliquer par avance les conclusions qui résultent d'un état de faits établi; de conclure dès aujourd'hui comme le légiste sera obligé de le faire demain, quand la force des choses aura triomphé de l'aveuglement de la routine.

Déjà, sous l'ancien régime, on était de plus en plus porté à accoler le titre au nom patronymique de préférence au fief; c'était un usage presque général dans le monde. Aujourd'hui cet assemblage est le seul qui soit dans la vérité de la situation. Dépourvu de tout lien territorial, de tout caractère qui le rendait unipersonnel, le titre moderne, de nature générique et incorporelle, n'est plus que le signe du relief qu'une famille s'est acquis dans la société, une portion de son patrimoine moral. Cette marque d'honneur, ce cachet héréditaire de la race est donc transmissible intégralement à tous les descendants de celui qui a mérité cette distinction. Tous y ont un droit égal, comme au nom patronymique, comme à l'écusson familial, comme aux qualifications de chevalier et d'écuyer, qui ne sont plus, comme le disait du nom le président de Brosses, que des propriétés syllabiques ; or l'unité de nature appelle la même règle de dévolution.

Page 192.

Benjamin de Gennes, sieur du Vaudé, receveur des fouages et autres impositions extraordinaires de l'évêché de Rennes, mourut en 1765, laissant comme héritières ses sœurs, MM^mes de Cornulier-Lucinière et de La Motte d'Aubigné.

Page 195.

Baronnie de la Roche-en-Nort.

Du 7 juin 1453. En notre court de Vannes furent présents : Noble et puissant seigneur Guy, comte de Laval, seigneur de Vitré, Châteaubriant, etc., et N. et P. seigneur Guy de Laval, sire de Gaure, fils aîné, principal et présomptif héritier dudit comte, auquel fils son dit seigneur et père donne son pouvoir et autorité quant au contenu des présentes.

Lesquels comte et sire de Gaure confessent que, par avant ces présentes, ledit comte de son bon et agréable plaisir et avançant le droit de nature, succession et hœrie de N. et P. Jehan de Laval, second fils dudit comte, et pour sa part ès héritages de sondit père et de noble dame Isabeau de Bretagne, sa mère, et aussi de Anne, comtesse de Laval, aïeule paternelle dudit Jehan ; jaczait que iceux comte et sire de Gaure fussent bien acertenez que, par la coutume générale de Bretagne observée entre nobles, les fils juveigneurs ne pouvaient être héritiers et avoir partage ès choses nobles de leurs prédécesseurs en ce pays et duché, si ce n'était du plaisir et assentement de leurs pères et aînés; mais ce néanmoins, ledit comte et ledit sire de Gaure avaient donné, baillé et transporté perpétuellement pour lui et ses hoirs, par héritage, audit Jean de Laval les baronnies, seigneuries, terres et chastels de la Roche-bernard, de la Roche-en-Nort et de la Bretesche, avec leurs appartenances et dépendances, et l'avaient reçu en hommage de juveigneurie desdites baronnies.

Du 30 décembre 1456, confirmation dudit partage par une assemblée de parents.

On peut être étonné de voir la baronnie de la Roche-en-Nort, dont la juridiction n'atteignait pas les rives de la Loire, inféodée du droit de prélever un péage sur les bateaux passant devant Ancenis. En général, les seigneurs hauts justiciers n'étaient fondés à prélever ces droits que dans la circonscription de leurs fiefs. Cet impôt sur le passage des marchandises était la rémunération de l'obligation où ils étaient d'entretenir les voies de terre ou fluviales en état de viabilité et de garantir la sécurité des marchands qui en usaient; par conséquent point de droit de ce genre-là où il n'existait pas de charge correspondante de police, d'entretien ou de balisage. Cependant M. le président Mantellier, dans sa grande *Histoire de la communauté des marchands fréquentant la rivière de Loire et fleuves descendant en icelle*, qui forme les tomes VII, VIII et X des *Mémoires de la Société archéologique de l'Orléanais*, montre que les seigneurs jouissant de ces droits de péage n'étaient pas toujours des riverains. « Souvent, dit-il, ces droits avaient été séparés de la seigneurie qui en jouissait originairement; ils avaient été vendus, donnés ou accensés par fractions à d'autres seigneurs, et étaient ainsi devenus étrangers à la terre dont ils avaient dépendu dans le principe. » Tel était le cas du droit de la baronnie de la Roche-en-Nort.

A leur passage devant Ancenis, les marchandises payaient un droit permanent à quatre seigneuries différentes, savoir : à la baronnie d'Ancenis; à la châtellenie de Varades, incorporée à Ancenis depuis l'an 1200; à la haute justice de la Petite-Rivière, démembrée d'Ancenis en 1400; et enfin à la baronnie de la Roche-en-Nort. Le droit de cette dernière émanait évidemment d'Ancenis, et sa concession provenait sans doute, comme appoint, du partage effectué au XIVe siècle, entre les Rieux, alors barons d'Ancenis, et les Montfort-Gaël, barons de la Roche-Bernard et de la Roche-en-Nort, de la succession des Le Bœuf, sires de Nozay.

Les stations péagères étant excessivement multipliées, il en résultait des retards intolérables pour la navigation et des difficultés incessantes pour la perception des droits affermés à des traitant avides. D'un autre côté, les seigneurs péagers négligeaient le balisage du fleuve. De là des plaintes perpétuelles des mariniers réclamant la suppression de ces entraves par l'organe de la puissante communauté des marchands fréquentant cette artère principale du commerce.

Des restrictions partielles furent successivement apportées à la perception de ces droits. Un édit de 1380 prononça la suppression de tous les péages établis depuis l'avènement de Philippe de Valois. Un autre édit, de 1505, déclare illicites tous les péages qui ne justifieront pas d'une possession centenaire, et veut que la quotité des perceptions sur les diverses natures de marchandises soit réglée à nouveau. C'est en exécution de cet édit, et après de longs débats, que le tarif de la pancarte d'Ancenis fut arrêté en 1581.

Enfin, un édit de 1631 prononça la suppression de la plupart des péages particuliers établis sur la Loire entre Orléans et Nantes, notamment de ceux qui se percevaient à Ancenis, le roi s'obligeant à rembourser les propriétaires à raison du denier vingt de leur produit annuel. Néanmoins, faute de paiement sans doute, plusieurs de ces devoirs particuliers continuèrent à être perçus pendant longtemps; ils ne disparurent complètement qu'en 1789.

C'est au cours des débats auxquels donna lieu l'édit de 1631 que le fermier des droits dus à la Roche-en-Nort demanda, en 1659, la résiliation du bail qu'il avait accepté en 1650: il éprouvait de telles résistances que la perception lui devenait impossible.

C'est par une erreur typographique que, dans le titre courant mis en tête des pages 195, 203, 207, 209, 211, 213, 215, 217, 219 et 221, on a mis : BRANCHE DE LA CARATERIE, au lieu de BRANCHE DE LUCINIÈRE, qui doit y être.

Page **198.**

Du 21 juillet 1750, acte sous signatures privées par lequel le duc de Béthune, baron d'Ancenis, et Anne-Marie de Gennes, *veuve* de messire Jean-Baptiste de Cornulier, vivant chevalier, seigneur de Lorière, déclarent s'en remettre au jugement d'arbitres par eux désignés pour terminer le procès qu'ils avaient au sujet de mouvances féodales en la paroisse des Touches. Ce projet d'arrangement ne fut pas suivi d'effet.

Page **199.**

On se représente généralement les jansénistes comme des sectaires gourmés, moroses, atrabilaires, ne se déridant jamais ; rien ne ressemblait moins à ce portrait que la franche et expansive gaîté qui régnait dans la petite colonie de Lorière. La mère et ses filles entretenaient avec la famille Jouenne d'Épanay, qui habitait près de Falaise et à laquelle appartenait Mme du Bourblanc, une correspondance suivie en bouts rimés pleins de sel et de saillies originales.

Page **200**.

7° Marcuise-Edmée DE CORNULIER mourut à Nantes, paroisse Saint-Vincent, le 28 janvier 1773, et fut inhumée dans l'église de Sainte-Radégonde, comme ses sœurs.

Page **204.**

Des esprits superficiels, prévenus ou hostiles, qui ne voient que des factieux dans ceux auxquels leur charge impose le devoir de se refuser à une obéissance servile, ont assigné pour origine à la Révolution la résistance des Parlements aux volontés autocratiques des ministres de Louis XV, et plus particulièrement la lutte accentuée du Parlement de Bretagne contre le duc d'Aiguillon, agent brutal des entreprises de son oncle, le comte de Saint-Florentin, sur les franchises de cette province. M. de Lucinière ayant pris une part très active dans ces démêlés, il est à propos de rétablir les faits sous leur véritable jour.

Les Parlements, sortes d'États généraux en permanence, étaient en possession, par un usage séculaire, du droit d'accorder ou de refuser l'enregistrement aux ordonnances de la couronne. Ils exerçaient la haute police et faisaient des règlements d'administration publique. C'est ce droit tutélaire, seule barrière existant alors contre le despotisme, qui faisait de la France une monarchie *tempérée*. Balançant l'autorité royale, défendant les intérêts nationaux lorsqu'ils étaient menacés, les Parlements jouaient le rôle des assemblées représentatives de nos jours avec beaucoup plus de mesure et moins de danger dans leur opposition.

En luttant contre des actes ministériels qu'ils jugeaient mauvais, nos anciens magistrats ne faisaient d'ailleurs qu'exécuter ce que la monarchie elle-même leur avait prescrit. Les Rois, se défiant d'eux-mêmes, se précautionnant contre leurs propres erreurs, enjoignirent maintes fois à leurs cours de justice, à peine d'être regardées comme infidèles, de ne point obéir aux lettres qui seraient contraires aux lois du royaume et au bien de leurs peuples. Ainsi avaient parlé Philippe-de-Valois, Charles V, Charles VII, Louis XI, Louis XII, François Ier, Louis XIII, Louis XIV et Louis XV lui-même dans les premières années de son règne.

Les Parlements, tout à la fois cours de justice et pouvoir politique, durent, comme tous les pouvoirs du monde, se montrer jaloux de leur autorité. De là les refus d'enregistrement, les remontrances, les démissions et toutes ces résistances qui devaient bien avoir quelque fondement puisqu'elles étaient avouées et soutenues par l'opinion publique.

Le pouvoir ministériel se révoltait contre ces entraves gênantes pour le fisc et pour les courtisans. De là aussi les lits de justice, les évocations, les exils, les dissolutions, tous ces coups d'État aussi funestes à l'ordre général qu'au prestige de l'autorité qu'ils rendaient odieuse.

Les Parlements n'étaient pas responsables de l'effervescence des esprits, de leur direction vers les idées d'indépendance. Comment les accuser d'avoir favorisé des innovations qui allaient entraîner leur chute, eux qui ne réclamaient que le maintien d'un état de choses existant, qui ne s'élevaient que contre des usurpations?

Plus qu'aucune autre province, la Bretagne était fondée à réclamer contre les empiétements du pouvoir royal. Le maintien de sa constitution particulière lui avait été garanti par son pacte d'union avec la France. Elle avait ses États qui se réunissaient régulièrement tous les deux ans, et son Parlement composé des premières familles du pays, qui agissait toujours de concert avec les États. Fidèle et généreuse, elle tenait à ses franchises, à ses coutumes, à ses privilèges ; des ministres téméraires voulaient les lui ravir, ses magistrats devaient résister à cette entreprise ; leur opposition était un devoir de leur charge ; ils pouvaient la manifester sans cesser pour cela d'être des sujets dévoués. En défendant les droits de la Bretagne contre le duc d'Aiguillon, le Parlement obéissait aux lois du royaume ; ce n'était pas manquer à la majesté souveraine que d'admettre qu'elle pût être trompée par ses ministres.

De quoi se plaint le duc d'Aiguillon dans son *journal* qui a été publié ? « De ce que
« la noblesse de Bretagne est animée d'un grand esprit d'indépendance ; que le pou-
« voir n'a pas assez de prise sur elle ; qu'elle ne fréquente pas la cour ; qu'elle pré-
« fère rester chez elle au lieu d'aller remplir ses devoirs auprès du roi, qu'elle tient
« cependant à le servir dans ses armées et sur ses vaisseaux ; qu'elle est dévouée à
« sa personne, mais animée pour le bien public de sentiments d'économie trop
« étroits. » Ce qui contrariait le gouverneur de la province, c'est que les Bretons
étaient peu disposés à voter des subsides destinés à alimenter les scandales de la
cour de Louis XV, et qu'ils les condamnaient en s'abstenant de paraître à Versailles.
Or, qui plus que ces scandales crapuleux a développé l'esprit révolutionnaire chez
nous ?

Si, comme le veulent beaucoup d'historiens sérieux, l'esprit d'indépendance qui s'est manifesté à la fin du siècle dernier a pris sa source dans les maximes délétères répandues par la philosophie de cette époque, on doit reconnaître que les Parlements n'ont cessé de poursuivre rigoureusement ces publications pernicieuses, alors que la Cour accueillait avec complaisance des théories qui couvraient ses désordres d'un certain vernis. Tous les membres de la magistrature n'étaient pas des Catons sans doute, mais le corps, pris dans son ensemble, était resté pur et austère, environné d'une juste et universelle considération.

Page **213**.

Tous les biens de M. de Lucinière avaient été confisqués et vendus révolutionnairement, sauf les bois de Lucinière qui, en raison de leur étendue, avaient été réunis au domaine de l'État. En 1810, son fils avait obtenu l'échange de ces bois contre d'autres bois qu'il avait acquis à cet effet. Le 30 janvier 1816, un arrêté de la commission chargée de prononcer sur la remise des biens séquestrés et non vendus ordonna que remise fût faite à Jean-Baptiste-Benjamin de Cornulier-Lucinière des bois de la Funerie, commune du Cellier, et des trois portions de la forêt des Saffré, nommées le Quet, le Brandon et la partie septentrionale du Breil de la chaussée, donnés à l'État en échange des bois de Lucinière.

Page **214**.

Au 2ᵉ vers, lire *in Gallis* avec un grand *G* ; et vers 427 au lieu de 417.

Page **215.**

Dans le grand procès du Bourblanc-Princey se trouvaient aussi engagés contre M. du Bourblanc, la douairière de Cornulier de Vair et les héritiers de ses deux sœurs, qui publièrent en 1784 un long mémoire à l'appui de leur cause. On y lit que « ces derniers ne peuvent être que très sensibles aux choses honnêtes qui leur sont « adressées par leur adversaire. Ils en sont d'autant plus flattés que l'écrivain « illustre et respectable qui a tracé ces lignes affectueuses est depuis longtemps en « possession de leur amour et de leur estime. Mais l'homme le plus intègre peut se « faire illusion dans sa propre cause, ou, ce qui revient au même, quand un intérêt « plus ou moins prochain, quand le charme de la nature et l'empire des droits du « sang lui rendent la cause aussi précieuse que si elle lui était personnelle. » (Tout cela s'adresse à M. de Lucinière.)

Fatiguée de l'émigration, et ne partageant pas les illusions de ses compagnons d'exil, Mme de Lucinière se hâta de rentrer en France dès que l'accès en fut permis à ceux qui l'avaient quittée. Elle fut reçue par son frère, le comte du Bourblanc, qui n'avait pas émigré, et qui habitait le château de Saint-Symphorien, près de Saint-Hilaire-du-Harcouët. De là elle songea immédiatement à recouvrer quelque chose de son domaine de Lucinière vendu nationalement en détail à divers acquéreurs, et tout d'abord à trouver un abri définitif sous son ancien toit. Elle vint à Nantes pour sonder le terrain et fut assez heureuse pour y rencontrer un intermédiaire obligeant, M. Garnier, qui amena l'acquéreur du château et du pourprix à lui céder son acquisition à des conditions avantageuses. Toutefois, n'ayant pas encore recouvré ses droits civils, elle ne put traiter directement, et cette cession dut être faite à son frère, le comte du Bourblanc, d'abord par un compromis du 21 mai 1802, puis par un acte authentique du 18 juillet suivant.

Du 1er prairial an x (21 mai 1802), acte sous signatures privées passé entre Claude Liancour d'une part, et Fidèle-Amand Garnier, directeur de la forge de Belair, à Nantes, faisant et agissant pour Jeanne-Marcuise-Pétronille du Bourblanc, femme de Jean-Baptiste-Benjamin Cornulier-Lucinière, demeurant à Saint-Symphorien (Manche), et de présent à Nantes; ledit Liancour promet de vendre, moyennant la somme de 20,000 fr., à Mme Cornulier de Lucinière, ou à tout autre acquéreur solvable qu'elle désignera, tout ce qu'il a acquis de la terre de Lucinière.

Cette promesse fut réalisée par un contrat du 29 messidor an x (18 juillet 1802) au rapport de Rolland, notaire à Nantes. Le citoyen Claude Liancour, employé aux équipages de l'artillerie, vend, avec la seule garantie nationale, au citoyen Pierre-François-Marie du Bourblanc, demeurant à Saint-Symphorien, tous les biens et héritages désignés aux six contrats d'adjudications faites à son profit à la préfecture de la Loire-Inférieure le 24 floréal an VIII (18 mai 1800), consistant principalement dans le château, pour prix et dépendances de Lucinière, communes de Nort et des Touches, sans rien réserver ni excepter de ce qui est compris auxdits six contrats (1).

A la charge, par l'acquéreur de n'entrer en jouissance que le 11 brumaire an XI (2 novembre 1802). Cette vente est faite moyennant le prix de 20,000 fr.

(1) En dépouillant les émigrés de leurs biens, la Convention ne poursuivait pas seulement une opération fiscale; elle avait surtout une visée politique, celle d'intéresser à la confiscation le plus grand nombre possible d'acquéreurs de ces propriétés dites nationales, c'est-à-dire de se donner une telle masse de complices que tout retour devînt bien difficile. C'est dans ce but dominant qu'elle avait prescrit de pousser le morcellement à ses dernières limites, et que les mises à prix de chaque lot n'étaient fixées qu'à huit fois le revenu. (Loi du 25 vendémiaire an VII.) Une seule enchère suffisait pour déterminer l'adjudication. De grandes facilités étaient données pour le paiement, qui d'ailleurs se faisait en assignats sans valeur.

C'est dans ces conditions que le citoyen Liancour était resté adjudicataire, moyennant six contrats, du château de Lucinière et de sa réserve, savoir:

1o Le château entouré de ses douves, le haut et le bas jardin, la moitié sud des basses-cours et la grande prairie adjacente, le tout moyennant. . . . . 12.000 fr.

2o La partie Nord-Ouest des basses-cours et quelques pièces de terre adjacentes 6.000

3o La partie Nord-Est des basses-cours comprenant les écuries, cellier, pressoir à cidre, jardins et quelques pièces de terre adjacentes, moyennant 6.400

4o Dans la commune des Touches, le pré Verry, moyennant. 300

5o Dans la même commune, la pièce Verry, moyennant. 400

6o Dans la même commune, la pièce de la Maison de Paille, moyennant 820

Total. . . . . 25.920 fr.

Mme de Lucinière racheta aussi la métairie de la Lande, qui avait été adjugée en quatre lots, moyennant 7,625 fr., au citoyen Pierre-Nicolas Perruchaud, négociant à Nantes.

à valoir à laquelle le citoyen Liancour reçoit comptant 7,000 fr., touchera 3,000 fr. le 11 nivôse (1er janvier) prochain, et laisse les 10,000 fr. restants à titre de constitut aux mains dudit du Bourblanc qui en servira l'intérêt à raison de 6 p. 100 l'an.

Sur les 7,000 fr. payés comptant, 3,000 fr. étaient avancés par M. Garnier. Le constitut de 600 fr. de rente n'était pas encore franchi en 1823, et il était même dû à cette époque deux années et demie d'arrérages à M. Liancour, qui ne fut définitivement soldé que l'année suivante.

Page 219.

L'abbé Carron est mort en 1821 et non en 1824. A cette époque, Mlle de Lucinière rédigea un grand nombre de notes qui ont été utilisées depuis par un bénédictin de la Congrégation de France pour écrire la vie de ce saint prêtre publiée seulement en 1866. (Paris, Douniol, 2 vol. in-12.) Ces notes forment certainement la partie la plus intéressante de cette publication. Elles avaient été rédigées pour l'abbé de La Mennais, alors commensal des *Feuillantines* et qui semblait désigné pour écrire cette vie qu'il avait vue, ce qu'il avait promis de faire. Distrait par la polémique générale, l'abbé Féli négligea cette tâche; elle dut être reprise par l'abbé Carron, évêque du Mans, mais celui-ci s'en remit à un Bénédictin de Solesmes depuis transféré à Ligugé. Mlle de Lucinière n'avait omis, dans ses souvenirs, que de rappeler le rôle important qu'elle avait rempli dans les diverses maisons d'éducation fondées par cet homme de charité. Une de ses anciennes élèves a suppléé à son silence en exposant ainsi qu'il suit les fonctions qu'elle exerçait dans l'établissement, depuis qu'il fut transporté à Paris, impasse des *Feuillantines*, mais les témoins de ce qui s'était fait en Angleterre avaient disparu depuis longtemps.

« Mlle de Lucinière, qui était douée d'un esprit gai et facile, et qui
« avait une instruction fort étendue, donnait des leçons de grammaire
« française et s'en acquittait avec autant de bonne grâce que de succès.
« Elle faisait aussi des cours particuliers d'anglais et même de latin. Dans
« ses leçons, elle se servait rarement de livres, et ses thèmes, le plus
« souvent improvisés, étaient quelquefois d'un à-propos charmant. Ainsi,
« par exemple, au cours d'anglais, il lui arrivait souvent d'improviser le
« portrait de quelqu'une des élèves, sous un nom supposé. Chacune
« pouvait à son tour se reconnaître sans en être offensée, tant il y avait
« de sel et de bon goût dans ces *caractères*. Aussi cet exercice faisait
« l'amusement de tout le pensionnat et donnait un très grand intérêt au
« cours de Mlle de Lucinière. »

Son caractère vif et enjoué et son exquise sensibilité plaisaient singu-
lièrement à l'abbé Carron ; il était plein d'indulgence pour ses saillies
spirituelles et parfois caustiques, et dans ses lettres familières il la désignait sous le nom de l'*Aimable folle de la maison ;* elle-même se disait
volontiers *Ninette follette.* Cependant elle savait redevenir grave
et sérieuse quand la circonstance l'exigeait, témoin la lettre souvent
citée qu'elle adressa, le 20 février 1829, à l'abbé Félicité de La Mennais,
à l'occasion de la publication de son livre : *Du progrès de la Révolution,* lettre qui renferme une censure tout à la fois affectueuse et
sévère des opinions qu'y avait émises l'écrivain qui commençait à
s'égarer.

« Quel bruit vous faites, mon pauvre ami ! Vous aviez bien raison lorsque
« vous me mandiez que « vous ne seriez pas bon à jeter aux chiens » ; voilà
« ce qu'on dit de vous ou à peu près. Au reste, il faudrait une rame de
« papier pour vous conter tout ce qui se débite en sens divers contre ce
« malheureux ouvrage.

« Généralement, vos meilleurs amis sont chagrins du petit mot qui est
« échappé à votre plume sur l'Institut des Jésuites ; ils disent qu'en homme
« généreux vous eussiez dû le leur épargner ; qu'ils sont déjà assez battus, et
« que le coup de patte que vous leur donnez en passant a trop l'air d'une
« récrimination et d'une petite vengeance indigne d'un génie tel que le vôtre.
« Puis on cherche quelle faute vous avez à leur reprocher, et l'on ne trouve
« que le refus qu'ils ont fait d'adopter votre philosophie et leur peu de fran-
« chise à l'avouer.

« Je ne vous dirai pas la colère que le ton dont vous parlez de Louis XIV
« et de Bossuet a excitée ; ceci n'est pas si important. Mais ce qu'on vous
« reproche, mon bien bon ami, c'est de n'appuyer votre doctrine ni sur
« l'Écriture Sainte, ni sur la Tradition, ou au moins de ne l'appuyer que
« d'une manière bien insuffisante. On ne conçoit pas comment, pour inspirer
« plus de mépris du gallicanisme, vous citez sur cette doctrine des passages
« de Dupuis dont les écrits ont été censurés par le clergé gallican lui-même.
« On ne cesse de répéter que vous prêchez la révolte, le régicide. Le *Consti-
« tutionnel* vous compare à Ravaillac. On vous aura sans doute envoyé toutes
« ces feuilles où vous êtes si bien travesti.

« Mais, mon bien cher ami, tout cela n'est rien ou bien peu de chose, parce
« que l'on connaît la source impure d'où découlent ces invectives. Ce qui est
« beaucoup, ce qui nous a consternées, écrasées, c'est le mandement de
« l'archevêque de Paris ! En ce moment, il est lu dans toutes les églises ! Et
« nous, pauvres amies de celui qu'on y attaque, nous nous sommes retirées
« dans notre solitude, pour ne point entendre, pour ne point voir ; car, mon
« si bon ami, tout ce qui vous touche nous est comme personnel. Oh ! si,

« comme nous n'en doutons pas, vous répondez à ce mandement, nous vous
« conjurons à genoux de le faire avec modération et avec le ton qui convient
« au caractère de l'accusateur et de l'accusé. Si l'on remarquait de l'aigreur
« et des sarcasmes, on ne manquerait pas de dire qu'ainsi écrivait Luther,
« qu'ainsi écrivaient les chefs de secte.

« N'allez-vous point rire de moi, mon digne ami? Cependant pensez que, si
« la sagesse sort de la bouche des enfants, une pauvre vieille fille pourrait
« peut-être parfois avoir raison. »

Pages **220** et **221**.

État des services de Jean-Baptiste-Théodore-Benjamin de Cornulier-Lucinière,
délivré par le ministère de la guerre le 28 avril 1860.

Sous-lieutenant en émigration le 1er octobre 1790.
Entré au régiment de la Reine en 1791.
Passé dans les mousquetaires en 1792.
Passé au régiment d'infanterie du Dresnay, à la solde de l'Angleterre, en 1793.
Passé dans l'artillerie en 1796.
Licencié le 1er octobre 1802.
Reconnu capitaine dudit jour en vertu de l'ordonnance royale du 31 mai 1814.
Campagnes de 1792, 1793, 1799 et 1800 en émigration.
A fait partie de l'expédition de Quiberon en 1795, et blessé à l'attaque du
fort Penthièvre.
Chevalier de Saint-Louis le 27 novembre 1814.

Page **223**.

Par acte du 19 vendémiaire an xii (12 octobre 1803), au rapport de Rolland,
notaire à Nantes, Charles-Joseph Bernard-Laquèse, Julie Couy, son épouse, et
Jean Toutin, rubannier, demeurant tous au bourg de Vieillevigne (Loire-
Inférieure), vendent avec la garantie nationale à dame Jeanne-Marcuise-Pétro-
nille du Bourblanc, épouse séparée de biens de Jean-Baptiste-Benjamin
Cornulier de Lucinière, autorisée de justice à la suite de ses droits, et à Jean-
Baptiste-Benjamin-Théodore Cornulier de Lucinière fils, demeurant tous les
deux à leur terre de Lucinière, commune de Nort ; savoir la terre du Grand-
Pesle, située dans les communes du Port-Saint-Père et de Brains, telle qu'elle
a été vendue par la République étant aux droits de Benjamin Cornulier de
Lucinière, mari et père des acquéreurs ; savoir audit Bernard-Laquèse par
acte des 7 et 9 vendémiaire an v (28 et 30 septembre 1796), et audit Toutin,
par acte du 21 prairial (9 juin) de la même année. La présente vente faite
moyennant le prix de 79,000 fr. que les acquéreurs ont payés comptant.

Mme de Lucinière et son fils, rentrant de l'émigration dans un dénûment complet, étaient loin de pouvoir disposer d'une pareille somme ; aussi achetaient-ils pour le compte d'un tiers, M. Jean-Baptiste-René Vassal, ancien commissaire de la marine au port de Nantes, lequel déclare dans un acte sous signatures privées, en date du 21 brumaire an xii (13 novembre 1803), qu'en acceptant la déclaration de command faite à son profit par Mme de Cornulier de Lucinière et son fils, au rapport de Rolland, et en leur remboursant le prix par eux payé, il croit fermement être devenu, comme leur cessionnaire, propriétaire incommutable de ladite terre du Pesle, et que ni les cédants ni aucun membre de leur famille présents ou absents ne peut ni la lui contester, ni l'en évincer ; que néanmoins, n'ayant entendu faire cette acquisition qu'autant que le chef et tous les membres de cette famille, aussi respectable que malheureuse, l'auraient pour agréable, sa délicatesse ne serait pas satisfaite s'il ne pouvait justifier par écrit que tous, sans exception, y ont réellement consenti ; qu'en conséquence, et pour obtenir cette satisfaction, il prend ici l'engagement formel et d'honneur de payer à Mme de Cornulier et à son fils, en or ou argent, au cours, la somme de 20,000 fr., si, de leur côté, ils veulent s'obliger à lui procurer, dans le délai de six mois, à dater de ce jour, par un acte sous signatures privées, la ratification et approbation de ladite acquisition et cession signée de Jean-Baptiste-Benjamin Cornulier de Lucinière père, d'Anne-Marie-Charlotte de Cornulier et de Félicité-Marie-Marcuise de Cornulier, femme du Liscouët, ses filles ; contenant promesse de le garantir de tout trouble, recherche et éviction de leur part, même dans le cas où un changement inattendu dans l'état actuel de la législation française les autoriserait à rentrer en tout ou partie dans la propriété de la terre du Pesle.

Ce qui a été accepté et consenti par Mme de Lucinière et son fils qui, en considération de l'extrême délicatesse que témoigne en cela M. Vassal et désirant faire pour lui tout ce qu'il juge capable de contribuer à sa sûreté et à sa tranquillité, s'obligent l'un et l'autre, sur tous leurs biens, de lui procurer lesdites ratifications dans le délai fixé ci-dessus ; se constituant personnellement, jusqu'à la remise dudit acte, garants et responsables vis-à-vis de lui de tout trouble, recherche ou éviction, et renonçant pour eux-mêmes au bénéfice de toutes lois futures qui les autoriseraient à revenir contre la cession en command qu'ils lui ont faite de leur acquisition de la terre du Pesle. Il est bien entendu et convenu que la somme de 20,000 fr. qui est le prix de la ratification promise ne sera payée par M. Vassal qu'au moment de la délivrance de cet acte.

Fait double et de bonne foi, à Nantes, le 21 brumaire an xii. *Signé :* Théodore de Cornulier, Vassal et Jeanne-Marcuise-Pétronille du Bourblanc de Cornulier-Lucinière.

Page **225**.

Au mois d'octobre 1817, le comte de Cornulier fut atteint d'une grave maladie qui le mit à deux doigts de la mort et dont il ne se remit jamais complètement. Son moral n'en fut pas moins affecté que le physique, et c'est depuis cette époque qu'il sembla avoir perdu la prudence qu'il avait jusque-là apportée dans le maniement de ses affaires.

Page **231**.

Ernest de Cornulier commençait sa quatrième au Petit Séminaire de Nantes, lorsque parut l'ordonnance royale du 13 novembre 1817, portant nomination de 38 jeunes gens appelés à former le noyau du collége de la Marine établi à Angoulême. Il faisait partie de ces élus, et ce fut pour lui un brusque et complet changement de milieu.

Ces élèves devaient se présenter à l'école le 1er janvier 1818. A leur arrivée, trois furent refusés comme ayant dépassé l'âge réglementaire, fixé de treize à quinze ans, et quatre pour inaptitude physique, myopie ou faiblesse de constitution. Cependant l'établissement ne se trouvait pas en mesure de recevoir ceux qui étaient admis ; il n'avait point de lits pour les coucher. On prit le parti de donner à ces jeunes militaires des billets de logement chez les principaux habitants de la ville. Le préfet, donnant l'exemple, en reçut cinq dans son hôtel. Les élèves venaient à l'école le matin et la quittaient le soir. Cet état de liberté nocturne un peu prématurée se prolongea pendant six semaines. Des nominations successives portèrent le nombre des élèves à 63 en 1818 et à 90 en 1819, époque à laquelle l'école se trouva définitivement constituée.

L'état-major de l'école était composé d'officiers de la marine en retraite. Le chevalier de la Serre, contre-amiral, gouverneur ; le comte de Villermont, capitaine de vaisseau, sous-gouverneur; chaque brigade, composée de 30 élèves, était commandée par un capitaine de frégate qui avait, pour le seconder, un lieutenant de vaisseau. Des adjudants étaient chargés de la police. Tout était réglé militairement comme dans une caserne ; chaque salle portait le nom d'un de nos marins célèbres; un quartier-maître économe était chargé de l'administration, et un chirurgien major attaché à l'établissement passait sa révision complète tous les trois mois.

Le personnel enseignant se composait de quatre professeurs de mathématiques, un de géographie, un de dessin, un de langue française, un de belles-lettres et un de langue anglaise. Les mathématiques et la géographie, comprenant la construction des cartes, étaient les seules parties prises au sérieux ; l'enseignement en était parfaitement dirigé, de manière à ne point rebuter des commençants et à leur donner le désir de poursuivre l'étude de ces sciences. Quant à l'histoire, on croyait encore que chacun devait se l'apprendre soi-même par la seule lecture.

Il n'y avait point de vacances et jamais de sorties individuelles ; un prêt de 15 sous par semaine était alloué à chaque élève pour ses friandises les jours de promenade en corps. Il était interdit de rien recevoir de ses parents; cependant l'ordinaire aurait eu grand besoin de quelque supplément; il était invariable : pain sec le matin et au goûter ; soupe, bouilli et haricots blancs à midi ; rôti de veau et haricots rouges le soir ; et ainsi tous les jours de l'année.

Le seul exercice corporel obligatoire était celui de la natation dans la Charente : il était quotidien, sans égard à la température, du 1er mai à la fin de septembre. Tout l'enseignement du maître se bornait à faire sauter en masse dans une eau profonde et à dire : *Débrouillez-vous ; n'ayez pas peur.* Cette méthode sommaire lui réussit à merveille.

La première promotion de sortie eut lieu le 28 août 1819; elle comprenait 27 élèves de 2º classe, dont 15 furent affectés au port de Brest, 6 à celui de Toulon et 6 à celui de Rochefort. Telle était alors l'importance relative de nos trois grands ports de guerre.

Page 236.

Charlotte-Germaine-Néalie DE LA BARRE, comtesse de Cornulier-Lucinière, est décédée à Orléans le 8 mai 1885. D'une complexion très délicate, mais bien équilibrée, elle était douée d'une rare fermeté de caractère et d'une perspicacité d'intuition qui la faisait lire à première vue dans la pensée des gens; faculté défensive que la nature semble départir en compensation de la force physique qu'elle refuse. Elle avait ce tact exquis qui, dans les relations, appelle la confiance sans tomber dans l'abandon, et qui en impose sans repousser ; aussi avait-elle laissé de vraies amies partout où elle avait passé.

Durant le bombardement d'Orléans par les Prussiens, elle ne perdit pas un instant son calme habituel, refusant de quitter la table où elle était assise, alors que les obus renversaient les cheminées autour de sa maison et frappaient à mort des passants sous ses fenêtres. Résignée avant tout aux décrets de la Providence, elle est même restée étrangère à la lutte suprême, et s'est éteinte si doucement que les personnes qui l'entouraient n'ont pu préciser l'instant où elle a rendu le dernier soupir.

Alicie-Charlotte-Eugénie-Marie DE CORNULIER-LUCINIÈRE a épousé le vicomte *de Vélard* le 31 janvier 1865 et non le 31 janvier 1866.

Page 237.

Albert-Hippolyte-Henri DE CORNULIER-LUCINIÈRE est entré à l'école navale d'Angoulême le 20 octobre 1825 et non le 20 octobre 1827.

Page **238.**

Le comte Hippolyte de Cornulier-Lucinière, sénateur inamovible, est décédé à Nantes, le 16 avril 1886, à la suite d'une longue et pénible maladie.

L'*Espérance du Peuple*, dans son numéro des 19 et 20 avril, s'exprimait ainsi à son égard :

« La tombe de l'amiral de Cornulier-Lucinière était à peine fermée que la
« mort de son frère, M. H. de Cornulier-Lucinière, représentant du peuple à
« l'Assemblée nationale, ancien conseiller général et sénateur, répandait un
« nouveau deuil sur cette famille. De nombreux amis suivaient ce matin son
« convoi et témoignaient par leur recueillement combien il était digne des
« regrets dont on entourait son cercueil.

« Pouvait-il en être autrement ? Sans rappeler ici ses titres à l'estime de ses
« concitoyens, quel est celui qui n'aurait pas apprécié les douces vertus de cet
« homme de bien ? Qui n'a connu ses qualités charmantes, où l'esprit du
« monde le plus aimable s'alliait toujours à la courtoisie du parfait gentilhomme ?
« Aussi dans les agitations de la vie politique, comme dans ses relations de
« société, son caractère conciliant, son abord plein de franchise et de bon-
« homie attiraient à lui les sympathies des personnes les plus prévenues En
« effet, la fermeté de ses convictions n'avait rien de ces vivacités qui rebutent
« un adversaire ; il les affirmait avec une modération de langage qui prouvait
« qu'il savait respecter l'opinion des autres. Nous ne craignons pas de dire
« que cet homme, dont la vie s'était écoulée au milieu de nos discordes
« civiles, n'a jamais eu d'ennemi, car il n'a jamais donné à personne le droit
« de l'être.

« Sorti de l'École navale, mais n'ayant pu supporter la mer, il entrait dans
« la maison militaire du roi quand éclata la révolution de 1830, qu'il ne voulut
« pas servir. Ses concitoyens lui conférèrent à plusieurs reprises le mandat de
« conseiller général.

« Fidèle gardien des traditions monarchiques et de la foi de ses pères, il
« resta constamment royaliste et chrétien. Il appartenait à ces types, bien
« rares de nos jours, qui croient au Roi comme on croit à Dieu. Aussi, en
« s'éloignant de ce monde, il laisse, avec un patrimoine d'honneur agrandi,
« de grands exemples de fidélité à ces deux cultes. Il pouvait mourir avec le
« légitime orgueil d'avoir communiqué à ses enfants ses saintes croyances qui
« survivront à une séparation cruelle. Il est retourné à Dieu avec la cons-
« cience du devoir accompli, sans jamais s'être incliné, sinon devant la justice
« et la vérité. »

A l'ouverture de la séance du 19 avril, le président du Sénat annonçait cette mort en ces termes :

« Messieurs les Sénateurs, j'ai le regret de vous annoncer la mort de notre
« collègue M. le comte de Cornulier-Lucinière.

« Né en 1809, M. le comte de Cornulier-Lucinière n'était entré dans la vie
« politique qu'en 1871, lorsque le département de la Loire-Inférieure, auquel
« il avait rendu de nombreux services, soit comme conseiller général, soit
« comme conseiller municipal du chef-lieu, l'envoya siéger à l'Assemblée
« nationale.

« En 1875, l'Assemblée l'élut sénateur inamovible.

« Par ses traditions de famille, par ses convictions personnelles, il était
« profondément attaché aux anciennes institutions de la France, et leur
« conserva toujours une fidélité à toute épreuve, mais cette fidélité s'alliait à
« une telle aménité de caractère que ses adversaires eux-mêmes n'avaient
« pour lui qu'affectueuse estime et que respect. (Très bien! Très bien!)

« M. de Cornulier-Lucinière laissera à tous ceux qui l'ont connu un souvenir
« durable et profond qui est la juste récompense d'une vie modeste, honnête
« et dévouée. » (Approbation unanime.)

L'*Union bretonne* des 19 et 20 avril annonçait ainsi le décès du sénateur de Cornulier-Lucinière.

« Il avait toujours siégé à l'extrême droite. De relations extrêmement bien-
« veillantes, c'était un homme de la plus haute probité, un conservateur
« d'un caractère énergique, un chrétien d'une foi robuste. Il ne partageait
« pas nos opinions politiques; nous n'en sommes pas moins empressés à lui
« rendre un sincère et public hommage. Il comptait d'ailleurs un grand
« nombre d'amis, qui ont entouré son cercueil de regrets et de larmes. »

Le comte Hippolyte de Cornulier-Lucinière a voulu reposer à Saint-
Philbert-de-Grand-Lieu, près de cette belle église qu'il avait puissam-
ment contribué à édifier, dans ce pays où il avait dignement continué
les traditions de la famille de Couëtus, et où sa femme, jeune fille encore,
avait montré une rare énergie en 1832, défendant sa maison des Bretau-
dières, dont elle avait la garde en l'absence de ses parents, contre
les exigences et les insultes d'une troupe de soldats brutaux qui l'avaient
envahie.

A l'occasion de cette mort, quelques organes d'opinions hostiles ou animés de
rancunes intéressées, qui couvrent leur déception d'un masque de loyauté, sont revenus sur les élections sénatoriales de 1875 en défigurant les conditions dans lesquelles
elles furent faites. Le groupe des dix-sept, dont faisait partie le représentant de

Cornulier-Lucinière, s'était entendu avec la gauche ; mais il était convenu que celle-ci ne lui présenterait que des républicains honnêtes et modérés ; il gardait un droit de *veto* absolu contre les candidats qui ne lui conviendraient pas. Le pacte fut d'abord fidèlement observé des deux côtés. Dès que la gauche prétendit imposer au groupe dit de la Rochette des noms qui lui répugnaient, l'alliance fut rompue, et les votes se poursuivirent en pleine indépendance.

Un pareil accord n'avait rien d'insolite ; il est dans la nature du jeu parlementaire, où il est de règle de s'allier contre la fraction dont on redoute le plus immédiatement le triomphe ; il avait été pratiqué par les royalistes les plus purs et les plus scrupuleux après 1830 ; il était dans la situation du jour. Il y avait loin de cette entente de circonstance au vote définitif du principe républicain, et cependant ce dernier n'a pas excité plus de clameurs.

Page **248**.

On peut lire une relation abrégée de la prise de Bône dans la *Revue des Deux-Mondes,* livraison du 1er mars 1885, p. 68 à 77.

Page **259**.

Le baron du Couëdic, un des vieux camarades de l'amiral de Cornulier, racontait ainsi comment il s'était décidé à accepter les fonctions de maire de Nantes. C'est un épisode caractéristique de la vie intime de ce grand cœur :

« Le préfet de la Loire-Inférieure s'était adressé à
« l'amiral de Cornulier et lui avait offert officiellement la
« Mairie de Nantes. Pris à l'improviste, l'amiral avait
« carrément répondu, avec la spontanéité qui était dans sa
« nature : « Monsieur le Préfet, j'ai rempli toute ma car-
« rière de la marine sans casser un fil de carret, et
« voilà que vous m'offrez le risque de naufrager au port
« en sortant de mon sillage. Je ne puis être que très flatté
« de la pensée que vous avez eue, mais à plus capable que
« moi le poste. »

« L'entrevue avait fini là. Le lendemain matin, de bonne
« heure, l'amiral était à sa fenêtre, rue d'Argentré, quand
« vinrent à passer trois Frères de la doctrine chrétienne.
« Ils étaient couverts de poussière, paraissaient harassés
« de fatigue et portaient chacun un petit sac de voyage.
« Ils saluèrent respectueusement l'amiral qui avait à ses
« côtés un vieil ami. Visiblement ému, l'amiral répondit à
« la politesse des Frères par le salut plein de dignité
« sympathique d'un chef de corps au défilé de vaillantes
« troupes devant lui.

« Se retournant alors vers son ami : « Mon cher, lui
« dit-il, tu sais que j'ai refusé au préfet d'être maire de
« Nantes ; ce refus coulait de source, mais la vue de ces
« braves gens me rappelle qu'ils me considèrent comme
« leur ami. Je possède la question pendante et redou-
« table dont va dépendre leur existence. Peut-être pourrai-
« je leur être utile au poste de maire qui m'a été pro-
« posé hier. Ma foi ! s'il n'a pas été donné encore, arrive
« que plante ! Je vais l'accepter. A Dieu vat ! » Et sor-
« tant sans voir personne des siens, sans ajouter un mot
« à ce qu'il venait de dire, il s'en fut résolument droit à
« la préfecture. »

*Procès-verbal de l'installation de MM. les membres de la nouvelle
administration municipale de la ville de Nantes.*

Le lundi 2 mars 1874, à deux heures, la séance s'est ouverte sous la
présidence de M. Lavedan, préfet de la Loire-Inférieure, ayant à sa
droite M. le contre-amiral comte de Cornulier-Lucinière. Étaient assis à
la même table MM. Brindejonc, Papin de la Clorgerie, Haentjens, du
Champ-Renou et Verger. Le Conseil municipal avait été convoqué.

M. le Préfet a déposé sur le bureau l'ampliation du décret de M. le Président de la République, en date du 26 février 1874, portant les nominations de M. le contre-amiral comte de Cornulier-Lucinière comme maire de la ville de Nantes, et celles de MM. Brindejonc, Papin de la Clergerie, Haentjens, du Champ-Renou et Verger, comme adjoints.

M. le Préfet a alors déclaré qu'en conformation du susdit décret, MM. les membres de l'administration étaient installés dans leurs fonctions. Puis, prenant la parole, il s'est exprimé en ces termes :

« Monsieur le maire, en vous installant aujourd'hui dans les fonctions auxquelles
« vous a appelé la confiance du gouvernement, à la place d'un homme que
« l'estime de tous accompagnera dans sa retraite volontaire, je me félicite de
« rencontrer un collaborateur tel que vous, et je félicite aussi la ville de
« Nantes d'avoir un représentant si digne d'elle, non seulement parce qu'il
« fait asseoir une fois de plus au fauteuil municipal un des noms les
« plus respectés de cette province, mais surtout parce qu'il a su ajouter
« à ce nom un lustre nouveau par les services rendus au pays dans une écla-
« tante carrière.

« Votre cité, dont la richesse et l'avenir se lient d'une manière si étroite
« aux progrès de la navigation, aime à saluer dans son premier magistrat
« un des hommes qui honorent le plus la marine française, et dont l'excep-
« tionnelle compétence assure un précieux secours au développement de ses
« intérêts. Vous serez le pilote expérimenté de ce vaisseau légendaire qui
« flotte dans les armes de la ville, et à qui la fortune est promise s'il est
« conduit d'une main active et vigilante.

« Votre caractère, où la fermeté s'unit à la modération que donnent la pra-
« tique des affaires et le contact des hommes, votre longue habitude de
« l'ordre et de la discipline, garantissent le maintien de la tranquillité dans
« cette grande et laborieuse agglomération qui a tant besoin de sécurité pour
« son commerce et ses entreprises.

« Vous serez aidé dans votre tâche par les hommes d'intelligence et de
« dévouement qui vous entourent et qui justifient si bien aujourd'hui, par le
« sacrifice qu'ils font au devoir, la haute estime de leurs concitoyens. Vous
« y serez aidé surtout par l'excellent esprit de cette population nantaise,
« attachée traditionnellement à toutes les idées nobles et généreuses, et
« dont on n'est pas moins sûr de gagner la sympathie en travaillant à son
« élévation morale qu'en s'occupant de ses intérêts matériels.

« Je vous convie tous, Messieurs, à cette œuvre de patriotisme, et en
« remerciant la municipalité démissionnaire d'avoir conservé jusqu'à ce
« moment la gestion des affaires de la cité, je tiens à vous assurer du ferme
« et du cordial appui que vous trouverez toujours près de l'administration
« supérieure. La Préfecture et la Mairie ne doivent pas être des pouvoirs

« jaloux, s'observant avec défiance ou suivant des voies différentes, mais
« des pouvoirs amis, s'inspirant d'une pensée commune, ne cherchant qu'un
« même but et entre lesquels il ne saurait exister d'autre rivalité que celle du
« bien public. »

M. le comte de Cornulier-Lucinière a répondu au discours de M. le
Préfet dans les termes suivants :

« Monsieur le Préfet, je vous remercie des paroles que vous venez de prononcer ;
« trop élogieuses pour moi, elles sont un juste tribut de reconnaissance pour
« MM. les adjoints qui ont bien voulu me prêter leur concours généreux qui
« m'est si nécessaire.
« Je me joins à vous pour faire l'éloge de mon prédécesseur, qui a
« bien mérité en élevant sa voix éloquente et courageuse pour défendre de
« justes causes.
« Votre arrivée à la tête de ce département a été accueillie avec une
« sérieuse confiance par notre population conservatrice ; je suis heureux de
« joindre mes félicitations à celles que vous avez déjà reçues
« Nous accueillons avec le plus grand plaisir votre exposition sur la cordia-
« lité nécessaire entre la Préfecture et la Mairie. Notre but est le même,
« Monsieur le Préfet ; nous travaillerons en commun à relever la patrie
« comme nous y convie le glorieux maréchal qui est à la tête du gouver-
« nement.
« La nouvelle municipalité que vous venez d'installer s'efforcera de se
« rendre digne de sa haute magistrature, en se dévouant aux intérêts moraux
« et matériels de cette grande cité qui lui est si chère.
« Elle apportera dans tous ses actes un esprit de justice égal pour tous,
« exempt de toute considération politique. Elle se croit soutenue par la sym-
« pathie de la population nantaise dont le patriotisme, la droiture et l'intel-
« lui sont bien connus.
« Nous comptons sur le concours du Conseil municipal pour accomplir
« notre tâche. »

Le préfet, orateur disert, comme le duc de Broglie qui
gouvernait alors, n'était pas plus que lui l'homme résolu
et d'action énergique que réclamaient les circonstances. Le
maire fut mollement secondé dans les mesures d'ordre
général qu'il réclamait. Quant à ses employés directs, il
n'en révoqua aucun pour cause de leurs opinions, esti-

mant que sa fermeté suffisait pour les maintenir dans la ligne de leurs devoirs. Mais son attente fut trompée dans le concours qu'il attendait de son conseil; il y rencontra une opposition systématique, un parti pris arrêté qui rendait son administration des plus pénibles. La place ne fut plus tenable après que ses adjoints eurent échoué aux élections municipales du 20 novembre 1874; il dut alors donner sa démission de maire, en restant simple membre du conseil dans l'espoir d'y être encore utile.

Dès qu'il était entré à la mairie, il avait entrepris de doter la ville d'une pompe à vapeur pour combattre les incendies, et il ne cessa de poursuivre cette idée qui le préoccupait vivement. Dans un travail fort bien rédigé et complètement étudié, il exposait au Conseil municipal, dans la séance du 2 avril 1878, qu'il était honteux pour Nantes de se trouver en arrière de vingt à trente ans sur l'Angleterre, sur les États-Unis et sur la plupart des grandes villes qui toutes étaient pourvues de ces précieux engins de conservation. « Pendant trois années « consécutives, ajoutait-il, en 1874, 1875 et 1876, le Con- « seil municipal a voté en principe, sur ma demande, « l'acquisition d'une pompe à vapeur, mais jusqu'à ce « jour ce vœu est resté comme non avenu. Aucun crédit n'a « été inscrit dans nos budgets, aucune indication de cette « dépense n'a figuré dans les motifs d'emprunts votés « depuis cette époque, bien que leur somme totale atteigne « près de cinq millions. Et cependant aucun emploi de « fonds ne pouvait être plus utile; les graves sinistres

« que nous avons éprouvés se sont chargés de le démon-
« trer. »

L'intérêt général de la cité touchait peu les conseillers
républicains; la construction des écoles laïques et autres
dépenses d'un ordre purement politique avaient seules le
pouvoir de les intéresser ; aussi ce ne fut que sept ans plus
tard, en mars 1885, que l'initiative éclairée de l'amiral
finit par triompher, et que la ville se décida à acquérir
un instrument dont le service est universellement apprécié.

L'amiral de Cornulier s'est éteint à Nantes le 23 mars
1886, à la suite d'une longue maladie qui avait progressi-
vement ruiné sa forte constitution, sans toutefois rien enlever à la lucidité de son esprit, à la fermeté de ses déci-
sions et à l'aménité de son caractère. Les absences prolongées que nécessitait sa carrière ne lui permettaient guère
d'imprimer avec suite à ses enfants la direction qu'il désirait leur voir prendre, mais la Providence lui avait donné
pour le suppléer une compagne sérieuse, essentielle et à
la hauteur de cette tâche ardue. C'est dans les bras de
cette coadjutrice aimée, et environné de rejetons dont il
avait le droit d'être fier, que ce chef d'une famille modèle
a pris congé des siens pour aller avec confiance rendre
compte à Dieu de la mission qu'il lui avait donnée sur la
terre.

Le journal l'*Espérance du Peuple,* dans son numéro du 25 mars,
annonçait ainsi son décès :

« Une noble existence vient de s'éteindre. Nous apprenons la mort de
« M. le contre-amiral de Cornulier-Lucinière. Ce nouveau deuil, qui

« atteint une famille universellement estimée, répandra une profonde
« émotion dans notre ville, car elle perd un de ses plus nobles enfants.

« En présence de ce cercueil, où nous versons nos regrets et nos hom-
« mages, nous ne pouvons aujourd'hui que prendre part à la douleur
« commune ; nous laissons à d'autres le récit d'une vie si glorieusement
« remplie, depuis le jour où, sous les remparts de Bône, M. de Cornulier
« recevait, à vingt ans, la croix de la Légion-d'Honneur, jusqu'à
« l'époque où, gouverneur de la Cochinchine, il donnait la preuve de ses
« qualités administratives qu'il apportait plus tard dans les fonctions de
« maire de Nantes.

« Après avoir servi son pays pendant plus de quarante ans, et avoir
« pris part à presque toutes les expéditions de la marine française, il
« revint au milieu de nous reprendre la vie de famille avec la douce
« philosophie d'un homme qui a accompli sa tâche. Sa nature ouverte et
« franche respirait la loyauté ; sa modestie, sa politesse, la simplicité
« de ses manières, le faisaient aimer de tous ceux qui l'approchaient.
« La droiture de ses intentions et la dignité de son caractère comman-
« daient le respect.

« L'amiral de Cornulier laisse dans la marine française un des noms
« les plus purs et les plus honorés. Personne ne portait plus haut
« que lui le sentiment de la patrie ; aussi toute sa fierté était de voir
« ses quatre fils unis dans un même amour pour la servir. La mort
« est venue le frapper au milieu d'eux. Il n'est pas nécessaire de
« dire qu'il la voyait approcher depuis longtemps avec la fermeté du
« soldat qui l'a bravée toute sa vie, avec la sérénité du chrétien armé
« pour l'attendre.

« En présence de cette tombe qui s'ouvre pour enfermer les restes
« mortels de ce type d'honneur et de loyauté, nous nous rappelons ces
« paroles de Metellus à ses enfants en les invitant à se rendre aux funé-
« railles de Scipion : « Allez honorer ce mort, car vous suivrez rarement
« le cercueil d'un meilleur citoyen. »

L'*Union bretonne*, dans son numéro du 26 mars, s'exprimait ainsi :

« M. le contre-amiral de Cornulier-Lucinière vient de mourir, et nous
« avons à cœur de rendre hommage au caractère de ce marin de grande
« race, qui se montra, comme maire de Nantes, administrateur remar-
« quable et laisse après lui comme le parfum du plus parfait homme de
« bien.

« Dans la marine, M. de Cornulier s'était distingué par plusieurs

« actions d'éclat, et chacun de ses grades avait été la récompense de ser-
« vices rendus à la patrie.

« Appelé, après une existence militaire bien remplie, à ce qu'on
« appelle le repos de la vie privée, il s'était consacré encore au bien
« public, et sa ville natale le trouva prêt lorsqu'elle eut besoin, avant
« que la République fût tombée aux mains des républicains, d'un
« administrateur intègre, désintéressé, rempli du plus pur dévouement.

« Après avoir quitté la mairie, il demeura président des comités
« électoraux municipaux, où son action ne fut pas inutile au succès
« des douze membres conservateurs qui siègent en ce moment au conseil
« de la commune.

« D'opinions fermes, mais conciliantes, l'amiral de Cornulier était
« l'ami de beaucoup ; il emporte l'estime et les sincères regrets de tous. »

Les obsèques de l'amiral de Cornulier furent célébrées, le 26 mars,
avec tous les honneurs dus à son grade et à son haut rang dans la Légion-
d'Honneur, et au milieu d'une affluence énorme empressée de rendre un
dernier hommage à sa mémoire vénérée. L'absoute solennelle fut donnée
par l'évêque. M. Le Romain, conseiller municipal de Nantes, prononça
sur sa tombe les paroles suivantes :

« Quand, il y a onze ans passés, Messieurs les conseillers muni-
« cipaux du deuxième canton reçurent mandat de prendre part à ces
« luttes pour la liberté de l'enseignement et la liberté religieuse qui
« passionnent si légitimement les âmes, ils trouvèrent debout, au seuil
« de l'arène, je dirais plus exactement sur la brèche, l'amiral de
« Cornulier.

« L'heure du repos était pourtant venue pour le vieux soldat, pour le
« marin éminent qui avait rendu au pays ces services exceptionnels
« dont presque toutes les mers et les contrées les plus lointaines avaient
« été le théâtre ou les témoins.

« Mais lorsqu'il lui fut dit qu'il serait encore utile à ses concitoyens
« en prenant, d'abord comme maire, et dans les circonstances les plus
« délicates, la direction des affaires municipales, et en apportant
« ensuite au conseil chargé de régir les intérêts de notre grande cité
« l'appoint si précieux de son autorité et de ses lumières, il n'hésita
« pas une seconde et consacra les dernières années de sa vie à ce nou-
« veau labeur.

« C'est ainsi que, pendant de longues années, il nous fut permis d'ap-
« précier en lui cette préoccupation qui ne comprenait pas qu'on retardât

« d'une heure la tâche de la journée, cette sagacité conciliante qui
« désarma souvent, dans les discussions les plus vives, les adversaires les
« plus déterminés, et surtout cette loyauté proverbiale qui faisait de lui
« le pilote le plus apte à indiquer, en toute occurrence, la voie de la
« délicatesse et de l'honneur.

« Et quand je rappelle ces choses, ai-je tout dit ? Non, Messieurs,
« assurément non, car je n'ai signalé ni cette aménité si constamment
« bienveillante, qui charmait ceux qu'à un degré quelconque il admettait
« à l'intimité de son commerce, ni cette réserve presque invraisemblable
« qui faisait qu'on ne l'entendait jamais parler de lui.

« Pourtant il avait été, et au plus juste titre, l'objet de ces distinctions
« qui ne s'accordent qu'aux meilleurs, aux plus valeureux.

« Pourtant il avait fait briller du plus vif éclat ce nom de Cornulier,
« un des fleurons de la couronne que la ville de Nantes doit à l'élite de
« ses fils.

« Pourtant, et ceci est plus précieux et plus rare encore, il lui avait
« été donné de voir tous ses enfants, sans en excepter un seul, voués aux
« œuvres les plus saintes ou au service du pays. De telle sorte qu'il a pu
« à ses dernières heures, la main dans la main de celle qui fut une des
« forces et le charme de sa vie, en couvrant d'une bénédiction suprême
« ces êtres tant aimés, résumer leur destinée commune par ces deux
« mots sacrés : Pour Dieu et la Patrie.

« Voilà pourquoi, Messieurs, les concitoyens de l'amiral de Cornulier,
« les électeurs du deuxième canton qui s'honorèrent en lui donnant
« leurs suffrages, voilà pourquoi ses collègues d'autrefois et ceux qui
« venus plus tard eussent été si fiers de siéger à ses côtés, ont voulu se
« grouper autour de ses fils et rendre hommage à sa mémoire en s'entre-
« tenant de ses mâles vertus.

« Et maintenant, il faut saluer une dernière fois celui qui fut pendant
« dix ans notre guide si cher et si respecté. Il le faut saluer non de
« l'adieu glacial, expression d'une douleur sans consolation parce qu'elle
« est sans espérance, mais avec la conviction intime et profonde que cet
« homme si bon, qu'on ne rencontrait pas sans se sentir meilleur, que
« ce chrétien toujours fidèle à nos divines croyances, est allé rendre
« compte de sa vie non au juge qu'on redoute, mais au Père qui est
« aux cieux. »

Le 25 mars 1886, le Ministre de la marine adressait la lettre suivante
au fils aîné de l'amiral de Cornulier-Lucinière :

« Monsieur le colonel, j'ai l'honneur de vous remercier d'avoir bien
« voulu me faire part vous-même du malheur qui vient de vous frapper
« si cruellement.

« L'amiral de Cornulier-Lucinière, votre père, était une des person-
« nifications les plus pures de la marine française (1). Sa mort laisse
« chez tous ceux qui ont eu le rare bonheur de le connaître et de l'appré-
« cier les plus vifs regrets, et je vous envoie, Monsieur le colonel, mes
« compliments de douloureuse sympathie.

« Recevez, Monsieur le colonel, les assurances de ma considération
« très distinguée.

> « *Le Ministre de la marine et des colonies,*
> « Signé : AUBE. »

Le *Moniteur de l'armée,* journal semi-officiel, dont l'exactitude et la
sobriété de rédaction sont bien connues, résumait, dans son numéro
du 8 avril, la carrière militaire de l'amiral de Cornulier de la manière
suivante :

« Né le 16 avril 1811, il entra fort jeune dans la marine. Il avait à peine
« vingt et un ans quand il débarqua devant Bône, en 1832, à la tête d'un
« petit détachement de 27 marins de la *Béarnaise,* commandé par l'enseigne
« du Couëdic de Kergoualer. Cette poignée de braves, sous la direction de deux
« hommes, morts depuis généraux de division, les capitaines d'Armandy et
« Yusuf, parvint à escalader les murs de la Casbah et à remplacer le drapeau
« de l'Islam par celui de la France, après avoir dompté la garnison turque.
« Voilà comment Bône fut remis à la France.

« C'est un des plus beaux faits d'armes de notre siècle, s'écriait le maréchal
« Soult à la tribune. Il valut la croix de chevalier à l'élève de Cornulier.

« Plus tard, on retrouve le jeune marin à Bougie. En 1838, il commandait
« la compagnie de débarquement de la *Dordogne,* mise à terre à Sumatra
« pour châtier le village de Mouké et punir l'assassinat d'un capitaine fran-
« çais; il y prit 15 canons aux Malais.

(1) Cet éloge spécial du ministre s'applique surtout aux qualités exceptionnelles
du moderne Aristide : à son caractère élevé, qui ne lui avait jamais permis de bri-
guer une faveur; à la fermeté avec laquelle il avait refusé, au détriment de sa carrière, des complaisances demandées de haut, et à sa délicatesse exquise, qui lui
faisait considérer les émoluments d'une fonction comme appartenant non au titulaire, mais à l'emploi lui-même. Il eut surtout l'occasion d'appliquer cette dernière
maxime dans son gouvernement largement rétribué de la Cochinchine; il y avait
établi la représentation nationale sur un pied tel qu'on eut de la peine à lui trouver
un successeur là où il n'y avait plus que péril à courir sans profit personnel à
réaliser. Il avait, suivant l'expression vulgaire, gâté le métier.

« Nous le voyons ensuite à Sétuval, à Messine, aux Antilles, en Islande, au
« Groenland ; et en 1855 il méritait l'honneur de conduire en Crimée la batterie
« flottante *La Lave*, l'un des trois premiers cuirassés de la marine française
« qui reçurent le baptême du feu sous les murs de Kinburm, dont ils pulvé-
« risèrent les remparts sous les yeux de l'escadre alliée tout entière.

« En confiant cet important commandement au capitaine de frégate de
« Cornulier-Lucinière, le ministre lui avait dit : « Je compte sur vous. » Sa
« confiance ne fut pas trompée. Nommé capitaine de vaisseau, il fit honneur
« au pavillon devant les batteries d'Acapuleo (Mexique), réprima la traite des
« Polynésiens au Pérou et protégea efficacement les missionnaires de l'Océanie,
« comme il le fit aussi plus tard en Chine et au Japon. Il a commandé pendant
« deux ans l'école navale.

« Promu contre-amiral le 4 mars 1868, après avoir fait partie du conseil
« d'amirauté, il fut inspecteur général des équipages de la flotte dans trois de
« nos ports de guerre, préfet maritime à Cherbourg, et commanda en chef
« l'escadre des mers de Chine et du Japon. Peu après, l'amiral devenait
« gouverneur de la Cochinchine. C'est à Saïgon qu'il ressentit les premières
« attaques de la cruelle maladie qui vient de l'enlever à l'affection des siens
« et à l'estime de tous ceux qui l'ont connu.

« L'amiral était une des personnifications les plus pures de la marine fran-
« çaise, disait tout récemment le ministre de la marine. Il était grand officier
« de la Légion-d'Honneur et avait pris sa retraite en 1875. Ses obsèques ont
« eu lieu à Nantes, le 26 mars. Le deuil était conduit par ses fils et son
« gendre, qui sont tous au service. Les honneurs militaires ont été rendus par
« le tiers de la garnison, et tous les officiers généraux présents à Nantes ont
« voulu rendre un suprême hommage à la mémoire de l'amiral en accompa-
« gnant sa dépouille mortelle jusqu'au champ du repos.

« Il était le frère du commandant des chasseurs à pied de la Garde, tué sur
« la brèche de Sébastopol le 8 septembre 1855, dont toute l'armée de Crimée
« avait à plusieurs reprises admiré la bravoure. »

Mgr Freppel, évêque d'Angers, écrivait au fils aîné de l'amiral de
Cornulier : « C'est avec une vive peine que j'ai appris la mort de votre
« excellent père. Au conseil supérieur de l'instruction publique, où j'ai
« siégé avec lui pendant cinq ans, il m'avait été donné d'apprécier les
« qualités de son esprit si juste et si pénétrant. Plus tard, il m'a rendu
« de grands services comme président du Comité de Nantes pour la pro-
« tection de l'Université catholique d'Angers. Toutes les belles et saintes
« causes trouvaient en lui un défenseur aussi intelligent que zélé ; c'était
« un véritable homme de bien qui laisse une mémoire entourée de
« tous les respects et des exemples qui guideront ses enfants dans leurs
« carrières. »

La *France illustrée* a donné, dans son numéro du 10 avril 1886, le portrait de l'amiral de Cornulier avec une petite notice biographique.

La *Revue de Bretagne et Vendée,* dans sa livraison d'avril 1886, a esquissé les principaux traits de sa vie dans un article intitulé : *Un amiral Nantais.*

L'amiral dessinait fort bien et peignait avec goût ; dans les derniers temps il occupait ses loisirs à modeler et y avait promptement réussi.

Il était membre fondateur de la Société archéologique de Nantes et y lut, en 1851, un récit de son exploration du *champ où fut Troie ;* cette lecture ayant vivement inté-ressé les membres qui l'avaient entendue, le directeur de la *Revue des provinces de l'Ouest* on obtint une commu-nication, à l'insu de l'auteur, et l'inséra dans le premier numéro de ce recueil.

Page **261.**

Au bas, lire : *A.* Jean-*René*-Marie-Ernest de CORNULIER-LUCINIÈRE.

Page **262.**

Au haut, lire : *B.* Marie-*Yvonne*-Yolande-Jeanne de CORNULIER-LUCINIÈRE.

Page **267.**

Le vicomte Camille de Cornulier-Lucinière a été promu major au 39ᵉ régiment de ligne le 31 mai 1886.

Ajouter : *C.* Marie-Thérèse de CORNULIER-LUCINIÈRE, née à Cambrai le 19 janvier 1886.

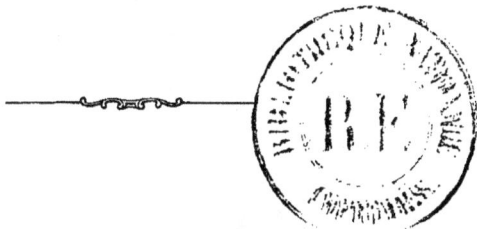

SUITE

DES

DITIONS ET CORRECTIONS

À LA GÉNÉALOGIE DE CORNULIER

IMPRIMÉES EN 1886

ORLÉANS

H. HERLUISON, LIBRAIRE-ÉDITEUR

 17, RUE JEANNE-D'ARC, 17

—

1888

AVANT-PROPOS

INTRODUCTION A LA GÉNÉALOGIE

ÉDITION DE 1884

La connaissance de l'histoire n'est pas une simple satisfaction
de curiosité : elle a aussi une utilité pratique. Sans tradition nationale, il n'y pas de vrai patriotisme. Chez les hommes éclairés,
ce qui constitue l'idée de patrie, de la *terre des pères,* est l'histoire
de ceux qui l'ont habitée bien plus que la matérialité du sol ; c'est
là ce qui distingue l'homme de la brute, qui ne s'attache qu'aux
lieux, à ce qui parle aux sens. « Le véritable patriotisme, dit
« M. Fustel de Coulanges, un de nos publicistes les plus éminents,
« n'est pas l'amour du sol : c'est l'amour du passé ; c'est le
« respect pour la tradition, pour les générations qui nous ont
« précédés ; c'est le souvenir des pères qui fait le prix de la patrie. »
Dans la famille, la tradition domestique est un lien plus puissant
et plus indestructible que la continuation de la possession territoriale ; ce ne sont pas les pierres du foyer natal qui régiront la
vie, ce sont les principes qu'on y aura puisés ; la figure du manoir
patrimonial n'est qu'un signe propre à rappeler ces enseignements.

L'homme ne germe pas comme une de ces graines égarées que

le vent disperse au hasard. Le fils est une partie détachée de son père, un drageon de même nature que lui, et qui pendant long-temps doit puiser sa sève à la souche-mère, dont il ne peut être séparé qu'à la suite d'un sevrage graduellement ménagé. Abandonné à lui-même en naissant, l'enfant ne pourrait vivre. Le développement de ses forces physiques exige plusieurs années; celui de ses facultés morales est plus lent encore. Parvenu à la possession de la force et du discernement, il lui manque pendant longtemps l'expérience pour en régler l'usage; n'étant pas doué de l'instinct des animaux, il a besoin d'être dirigé, façonné, en sorte que le sujet, arrivé à son complet développement, se trouve être l'œuvre des parents et des instituteurs qui lui ont imprimé leur cachet. C'est là ce qui faisait dire à Leibnitz : « Le présent résulte du passé et est gros de l'avenir. » La tutelle du père se prolonge même d'une manière positive jusqu'à sa mort par le fait de son administration des biens de la famille.

On objecte que les âmes n'ont pas de filiation et que ce sont les impulsions intellectuelles qui déterminent les actes. Cela serait vrai si l'individu était un pur esprit; mais, dans sa composition mixte, chacun des éléments de sa nature a son influence sur la décision. Qui ne sait combien il arrive souvent au tempérament et à l'habitude contractée de l'emporter sur la raison? Personne n'ignore l'influence du physique sur le moral.

Depuis Plutarque jusqu'à nos jours, les biographies n'ont pas cessé de jouir d'une grande faveur; mais ces histoires indivi-duelles laissent toujours à désirer quand elles ne font pas connaître l'origine du sujet dont elles retracent la vie, ses antécédents de race, ses prédispositions héréditaires, l'influence des lieux et du milieu dans lequel il a été élevé. C'est, en effet, à la chaleur du doux et puissant foyer de la famille que naissent tous les senti-ments affectueux comme toutes les sortes de respects; c'est là que s'élabore et se dresse l'individu. Notre premier penchant est l'imi-tation, notre premier besoin de suivre l'exemple, de nous assi-

miler au milieu qui nous environne. Les principes puisés à l'école
domestique sont ceux qui régiront la vie. Mais il est des prédispositions de race qui remontent plus haut que les père et mère.
« Il arrive, remarque M. Ribot, dans son livre *L'Hérédité,* que
« l'enfant, au lieu de ressembler à ses parents immédiats, res-
« semble à l'un de ses grands-parents ou à quelque ancêtre
« encore plus reculé. L'atavisme, autrement dit l'hérédité en
« retour, est un fait qui était bien connu de l'antiquité et dont
« Montaigne s'émerveille. Il est d'observation vulgaire que cer-
« taines affections ou dispositions vont du grand-père au petit-fils,
« en sautant par-dessus le père, chez lequel elles semblent som-
« meiller. Le caractère d'un ancêtre commun est transmis par
« les générations intermédiaires, qui l'ont gardé à l'état latent.
« La puissance du lien de l'hérédité est immense et pour ainsi
« dire imprescriptible. » Il n'y a d'exception que pour le génie
purement philosophique ou abstrait. Les penseurs célèbres n'ont
ni ascendance ni descendance dans lesquelles on puisse reconnaître l'indice précurseur ou le souvenir des aptitudes qui ont
fait leur gloire.

Quoi qu'en puissent dire certains esprits soi-disant positifs, une
origine distinguée ajoute beaucoup à la valeur individuelle. Cette
opinion est tellement enracinée qu'elle étend son empire jusque
sur les choses inanimées. Tout propriétaire recherche curieusement par quelles mains a passé la terre qu'il possède, comment
elle est arrivée jusqu'à lui. Le simple habitant d'un lieu tient à
connaître les faits qui se sont accomplis sur le sol qu'il foule.
« L'homme, dit Aristote, a été doué d'un désir insatiable de
« savoir. » Combien de monuments sans beauté intrinsèque n'ont
de prix que par les souvenirs qui s'y rattachent! Il n'est pas
jusqu'aux meubles, livres, bijoux, etc., qui n'acquièrent une
valeur supérieure quand on peut établir qu'ils ont appartenu à
des personnes marquantes, la succession de leurs propriétaires,
leur généalogie possessoire.

Les sociétés humaines ne vivent pas uniquement du présent ; il leur importe de savoir d'où elles viennent pour savoir où elles vont. Si l'histoire générale est une école nécessaire aux hommes politiques qui président aux destinées des nations, l'histoire domestique n'est pas moins utile au chef de famille pour le gouvernement de ses affaires privées, car les vicissitudes de la fortune sont les mêmes dans les deux ordres ; il est également nécessaire d'y être préparé à supporter dignement les coups du sort.

Quelle leçon plus directe, pour des descendants qui en ressentent les effets, que l'exposé des actes et comportements de leurs ancêtres ? L'impression est immédiate ; c'est de l'expérience anticipée. Qui ne sera rangé en voyant le désordre qu'un de ses auteurs prodigue ou insoucieux aura mis dans la fortune qu'il est appelé à recueillir ? Qui ne rougira d'une félonie qui a souillé le nom qu'il porte ? Mais aussi quel rejeton bien né n'aspirera à léguer à ses enfants un fleuron d'illustration à ajouter à la considération dont ce nom est déjà environné ? Dans la famille, un corps d'histoire domestique est tout à la fois un préservatif et un stimulant pour chacun de ses membres, dont les actes seront, selon leur qualité, reprochés à lui et à ses descendants ou leur seront attribués à honneur.

Les familles, aussi bien que les États, ont des périodes de crises et des défaillances que l'histoire doit enregistrer scrupuleusement. Il se dégage des faits racontés avec impartialité, des informations exactes et des impressions fidèles, de grands enseignements qui peuvent servir à diriger les hommes au milieu des difficultés et des écueils multiples de la vie. Il n'est guère de famille où il n'apparaisse de loin en loin quelque dissipateur dont on peut dire comme de l'enfant prodigue : *Dissipavit substantiam suam vivendo luxuriose.* « Si, dit Massillon, nous approfondissons « l'histoire des familles, si nous allons jusqu'à la source de leur « décadence, si nous remontons jusqu'à celui qui donna le « premier branle à la fortune de sa postérité, nous trouvons un

« voluptueux. » Puis, dans les temps troublés, rien n'est moins rare qu'un scandale ; et bien heureuse la famille qui n'a pas le sien. Cacher ces faiblesses serait manquer à la véracité du récit. Les panégyriques sans ombre manquent d'autorité ; d'ailleurs le tableau des fautes à éviter n'est pas un enseignement moins utile que celui des exemples à suivre. Le livre par excellence, la *Bible*, ne renferme pas que des histoires édifiantes. Ce qui importe à la renommée de la famille, c'est que les fautes ou les défaillances de quelques-uns de ses membres soient couvertes par l'honorabilité de tous les autres. Quand ceux-ci ont ramassé leurs morts ou pansé leurs blessés dans la bataille de la vie, la solidarité du nom peut être fièrement revendiquée.

L'avantage des connaissances historiques est d'autant plus marqué que le récit concerne des faits qui nous touchent de plus près. Il est plus profitable de connaître l'histoire moderne que l'histoire ancienne, l'histoire de son pays que celle des États voisins ; l'histoire de la famille est celle qui présente l'intérêt le plus direct pour ses membres. D'ailleurs, dans l'ordre moral, les familles sont à la grande société nationale ce que, dans l'ordre matériel, les provinces sont à l'État ; pour les deux l'histoire particulière des parties est la base de l'histoire générale de l'ensemble. C'est là ce qu'avaient compris les Bénédictins quand ils entreprirent d'écrire l'histoire particulière de chacune de nos provinces avant d'aborder l'histoire générale de la France. Ce cadre paraissait encore trop vaste à Augustin Thierry, disant : « L'histoire « de France est renfermée dans nos archives communales. » La pierre angulaire de l'édifice historique, la monade irréductible, se trouve dans les annales domestiques.

Et puis l'utilité des annales privées n'est pas bornée à la race qu'elles concernent spécialement. Aujourd'hui l'histoire ne consiste plus dans le récit plus ou moins détaillé des guerres et des calamités générales qui en sont la suite. Ce que notre génération veut savoir, ce qu'elle recherche curieusement, c'est l'histoire de

l'humanité tout entière; ce qui l'intéresse avant tout, c'est de
connaître le sort de ceux qui l'ont précédée sur la terre, comment
ils y ont vécu, leurs mœurs, leurs usages, toutes choses qui ne
sont consignées que dans les mémoires domestiques. Là seulement on voit l'homme tel qu'il est; là seulement on a un tableau
de la vie vraie, de la vie vécue, des menus faits de la vie quo-
tidienne qui font juger une époque.

Tout comme pour les grandes nations, les familles constituent
des unités matérielles et morales, et chez ces dernières, le lien du
sang établit une union plus intime que dans toutes les autres associations. Or, si nulle part il n'y a d'esprit de corps sans traditions,
il ne saurait y avoir d'esprit de famille sans annales domestiques;
aussi Cicéron dit-il : *optimum est habere monumentum majorum.*

En Chine, la maison spécialement affectée au culte des ancêtres,
à la conservation de leurs tablettes et de leurs biographies, et le
champ de leurs sépultures, sont incessibles à moins du consentement unanime des chefs de toutes les branches de la famille;
ceux qui les vendent sont frappés de déshonneur. Le culte domestique est l'âme de ce grand empire.

« L'oubli des traditions domestiques et le relâchement des
« liens de la famille doivent être comptés, remarque M. de
« Margerie, parmi les misères les plus tristes et les plus inquié-
« tantes de notre société, et c'est une noble tâche que de contri-
« buer à resserrer ces liens et à raviver ces traditions; celui qui
« l'accepte ne fait pas seulement son devoir de père, il fait aussi
« son devoir de citoyen. »

M. Émile de Laveleye constate également avec regret que « la
« famille, aujourd'hui profondément ébranlée, n'est plus, dans
« bien des cas, que l'organisation de la succession. »

« L'importance sociale de la famille, dit M. Brocher, conseiller
« à la cour de cassation de Genève, et l'impérieuse nécessité de
« la maintenir unie et forte, ne sauraient être contestées; elle est
« un merveilleux agent de vie morale et d'ordre social. Les

« sociétés modernes, profondément ébranlées, ont vu se rompre
« bien des liens qui étaient des moyens de cohésion ; elles ont à
« redouter l'excès de l'individualisme, et sont plus que jamais
« tenues de conserver et de fortifier les éléments d'unité que
« leur fournit la nature. Les personnes que les liens du sang ou
« de l'alliance devraient unir s'oublient trop facilement les unes
« les autres, semblables à ces mobiles éléments de vie qui,
« dispersés par le souffle des vents ou par le courant des eaux,
« s'arrêtent et se fixent où ils trouvent un sol capable de les
« nourrir, sans conserver trace de leur origine. Si on veut les
« empêcher de tomber dans un tel isolement, il faut porter au
« plus haut degré d'importance tout ce qui peut entretenir entre
« elles une communauté de sentiments. » L'association est, en
effet, un besoin impérieux de la nature humaine ; chacun a le
sentiment de la menace : *Væ soli !* Si on chasse la communauté de
la famille, où elle est à sa place naturelle, elle se reforme irré-
gulièrement ailleurs, sous l'empire d'idées utopistes qui jettent le
trouble dans la société. Saint Thomas a fait cette remarque :
« Tout ce qui se sépare de son origine tombe en décomposition ;
« et ce qu'il y avait de plus exquis produit alors la putréfaction
« la plus repoussante : *optimi corruptio pessima.* »

Chez nous, le fils est devenu dédaigneux de la condition de son
père ; il n'aspire qu'à conquérir une position supérieure, à
dépasser ses auteurs. Cette fièvre d'ambition est mortelle aux
traditions domestiques qui voudraient voir le fils marcher dans
le sillon qu'a tracé son père, qui lui permettent bien d'amé-
liorer son héritage, mais non de le troquer pour un autre plus
brillant en reniant son origine. Le mépris d'un fils pour sa
tradition domestique ressemble au mépris d'un peuple pour sa
tradition nationale. Tout se tient dans l'histoire d'une famille
comme dans l'histoire d'un peuple ; méconnaître ou conspuer le
passé est stériliser le présent et ruiner l'avenir. La patrie et la
famille sont composées de la chaîne des êtres qui les ont faites et

qu'ils continuent ; en se séparant des morts, les vivants se mutilent ; faute de tradition, qui est la lumière qui guide et éclaire, ils marchent au hasard et s'égarent.

Il est commandé d'honorer ses auteurs ; or, le meilleur moyen d'accomplir ce précepte est de les faire connaître en rappelant ce qu'ils ont pensé et exécuté. C'est pénétré de l'importance de ces traditions que le comte d'Haussonville, de l'Académie française, dit : « Resté seul de mon nom, j'ai pris le parti d'écrire la vie de « mon père, afin que mon fils, qui n'a pas connu son grand-père, « ne me reproche pas un jour d'avoir laissé interrompre entre « mes mains le fil si fragile qui, de nos jours, relie si faiblement « entre elles les générations d'une même famille. » C'est la même pensée qui fait dire à l'amiral Jurien de la Gravière : « Le senti- « ment de la brièveté de la vie pèse à chaque instant sur nous. « En rattachant le fil de notre existence à cette longue trame « dont est faite l'histoire, il semble que nous devenions éternels. « Nous disparaissons, le fil reste et le tissu continue de s'ac- « croître. » L'individu n'est, en effet, qu'un terme dans la série familiale, le représentant pour quelques années de cette série constante qui ne meurt pas.

« Ce qui me frappe dans les *Souvenirs de Famille* de M. de « Barante, dit M. Guizot, c'est le profond respect que le père et « le fils ont l'un et l'autre des liens et des droits de la famille, de « la famille tout entière, dans le passé et dans l'avenir aussi « bien que dans le présent. Ils honorent les uns et veulent à leur « tour se faire honorer des autres ; ils vivent dans les tombeaux « de ceux qu'ils n'ont pas connus et dans les berceaux de ceux « qu'ils ne verront pas. Il n'y a pas de sentiment plus noble, ni « qui appartienne plus exclusivement à la nature humaine ; il « n'y en a point qui atteste plus hautement sa dignité, ses titres « supérieurs et ses grandes espérances. »

Notre destinée commence avant nous, nos auteurs nous transmettent la vie telle qu'ils l'ont reçue. *Majorum gloria posteris quasi lumen est,* dit Salluste. *Nobilitas nihil aliud est quam claritas splendorque majorum,* dit Porphyre. *Et majores vestros et posteros cogitate,* recommande Tacite. Il n'y a que la lignée qui donne quelque consistance à notre condition mortelle, qui la prolonge durant un temps appréciable ; aussi le culte de l'honneur est-il intimement lié au culte de la famille ; elle seule garde le souvenir des dévoûments obscurs que l'histoire n'enregistre pas, comme elle porte silencieusement le poids des hontes qui n'ont pas eu un grand retentissement.

L'aspiration vers la perpétuité, le désir d'une vie sans fin est le trait caractéristique de l'esprit de l'homme. Jeune, il envisage surtout l'avenir ; parvenu à l'âge mûr, il se replie souvent dans le passé pour échapper aux tristesses du jour ; vieillard, il n'a plus guère que des horizons rétrospectifs. A tous les âges, la possession du présent ne lui suffit pas ; il vit soit dans le passé, soit dans l'avenir, dans ses ancêtres ou dans sa postérité, ce qui a fait dire à saint Augustin que « dans l'ordre intellectuel, il y a « trois sortes de présents : le présent du passé, dont la mémoire « rappelle l'image ; le présent actuel, que voient les yeux du « corps ; et le présent de l'avenir, que l'imagination fait appa- « raître comme si on le touchait déjà ». Ce sont ces trois aspects que présente une généalogie.

M. Charles de Ribbe fait ressortir avec beaucoup de force l'importance des annales domestiques au point de vue moral et social : il montre comment les généalogies historiques ou *Livres de raison* qui, en Provence, étaient généralement tenus dans les familles de toutes les classes jouissant d'un peu de loisir, n'étaient pas des œuvres vaines et stériles. Il faut descendre jusqu'à la fin du siècle dernier pour voir les liens du sang traités de puérilités indignes de fixer l'attention, et cette attache naturelle écartée sous prétexte d'appliquer une loi supérieure et purement rationnelle, d'après laquelle les hommes ne seraient reliés entre eux que par la fraternité universelle; cosmopolitisme d'une application commode, car il dispense en réalité de tout dévouement, celui qui se doit également à tous ne se devant en fait à personne.

Déjà les sophistes de l'ancienne Grèce avaient attaqué les idées généralement reçues, admises par la conscience du genre humain, et s'étaient vus baffoués par Aristophane dans sa comédie des *Nuées*. Au XVIIᵉ siècle, Pascal avait fait justice, dans ses *Provinciales*, des docteurs qui s'appliquent à déconcerter la raison par le raisonnement. Le règne du simple et droit bon sens semblait bien établi lorsque la secte philosophique des encyclopédistes reprit ces thèses captieuses et paradoxales, notamment celle de l'indifférence des origines. Dans ce système, les générations se suivent sans se succéder ; la famille n'est plus cette communauté morale et matérielle qui lie le présent au passé et à l'avenir par des nœuds continus. Les tombes des aïeux sont sans éloquence et les berceaux des enfants sans promesses ; il n'y a plus que des couples successifs indépendants les uns des autres. « C'est, dit « Joseph de Maistre, l'homme tout court, qui n'est d'aucune « nationalité, qui ne se connaît pas de généalogie, l'homme sans « antécédents et sans suite, sans adhérence au passé et sans lien « avec l'avenir. » Il aurait pu ajouter : l'homme provenant d'un accouplement fortuit comme les animaux.

C'est sous l'empire de cette idée dissolvante que La Harpe a prononcé cet arrêt dédaigneux :

> Montesquiou-Fezensac entre à l'Académie ;
> Quel ouvrage a-t-il fait? Sa généalogie.

La philanthropie n'est qu'un vain mot. « Si quelqu'un n'a pris « soin des siens et principalement de ceux de sa famille, il a « renié sa foi et est pire qu'un infidèle, » dit saint Paul dans sa Iʳᵉ *à Timothée*. « Où la raison est égale, dit saint Augustin (*De « la doctrine chrétienne*, liv. 1ᵉʳ), c'est le sort qui décide. L'obli-« gation de s'entr'aimer est imposée à tous les hommes ; mais « comme on ne peut également les servir tous, on doit s'attacher

« principalement ceux à qui les lieux, les temps et autres circons-
« tances semblables nous unissent d'une façon particulière comme
« par une espèce de sort. » Or, de tous les liens, le lien permanent de l'origine est le plus ancien, le plus étroit et le plus stable.
C'est le sort, ou mieux encore *gesta Dei per parentes,* qui fait la
consanguinité. « Dieu veut, dit Bossuet (*Politique tirée de l'Écri-*
« *ture sainte,* liv. IX), qu'on conserve le souvenir des origines
« communes, *si éloignées qu'elles soient, et qu'il en dérive des*
« *obligations particulières ;* il veut que les hommes respectent
« toutes les liaisons du sang. »

Et, qu'on le remarque bien, ce n'est pas d'un amour platonique
et stérile qu'il s'agit ici ; c'est du dévouement à la famille et tout
d'abord du respect de ses droits héréditaires, de l'interdiction de
détourner de la ligne du sang le patrimoine venu par la voie du
sang et reçu plutôt comme un dépôt produisant des fruits qu'à
titre de propriété disponible. C'est bien là l'obligation dont parle
Bossuet, car le théologien Bergier remarque que « toute la loi
« donnée aux Hébreux tendait à conserver les biens dans les
« familles ». Cet objet n'a point échappé aux économistes modernes doués de quelque clairvoyance ; aussi M. Baudrillard, de
l'Institut, dit-il : « La fin morale de la famille est l'ennoblisse-
« ment réciproque du mari et de la femme, des parents et des
« enfants ; sa fin sociale est l'accroissement de la population en
« nombre, en facultés et en vertus ; *sa fin matérielle et directe*
« *est la conservation, l'entretien et la transmission du patrimoine.* »

Le grand anarchiste Proudhon a bien vu la connexité qui
existe entre l'hérédité naturelle et la famille quand il dit dans ses
Considérations économiques : « L'hérédité par le droit du sang est
« l'espoir du ménage, le contre-fort de la famille, la raison der-
« nière de la propriété. Sans cette hérédité il n'y a plus d'époux,
« plus d'ancêtres ni de descendants, il n'y a même plus de colla-
« téraux. » C'est dans la pensée d'arriver à l'abolition de la
famille que le chef des socialistes allemands, le fameux Bebel,

désespérant de vaincre la répugnance que tout homme éprouve à
se dessaisir de son vivant, préconise la liberté illimitée de tester
comme le plus sûr moyen d'arriver au communisme. « En récla-
« mant cette liberté de disposer, dit M. le président Ancelot, on
« forge une arme terrible pour ceux qui battent en brèche le
« principe sacré de la propriété. Substituer la volonté infime,
« versatile, souvent égarée du propriétaire au *dictamen* souverain
« de la loi naturelle et divine qui commande à tous, partout et
« toujours, c'est préparer la voie aux prédicants socialistes qui
« diront bien mieux : *volonté pour volonté, souveraineté pour*
« *souveraineté, celle de la nation n'est-elle pas autrement impo-*
« *sante ? C'est elle qui doit disposer du bien laissé par le proprié-*
« *taire à sa mort.* »

« La transmission héréditaire des biens, dit M. Demolombe, est
« moyen le plus énergique de la conservation des familles, et par
« conséquent de la conservation de la société. » Victor Hugo a
dit aussi : « L'héritage est la main que l'homme tend aux siens
« par-delà le tombeau. »

« Il faut, dit M. le président Ancelot, que la famille, être
« successif et indéfini dans sa durée, garde sa dotation matérielle,
« fruit des labeurs de ses devanciers, instrument de son propre
« travail, support de sa destinée sociale ; le bon sens le proclame
« en même temps que l'instinct de la nature le commande. »

Le lien entre la famille et son patrimoine est si étroit et si
tenace, que Burke, le grand orateur du parlement anglais disait,
à propos des confiscations exercées en Irlande : « Au bout de
« vingt-cinq années, la plupart des hommes passent avec indiffé-
« rence sur la tombe de leur père assassiné; mais, après un
« siècle, les générations dépossédées éprouvent encore des senti-
« ments de haine et de rage en passant près du champ dont
« leur famille a été dépouillée. »

Dans l'organisation des sociétés modernes, la nécessité de maintenir la circulation des biens n'a pas permis de conserver l'insti-

tution par trop rigoureuse du *jubilé ;* cependant notre Code, tout démocratique qu'il soit, n'en reconnaît pas moins les droits du sang comme primant tous les autres. S'il n'a pas gardé la règle coutumière : *Paterna paternis, materna maternis,* qui faisait retourner les biens à leur vraie source, du moins a-t-il conservé le privilège du *Retrait lignager,* qui permet à la famille de ressaisir ceux qui viennent d'être aliénés. Enfin, son esprit est nettement exposé dans un avis de la Cour de cassation, donné en janvier 1874 sur la demande du Garde des sceaux ; l'interprète suprême s'exprime ainsi : « On se méprend lorsqu'on affirme que le Code, dans « sa dévolution héréditaire, a fait des affections présumées du « défunt la base du droit de l'héritier ; c'est principalement à « conserver le bien dans les familles qu'il s'est appliqué, afin de « resserrer le maintien de l'union par les liens de l'intérêt. »

C'est seulement en dehors des droits de la famille et de ceux de la patrie, c'est-à-dire des nœuds imposés par la nature même, qu'il est licite de donner cours à ses préférences basées sur la conformité d'opinions, d'humeur et de goûts. Si les élans de l'esprit restent libres, les actes matériels sont enchaînés. En effet, la famille, comme l'a remarqué Aristote, forme un corps complet dont chaque membre fait partie intégrante et n'est pas un simple accessoire. Or, le patrimoine est à la famille ce que le sang est au corps ; c'est l'élément nutritif destiné à alimenter tous ses membres : il ne doit pas sortir de sa sphère, mais garder son cours réglé. « C'est cette considération, dit Bynkershoek, qui, « chez tous les peuples, a fait régler les successions d'une ma- « nière à peu près uniforme, et non d'après l'affection, qui n'est « pas toujours proportionnelle aux liens du sang. L'indifférence « se manifeste même souvent entre parents, et là la froideur « tourne aisément en aversion déclarée suivant le mot de Tacite : « *Acerrima proximorum odia est.* »

Le régime des successions a une influence profonde sur l'état des familles, dont il perpétue ou détruit l'importance ; et il est regrettable que notre droit moderne n'ait pas conservé le principe d'une réserve en lignes collatérales. Celui qui ne laisse pas de postérité doit rendre à sa famille ce qu'il en a reçu, bien moins à titre de propriété définitive que comme un apanage qui doit lui faire retour à défaut d'hoirs de corps. La branche qui meurt cesse de puiser de la sève au tronc d'où elle est sortie. Saint Charles Borromée, en prenant possession de l'archevêché de Milan, abandonna à sa famille tout ce qu'il en avait reçu, « esti- « mant, dit-il, que, n'ayant pas charge de continuer les races, il « n'avait pas celle de transmettre les fortunes ».

Si l'on s'accorde assez généralement sur l'utilité de la conser- vation des fortunes dans les familles, on est divisé sur les moyens d'y parvenir. Les uns, faisant violence à la nature, préconisent l'application du droit d'aînesse dans une large mesure, sans considérer que l'aîné peut être un dissipateur. Pour parer à cette éventualité, M. Le Play voudrait que la grosse part fût attribuée au plus digne, dont le choix serait abandonné à la désignation du père, ce qui introduirait des brigues détestables entre les enfants. Les plus logiques demandent le rétablissement des substitutions indéfinies, oubliant qu'elles ont été condamnées jadis par d'Aguesseau à cause de leurs inconvénients domestiques et du trouble qu'elles jettent dans les relations sociales. Il est cependant un régime dont l'application a déjà été éprouvée dans la plupart des anciennes coutumes, régime qui donne toute la satisfaction possible, dans l'état de nos mœurs, aux aspirations conservatrices, qui respecte les droits de la naissance et sanctionne les devoirs de chaque membre d'une famille envers les siens, sans apporter aucun trouble dans les relations extérieures. C'est le régime qui établit des réserves en lignes collatérales ; c'est l'adoption du principe que, faute de descendance, les biens qui ont été détachés d'une souche doivent lui faire retour, que chaque membre d'une famille n'est qu'usufruitier de ce qu'il a reçu en partage. C'est pénétré de cette obligation qu'un homme remarquable, le bailly de Mirabeau, craignait par-dessus tout de faire une brèche dans le patrimoine de sa maison, « ne voulant pas, disait-il, mourir « banqueroutier à sa famille ». Aujourd'hui, le frère estime qu'il ne doit rien à son frère. Pour inculquer l'esprit de famille, la loi devrait établir des réserves tout au moins jusqu'au degré de cousin germain. Le monde, comme le remarquait déjà Juvénal, est rempli de gens qui mesurent leur devoir à l'obligation légale :

> *Nemo satis credit tantum delinquere quantum*
> *Permittas.*

Si Dieu veut, comme le déclare Bossuet, qu'on conserve le souvenir des origines communes, si éloignées qu'elles soient, comment arriver à cette connaissance si ce n'est par les généalogies ? Les parentés éloignées constituent des liens moraux plutôt qu'elles n'entraînent des obligations positives. Ces parentés sont principalement celles qui résultent de la communauté du nom patronymique, dit nom de famille, dont l'influence s'étend bien au delà de la consanguinité appréciable. Le nom a une puissance incontestée pour rattacher les hommes. Dans les régiments qui portaient un nom, l'esprit de corps était plus prononcé qu'il ne l'est dans ceux qui sont désignés par un numéro abstrait. Le nom est à l'oreille ce que le symbole est aux yeux ; les sens exigent qu'une part leur soit faite, même dans les choses de l'esprit. Un grand nom produit une impression involontaire de respect, et un nom flétri excite la défiance ou la répulsion. Le nom suit la ligne masculine, la descendance de mâle en mâle ayant toujours été considérée comme incomparablement supérieure à celle qui a lieu par les femmes. « Le nom, disait le président de Brosses, est une « petite propriété syllabique qui appartient tellement à la race « que rien ne peut la lui enlever. » Cependant, dans les degrés éloignés, ceux qui portent le même nom ne forment plus à proprement parler une famille, mais ce qu'on nomme une race ou une *maison*. Une généalogie complète doit comprendre tous ces agnats de la *gens*, exposer toutes les branches issues de la souche commune la plus anciennement connue.

De l'envie, qui porte à discréditer les généalogies, on passe facilement au socialisme, qui prétend abolir le droit des enfants à l'hérédité matérielle de leurs parents ; c'est l'application du même principe de l'égalité des naissances. S'il est juste que les enfants d'un père qui a consacré ses facultés à leur élever une fortune héritent du produit de ses efforts, il ne l'est pas moins que les descendants de celui qui s'est appliqué à acquérir de la gloire héritent de sa renommée. La considération est le produit de l'honneur accumulé, de même que la richesse est le produit du travail accumulé. La Société a même plus d'obligation à celui qui s'est dévoué pour elle qu'à celui qui n'a travaillé que dans un intérêt privé ; elle doit donc autant d'égards au patrimoine moral qu'elle accorde de protection au patrimoine matériel, aux généalogies historiques, qui transmettent le premier, qu'aux liquidations qui règlent la dévolution du second.

Partout, dans les sociétés antiques comme dans les sociétés modernes, la connaissance des généalogies a été considérée comme indispensable, car c'est elle qui détermine les degrés de parenté et qui règle les intérêts moraux et matériels qui s'y rattachent. S'il est vrai que, depuis un siècle, cette science ait perdu chez nous une partie de son importance par suite de la confusion légale des classes, en sorte qu'il n'y ait plus aujourd'hui de preuves d'extraction positives à faire pour être reconnu apte à occuper certaines positions, il n'en est pas moins certain que, dans les relations sociales, le nivellement officiel d'origine n'a pas encore été complètement accepté. D'ailleurs, en fût-on arrivé là, que la satisfaction privée, bien entendue, n'en cesserait pas moins de réclamer une connaissance qui la touche de si près.

Cette curiosité si légitime semble presque éteinte, comme le remarque un conférencier célèbre quand il dit : « Si vous avez « une famille, montrez-moi son histoire. Interrogez le premier

« d'entre vous ; c'est à peine s'il a conservé quelque souvenir de
« son grand-père. Ne le questionnez pas sur son bisaïeul ; il n'a
« jamais pensé que son aïeul ait eu un père, et votre demande
« l'étonnerait fort. » — « Aujourd'hui, dit M. Ph. Serret dans
« l'*Univers*, les familles de même origine se connaissent à peine
« entre elles ; ce mortel oubli, cet effacement de la mémoire des
« pères est proprement le mal français. »

Il n'en était pas ainsi chez les Gallois, raconte le vieil historien
Girard de Cambrie. « Là, dit-il, chaque homme, même du peuple,
« conserve la généalogie de sa famille et cite de mémoire et immé-
« diatement, non seulement ses aïeux et bisaïeux, mais ses
« ancêtres de la sixième et de la septième génération ou d'une
« autre encore plus éloignée. » Ce sentiment est si naturel qu'on
le trouve à un degré très développé jusque chez les peuplades
sauvages. M. de Varigny rapporte dans son livre, *L'Océanie
moderne*, que le tatouage, dont les naturels des îles Marquises se
couvrent tout le corps, expose en hiéroglyphes leur généalogie, la
chronique de leur famille et les prouesses de leurs aïeux. Ces insu-
laires vont absolument nus, et éprouvent une répugnance invin-
cible à endosser un vêtement qui cacherait une partie des titres de
leur race et les marques de leur origine.

Ce n'est pas seulement parmi les nations civilisées et dans les
pays à traditions monarchiques que l'histoire des aïeux a été
appréciée. Un grand citoyen des États-Unis d'Amérique, Benjamin
Franklin, qu'on n'accusera pas d'avoir été aveuglé par un étroit
esprit de caste, partageait à cet égard les idées du vieux monde.
Ayant entrepris d'écrire ses mémoires, il crut devoir les faire pré-
céder d'une exposition de l'histoire de sa famille. Insuffisamment
renseigné sur ce point, il n'hésita pas, à l'âge de soixante-cinq
ans, dans la plus rude saison, à faire le voyage, alors bien
pénible, de l'Angleterre, pour y reconstituer sa généalogie. Il
savait bien être sorti d'une race des plus modestes, mais il ne
voulait pas moins connaître exactement son origine.

Le judicieux Montaigne n'estimait pas que ce fût une chose indifférente que de s'occuper de l'histoire de sa famille, quand il dit dans ses *Essais* : « Quel contentement me serait-ce d'ouïr quel-« qu'un qui me récitast les mœurs, le visage, la contenance, les « plus communes paroles et les fortunes de mes ancêtres ! Com-« bien j'y serais attentif ! Vraiment cela partirait d'une mauvaise « nature d'avoir à mépris les portraits de nos prédécesseurs. Mon « père faisait tenir un papier journal à insérer toutes les surve-« nances de quelque remarque, qui était comme les mémoires de « sa maison, usage ancien que je trouve bon à réfreschir, châcun « en sa châcunière, et me trouve un sot d'y avoir failli. »

Les mémoires domestiques ne répondent pas seulement à une curiosité légitime, ils ont encore une influence considérable sur l'avenir des familles. Il n'est pas rare d'en voir, par suite d'un accident social, de déclassées, de jetées en dehors de la sphère où elles vivaient. C'est alors que, si le culte des ancêtres n'est pas éteint chez elles, elles peuvent, tout en perdant leurs biens, garder intactes leur dignité et les traditions d'honneur qui, dans des circonstances favorables, pourront leur permettre de reprendre leur ancien rang. Parfois, le retour à l'éclat est même le résultat d'un échec de fortune qui éveille des facultés qui auraient sommeillé dans une situation prospère ; c'est souvent par des cadets, maigrement partagés et aiguillonnés par le besoin, que le nom d'une famille a été illustré. En quittant Troie, le pieux Énée emportait avec lui ses dieux lares ; les Pénates des déshérités de la fortune sont les mémoires domestiques ; compagnons fidèles, ils consolent et contiennent en germe l'espérance de fonder ailleurs une maison qui ne le cédera en rien à celle qui a été perdue : une Rome à la place d'Ilion.

Il ne suffit pas, pour former une famille, d'être assis à la même table, d'obéir à un même chef, d'avoir les mêmes habitudes ; il faut encore être imbu des mêmes traditions ; car, comme le dit l'*Ecclésiastique :* « Le fils tire sa gloire de l'honneur du père, et

« un père sans honneur est l'opprobre du fils. » Cette solidarité
de la famille est confirmée par saint Augustin quand il dit que
l'homme est tenu de maintenir sa bonne renommée, non seulement pour lui, mais encore à cause de ses proches : *Conscien-
tiam nostram esse necessariam nobis, famam proximis, ac proinde
crudelem esse qui famam negligit.* Or il n'y a pas d'autre moyen
de perpétuer le renom que la tenue des généalogies historiques.

C'est par l'histoire des familles que débute la *Genèse*. L'*Iliade*
est le livre généalogique des dieux et des héros. L'*Évangile*, ce
code tout spirituel, n'a pas laissé que d'enregistrer des filiations
suivant la chair. Les *Sagas* de l'Islande ne sont pas autre chose
qu'un recueil de généalogies historiques. Les annales domestiques
ont nécessairement précédé les annales nationales par la raison
que les nations ont commencé par une agglomération de familles.
Celles-ci, en se groupant, en acceptant pour leur sécurité extérieure certaines obligations et règles communes, n'ont pas pour
cela abdiqué leur autonomie. Le pacte social n'est à leur égard
que ce que sont entre les grands États les lois internationales qui
laissent à chacun sa police intérieure. « En entrant dans le grand
« État, dit Toullier, ni les individus, ni les familles ne perdent
« les droits qu'ils avaient avant d'y entrer. La société civile n'est
« pas faite pour anéantir ces droits, mais pour en régler l'usage
« et pour en assurer l'exercice par une nouvelle garantie. »

La famille est, en effet, la société par excellence, celle qui a été
tout d'abord constituée directement et définitivement par Dieu.
C'est Minerve sortie tout armée du cerveau de Jupiter.

Les individus sont au corps de la famille ce que les feuilles
sont au tronc de l'arbre, et l'on a justement comparé ceux qui ne
laissent pas de postérité à des fleurs qui n'ont pas porté de fruit.

« Le chef-d'œuvre de Dieu, dit M. Cochin, l'idéal de l'homme,
« la force de l'État, la véritable unité sociale, c'est la famille. Dans
« la famille se réunissent et se développent toutes les qualités de
« l'individu et tous les avantages de l'association. Asile tour à

« tour le plus doux, le plus sûr, le plus sacré de l'homme aux
« différents âges de la vie, la famille transforme ses inclinations
« et double ses forces. Égoïste, il devient désintéressé pour les
« siens ; sa paresse native se change en activité ; violent, il s'in-
« cline devant un petit enfant ; dissipateur, il se fait économe ; et
« toutes ces vertus s'épanouissent sans calcul, pour obéir à la
« puissance énergique du lien familial. De tous les hommes, le
« moins imparfait, c'est un père ; et la plus parfaite des femmes,
« c'est une mère. L'esprit du mal peut seul s'appliquer à détruire
« l'institution fondamentale de la famille. »

Dans le sein de la famille, le germe croît sans bruit, se déve-
loppe sans hâte ; sa force productive agit avec sollicitude et une
imperturbable sérénité, allant au but sans se laisser déconcerter
par les obstacles. « La flamme sacrée de l'amitié, dit Bodin,
« montre sa première ardeur entre le mari et la femme, puis des
« pères aux enfants et des frères entre eux ; enfin, de ceux-ci
« aux plus proches parents et des plus proches aux alliés. »

Malgré ce particularisme, remarque M. Jourdan, « c'est une
« erreur de croire qu'on est d'autant meilleur citoyen que les
« liens de la famille sont plus relâchés, et que l'idéal du citoyen
« soit celui qui n'a point de famille. Non, c'est précisément dans
« la famille que l'homme apprend à lutter contre ce sentiment
« qui lui est si naturel, l'égoïsme ; c'est là qu'il apprend à se
« dévouer à quelque chose qui n'est pas lui. » Déjà Plutarque
avait dit : « On n'ajoute rien aux vertus civiques en supprimant
« les vertus domestiques ; on ne donne pas à l'État ce qu'on ôte
« à la famille ; il n'est pas superflu de se procurer des hommes
« d'intérieur, quand on prétend avoir des citoyens. »

L'esprit de famille serait-il destructeur du patriotisme, se
demande M. Rapetti ? Et il répond : « L'institution qui, avant
« toutes les autres et presque seule, suffit à l'établissement de la
« moralité publique, c'est la famille. Aussi un État peut perdre
« son indépendance, sa liberté, ses pouvoirs politiques, la subor-

« dination de ses sujets, toutes les ressources de son activité
« collective ; si la famille s'est conservée chez lui, rien n'est
« perdu ; l'État renaîtra par elle. Mais si, dans un État indé-
« pendant, libre, fort, magnifique par l'épanouissement régulier
« et splendide de sa puissance, la famille a souffert une atteinte,
« une seule, gardez-vous de croire au vain spectacle qui s'étale à
« vos yeux ; l'histoire a commencé d'inscrire les funérailles d'une
« grande nation insensée. Ce n'est pas aux législateurs qu'il
« appartient de constituer la famille ; il leur suffit d'en protéger
« l'établissement contre les systèmes philosophiques ou autres qui
« s'attaquent aux principes sur lesquels elle repose. »

L'académicien Caro ne parle pas autrement que le juriste
Rapetti. « La famille, dit-il, est la première et la plus respectable
« de toutes les institutions, la base nécessaire de toutes les sociétés
« civiles, à ce point qu'on peut dire : *Telle famille, tel pays.* Son
« culte est un des meilleurs abris pour la moralité de l'homme, un
« des asiles les plus sûrs où sa dignité blessée se recueille, où son
« amour-propre humilié se console, où son ambition déçue se
« repose dans la paix solide des affections vraies. C'est tout ce
« qui tient à cette petite patrie qui rend la grande chère ; aussi
« la loi intelligente doit toute sa sollicitude à la famille comme sa
« protection à l'individu ; tout ce qui corrobore l'esprit de famille
« tend directement à fortifier l'État. »

La famille est non seulement l'unité sociale, mais encore l'unité
économique. C'est par la société domestique que s'inaugure la
grande société humaine dont elle est la molécule organique, car
elle est la seule qui porte en soi la faculté de se perpétuer ;
c'est chez elle que toutes les autres sont obligées de venir se
recruter. De même que les sources obscures forment les fleuves,
la vie des peuples et leurs destinées dépendent de la vie cachée
du foyer domestique. Jouant un rôle si important, il semble que la
famille devrait être la première de toutes les corporations à jouir
de la personnalité civile, à avoir sa juridiction spéciale, son tribu-

nal domestique pour arbitrer et juger, tout au moins en première instance, ses différends d'intérieur. Elle a joui, autrefois, de cette institution ; elle lui avait même été confirmée par une loi de 1790, mais elle lui a été retirée par une autre loi de 1796, en sorte qu'elle n'a plus aujourd'hui d'autre organisation légale que celle qui règle la dévolution des successions. Est-il étonnant que l'esprit de famille se soit affaibli comme les dispositions de la loi ?

Le nom de *familles,* que se donnent souvent des corps formés par simple aggrégation, est une usurpation flagrante ; le rapprochement d'éléments similaires ne suffit pas pour produire l'homogénéité. L'adoption n'est qu'un grossier pastiche de l'œuvre de la nature organique ; c'est la volonté se faisant génératrice. La conformité des pensées, qui est le lien des associations conventionnelles, n'est qu'un accident variable, tandis que la communauté du sang constitue une union permanente et qui s'impose d'une manière absolue. Comment la société mère de toutes les autres, la société indispensable, n'aurait-elle pas le droit d'avoir ses annales pour assurer la conservation de ses enseignements héréditaires, alors que toutes les associations secondaires ont leurs cartulaires, s'empressent d'écrire leur histoire ?

Il en est des biens de nature morale comme des biens matériels ; les uns et les autres sont sujets à tomber devant la prescription. La considération qu'on tient de ses ancêtres est périssable comme leur succession corporelle ; l'une et l'autre ne se conservent que par un travail d'entretien. La continuité des services n'étant pas toujours possible, les lacunes ne peuvent être comblées que par des mémoriaux qui retracent la figure du passé et le fassent apparaître comme s'il était encore présent.

Dans les circonstances les plus favorables, la tradition orale est insuffisante pour conserver la mémoire des faits ; les récits s'altèrent en passant de bouche en bouche. Le plus souvent il arrive à la tradition de se perdre complètement quand les enfants se sont séparés de bonne heure de leurs ancêtres, ou que ceux-ci sont morts avant que les autres eussent atteint l'âge de raison. Dans tous les cas, la fixation par écrit est donc nécessaire, *Ne varietur*.

La question des origines et des filiations est des plus intéressantes. Savoir d'où l'on vient et comment on en descend a été de tout temps l'une des principales préoccupations des peuples comme des individus ; c'est le défaut de mémoires contemporains qui est cause que la question des origines est environnée de tant d'obscurités. Le maintien du faisceau familial étant la condition de la stabilité de la société générale, on ne saurait trop préconiser la connaissance des filiations qui constitue le lien de ce groupe essentiel. C'est, en effet, au moyen des généalogies que les parents, se reportant à l'auteur commun dont ils descendent, se rapprochent les uns des autres et oublient les degrés qui les séparent aujourd'hui.

Une simple nomenclature des ancêtres ne constitue qu'une généalogie très imparfaite. En y ajoutant la détermination des trois époques principales de la vie, naissance, mariage et décès, on n'a encore fait qu'engencer les pièces d'une charpente, monter une ossature. Il reste à revêtir ce squelette de chairs palpitantes pour lui donner la vie ; c'est-à-dire qu'il faut rappeler les principaux faits et gestes qui constituent une biographie, qui déterminent l'intérêt sur l'individu nommé. Mourir sans laisser trace de son existence, c'est n'avoir pas existé. En vain aurait-on accompli des actes dignes de remarque si la mémoire n'en est pas conservée.

Aucun personnage n'ayant vécu isolé, il est utile de faire connaître ses alliances pour donner une idée exacte des relations et des affinités qu'il a eues dans le monde. Les alliances sont une mesure assez exacte de l'importance de celui qui les contracte. Elles ont eu une valeur de classification effective à une époque où il fallait faire des preuves de *quartiers* pour être admis dans la plupart des ordres et chapitres nobles. Inutile d'ajouter que leur influence a toujours été considérable sur la situation matérielle des familles.

L'histoire des terres est un complément nécessaire de l'histoire des races qui les ont possédées ; il y a entre elles une étroite connexité. La terre patrimoniale est à la famille ce que le territoire national est à un peuple ; l'un et l'autre ont un égal intérêt à connaître sa formation, ses démembrements, sa reconstitution, ses vicissitudes. L'homme contracte une sorte d'alliance avec son domaine qui devient son *alma tellus*. Cet attachement, marque d'une bonne nature, est de deux sortes selon la source d'où il émane : l'un, partant du cœur, est tout personnel ; l'autre, venant de la tradition, est héréditaire. Ce dernier est, à proprement parler, le seul dont le généalogiste ait à tenir compte, tout en remarquant que l'intensité du sentiment est doublée là où les deux impulsions se trouvent réunies.

L'attachement de cœur est inspiré par la mémoire du premier âge ; il a été chanté par Joachim du Bellay :

> . . . . Ma pauvre maison,
> Qui m'est une province et beaucoup davantage ;

par Châteaubriand dans sa célèbre romance :

> Combien j'ai douce souvenance
> Du joli lieu de notre enfance ;

par Lamartine, dans la touchante *harmonie* qu'il a consacrée à sa terre de Milly, et par Victor de Laprade, qui y voit la source la plus vive et la plus pure du patriotisme :

> Amour du clocher, du sillon,
> Du toit, des souvenirs d'enfance,
> Tu nous fais des cœurs de lion,
> Invincibles dans la défense !

> Pour mieux chérir nos saintes lois,
> La grande France endolorie,
> Commencez donc comme autrefois ;
> Aimez la petite patrie.

Cependant l'amour que tous éprouvent pour le foyer domestique né consiste pas uniquement dans l'attachement aux quatre murs et au toit qui les couronne ; ce foyer cesse même d'émouvoir quand les affections qu'il renfermait ont disparu : ce n'est plus qu'un port désert où l'âme ne trouve pas à se ravitailler. Non seulement on trouve le vide dans cette terre si pleine de souvenirs, mais la nature, qui y reste impassible et souriante, a quelque chose d'ironique pour l'homme plongé dans la tristesse. Telle est l'impression qu'éprouva l'abbé Besnard en revenant à la maison paternelle après la mort de ses parents. « Je ne trouvai, dit-il « (*Souvenirs d'un nonagénaire*), que l'ennui dans ces lieux qui « jusqu'alors avaient été pour moi une source intarissable de « plaisirs. » C'est là ce qui a fait dire à Balzac : « Quels amis « que les choses, quand ces choses entourent les êtres aimés ! » En général, les affections individuelles ne se maintiennent que par le lien des habitudes. Deux vieux camarades, qui se sont perdus de vue depuis longtemps, se font une fête de se revoir, et une fois en présence, sont tout étonnés de ne rien trouver à se dire.

Autrement profond et durable, sinon aussi vif, est l'attachement traditionnel à la terre de famille ; il résiste même à la fugacité de la possession effective. Les ancêtres laissent comme une trace de leurs personnes partout où ils ont vécu et particulièrement sur la terre qu'ils ont possédée et façonnée de génération en génération. Le nom de ce lieu reste attaché à leur nom au point d'en devenir inséparable ; c'est naturellement, et sans aucune pensée de vanité, que les familles ont pris ou plutôt reçu le nom de leurs terres. C'est cette union qui faisait dire à Cicéron : « Ici est ma religion, « ici est ma race, ici les traces de mes pères ; je ne sais quel « charme se trouve ici qui pénètre mon cœur et mes sens. »

La considération locale accordée au propriétaire dépend moins de l'importance de sa possession que de son ancienneté ; elle est acquise à celui qui vit *in fundulo, sed avito*, plutôt qu'au grand propriétaire fraîchement implanté dans le pays. Lord Palmerston avait coutume de saluer avec déférence, chaque fois qu'il le ren-

'contrait, un petit tenancier qui demeurait à la porte de son magnifique parc ; et, comme on lui demandait un jour la raison de
cette marque d'égard, il répondit : « Cet homme est le chef d'une
« famille établie là de père en fils dès le temps des Saxons. » Ce
fait confirme une remarque de La Bruyère, que « les fortunes
« médiocres sont celles qui se soutiennent le plus longtemps » ;
et cette autre du comte de Champagny, que « la richesse est
« destructive de la famille, le travail étant nécessaire au maintien
« des races ». C'est la vérification du mot de Job : *Homo natus ad
laborem.*

La richesse meurtrière et démoralisante dont parle le comte de
Champagny est celle qui dispense de tout travail manuel, de tout
souci agricole, la richesse oisive, qui consiste dans la jouissance
du présent, sans le correctif d'aucun devoir moralisateur, dans
une recette où la main qui reçoit reste indifférente, inconnue à
celle qui paie, genre de richesse qui s'est prodigieusement développé de nos jours, par la création de toutes sortes de valeurs fidu-
ciaires que notre ancien droit qualifiait de *vilis possessio, scopus
juris nostri :*

> Quand l'argent est mêlé, l'on ne peut reconnaître
> Celui du serviteur d'avec celui du maître.
> L'argent d'un cordon bleu n'est pas d'autre façon
> Que celui d'un fripier ou d'un aide à maçon.

Fortune sans tradition et sans avenir, qui ne connaît ni veille
ni lendemain, d'un usage facile, qui n'exige de son propriétaire fainéant aucun travail d'entretien, de nature cosmopo-
lite, étrangère à la confraternité de race et à la solidarité du sol,
le plus souvent anonyme, invisible, et qui se prête à tous les
genres de fraudes. On a remarqué que l'égoïsme s'est développé
en France, qu'on s'y est désintéressé de la chose publique et
détaché des devoirs de famille, dans la même proportion que les
portefeuilles y ont grossi.

Tout autre est le caractère de la propriété au soleil, de la propriété territoriale. Le domaine le plus florissant exige un entretien continuel pour ne pas retourner à l'état sauvage :

> *Fertilis assiduo si non removetur aratro,*
> *Nil nisi cum spinis gramen habebit ager.*

Cette propriété porte avec elle une certaine dignité, et ce n'est pas sans raison que les familles tirent un lustre particulier de ce genre de possession. « C'est un sentiment naturel, dit « M. Baudrillart, de l'Institut, de quelque nom qu'on veuille « l'appeler, qui attache encore aujourd'hui une considération « toute particulière, une influence prépondérante à la propriété « de la terre. » On comprend que les devoirs que cette possession entraîne avec elle la rendent méritante aux yeux de la société, et que les racines qu'elle a dans le sol l'enchaînent aux destinées du pays. Il en est tout autrement du citadin, surtout de l'habitant des capitales, où l'on se connaît à peine; aussi la loi juive ne rangeait-elle pas les maisons de ville dans la catégorie des immeubles. C'est avec raison que M. de Beauchesne a dit :

> Paris, dont le grand nom dans l'univers résonne,
> Est le pays de tous, le pays de personne.
> C'est une auberge où l'homme est pressé d'accourir ;
> Mais il n'y doit pas naître, encore moins y mourir.
> On n'est de nulle part quand on est de Paris.

Sous l'ancien régime, c'est de leurs possessions féodales que les familles tiraient leur importance, et ces sortes de principautés avaient une autorité telle qu'elles déterminaient leur rang dans la hiérarchie sociale. C'est cette considération qui a fait dire au maréchal Jean de Villiers de l'Isle-Adam, dans son *Traité du gage de bataille,* que « grandes noblesses sont venues de grandes « richesses ». Si, indépendamment des actes personnels, les alliances donnaient de l'éclat, les possessions féodales seules, conféraient une puissance héréditaire effective.

Alors que le fief était l'émolument du service militaire dû par son possesseur, service qui le retenait souvent loin de son domaine, il était tout naturel que le recouvrement de ses droits seigneuriaux lui fût garanti d'une manière privilégiée, et que l'autorité de ce commandant territorial sur les vassaux qui devaient marcher à sa suite fût consacrée par des honneurs particuliers rendus à sa personne. En 1789, il n'y avait plus de service féodal; cependant Louis XVI repoussait encore l'émancipation de la terre, alléguant que le patronage du seigneur tempérait les exigences matérielles du propriétaire; tandis que, ce lien brisé, il ne resterait plus en présence qu'un créancier et son débiteur, l'exploitation sans miséricorde, un antagonisme radical. Il est de fait que les traditions de patronage, conservées par les descendants des anciens seigneurs, font qu'ils sont, encore aujourd'hui, mieux vus des populations que les nouveaux enrichis. Dans les grandes commotions politiques ou sociales, c'est vers eux qu'elles se dirigent instinctivement; c'est parmi eux qu'elles vont chercher leurs députés; là est toujours leur confiance.

Le manoir patrimonial, centre de la juridiction, quelque ruiné qu'il fût, s'élevait comme le drapeau de la famille, l'intersigne de son rang dans la société. « Ventre saint-gris, s'écriait Henri IV, à « la vue du château de Nantes en 1598, les ducs de Bretagne « n'étaient pas de petits compagnons. » La garde de cette bannière a toujours appartenu à l'aîné, ainsi que celle des documents de la famille. Mais cette attribution est plutôt une charge qu'un avantage réel. Si un vrai château est une page d'histoire, s'il flatte son possesseur et fait un joli effet dans le paysage, c'est, d'un autre côté, un lourd chapitre dans le budget des dépenses domestiques, un obstacle à l'aisance, une sorte de boulet au pied du propriétaire, au point de devenir souvent une cause de ruine pour sa famille. *Parva domus, magna quies.* Et puis les aînés n'arrivent à la jouissance de la fortune héréditaire qu'à un âge plus avancé que les cadets, et les successions collatérales, qui n'étaient encore qu'à l'état d'espérance pour les premiers, lors de leur mariage, deviennent des réalités qui favorisent l'établissement des seconds.

Le fils aîné a aussi sur ses frères une autorité morale qui s'établit naturellement. Du vivant de son père, il est associé au gouvernement et à la défense de la famille ; quand le père vient à manquer, il sert de tuteur à ses jeunes frères. L'inégalité des âges établit entre eux une hiérarchie qui s'impose avec la puissance propre aux lois naturelles ; son autorité n'éprouve aucune résistance ; mais là se borne son privilège ou plutôt sa charge. Chez les anciens, l'aînesse n'entraînait aucun avantage matériel ; elle ne conférait que l'autorité sur les personnes de la famille, comme le témoigne Hérodote : *Mos omnium populorum est ut maximus natu liberorum obtineat principatum.* En donnant sa bénédiction à Jacob, à la place d'Esaü, en lui déléguant le privilège d'aînesse, Isaac ne lui dit pas : Tu recueilleras la majeure partie de mon héritage, mais bien : *Esto dominus fratrum tuorum.* Et, en effet, les deux frères partagèrent également la succession de leur père. La règle universelle était l'égalité des partages entre les enfants mâles ; ce n'est que tardivement que les filles furent admises au partage.

« Les partages inégaux, dit Montaigne, où la richesse de l'un « fait la pauvreté de l'autre, détrempent merveilleusement la « soudure fraternelle. Ils sèment dans le cœur des enfants, ajoute « M. de Margerie, une ivraie qu'on ne peut plus en arracher. » Dès 1510, le service des fiefs ayant perdu toute son importance, le Châtelet de Paris demandait que, comme les biens de nature commune, ils fussent partagés également.

C'est la raison d'État qui, au moyen âge, sous le régime féodal, fit établir, pour une catégorie restreinte de biens et de personnes, l'inégalité des partages, attribuer la grosse part de l'héritage à l'aîné ; c'est elle qui subordonna la constitution domestique au système militaire de l'époque. Après que la raison qui l'avait fait établir eut cessé d'exister, le partage avantageux se maintint par habitude et aussi pour conserver aux familles un lustre extérieur moins réel qu'apparent. C'est encore la raison d'État, l'utilité d'une aristocratie de fortune, qu'on invoque aujourd'hui en faveur du droit d'aînesse. Dans un de ses bons élans, Victor Hugo disait en 1848 : « Je n'hésiterai jamais entre cette vierge qui s'appelle la « conscience, et la prostituée qu'on appelle la raison d'État. » Sous le régime actuel, le fils aîné n'a pas cessé d'être la personni-fication de la famille, mais il ne doit plus être le spoliateur de ses frères ; son nouveau rôle, conforme à ce qu'il était à l'origine, a été énergiquement tracé par Victor de Laprade dans ces deux vers :

> Veiller, lutter, souffrir pour eux,
> Mon fils, voilà ton droit d'aînesse.

Les généalogies des hommes qui ont marqué d'une manière extraordinaire ne sont pas les seules qui méritent d'être conservées. La renommée court vers les excentriques, vers les irréguliers qui battent follement les buissons ; elle dédaigne ceux qui suivent avec persévérance le chemin étroit du devoir. Bien des célébrités bruyantes passent comme des météores sans laisser après elles aucune trace durable, sans avoir rien fondé d'utile pour la société. Ce qui importe à celle-ci est bien plus la continuité des services courants, prosaïques peut-être mais indispensables, qu'un acte isolé d'un éclat exceptionnel. La famille qui a le mieux mérité de la patrie n'est pas celle qui a donné un héros d'aventure, mais celle où les services ont été héréditaires bien que d'un ordre moins brillant. « La vertu d'un homme, dit Pascal, ne doit pas se « mesurer sur un effort accidentel, mais sur ce qu'il fait « d'ordinaire. » Il en est de même des services d'une famille.

Souvent on entend dire : « Comment une famille peut-elle se « glorifier des charges dont elle a été pourvue sous un régime où « la plupart des offices s'achetaient ou se transmettaient hérédi-« tairement ? » D'abord on n'était pas admis à faire l'acquisition d'une charge si l'on n'appartenait à une classe sociale offrant des garanties de moralité et de dignité suffisantes. Puis le père associait de bonne heure son fils à l'exercice de son office, le préparait à en être revêtu. Les aptitudes se transmettaient de génération en génération, comme les vibrations rythmiques d'une corde secouée à l'une de ses extrémités se propagent jusqu'à l'autre bout. La propriété des offices, résultant de leur vénalité, avait des avantages qui compensaient les inconvénients. Le moyen de parvenir à un emploi importe moins que la manière dont il est exercé : c'est celle-ci qui honore le titulaire. Aujourd'hui encore, bien des charges sont restées vénales sans que cette origine nuise à la considération de ceux qui les remplissent. Si l'inamovibilité n'a pas cessé d'être une condition de l'indépendance du juge, il faut convenir que sa pleine liberté était bien plus complètement assurée quand il était propriétaire de son office. Cette propriété l'attachait à son siège, le mettait à l'abri des tentations d'avancement et du désir de changer sa résidence pour une autre plus avantageuse ou plus agréable ; elle coupait court à toute ambition. D'ailleurs, avant d'être admis à siéger, il fallait faire preuve de la suffisance requise pour l'exercice de sa charge.

Et puis, il s'en faut, encore aujourd'hui, que la carrière des emplois soit également ouverte à tous ; la plupart des familles sont hors d'état de faire face aux frais qu'entraîne l'éducation préparatoire aux concours, à l'entretien de leurs enfants dans les stages, dans le surnumérariat, dans les situations expectatives. Là encore se retrouve la vénalité sous une autre forme ; ce n'est donc point une plaie, comme le prétendent les utopistes, mais une nécessité sociale. La richesse et la naissance donnent naturellement droit à de certaines préférences ; si on les leur refuse officiellement, elles les reprennent d'une manière indirecte ; les candidats aux élections savent ce que coûtent les suffrages, et le népotisme fleurit également sous tous les régimes.

L'égalité effective est une aspiration irréalisable ; elle n'existe nulle part dans la nature. C'est en vain que les théories socialistes l'inscrivent dans leurs programmes; la hiérarchie prévaut partout; visible, tangible, elle a le prestige de la force matérielle, qui, comme le remarque Pascal, impose naturellement le respect. La science et l'esprit ne sont aussi le partage que d'un petit nombre. Faire miroiter aux yeux de tous l'accès aux places est une excitation démoralisatrice, une invitation à délaisser les professions indépendantes et assurées pour courir après la quine de la loterie officielle. De tous les genres d'égalité, l'égalité devant les tribunaux, dispensateurs du droit pur, est la moins contestée et la plus importante; et cependant à quoi servirait de la proclamer, si l'on n'y avait ajouté pour les indigents le droit à l'assistance judiciaire. Pareillement, l'appel de tous aux fonctions publiques restera un leurre, comme l'appat du gros lot dans les tirages financiers, aussi longtemps qu'on n'y aura pas joint l'uniformité de l'éducation et de l'instruction nécessaires pour les remplir. Et, ce résultat obtenu à grand'peine, se figure-t-on bien ce que serait l'état d'une nation où tous les jeunes citoyens seraient pourvus de leurs diplômes de bacheliers? Rien de pire qu'un prolétariat lettré.

Par la force des choses, l'immense majorité doit être gouvernée par un petit nombre, et ce petit nombre ne peut être pris que dans trois catégories, entre lesquelles il s'agit de faire un choix en vue du plus grand bien qui en résultera pour cette majorité. Vaut-il mieux qu'elle ait pour administrateur un propriétaire local, dont les intérêts s'identifient avec les siens; ou bien un ambitieux, qui a sa fortune à faire; ou enfin un coq de village, dont l'action délétère est la plus insupportable de toutes? Si l'on y regarde de près, les griefs sérieux articulés contre l'abus de la centralisation ne vont pas au delà d'une demande de part légitime pour les influences locales; or il n'y en a pas de plus saine que celle du propriétaire résidant sur son domaine; c'est la réhabilitation du rôle du *hobereau* si décrié. D'ailleurs, il n'est pas vrai que l'accès des fonctions ait jamais été interdit aux familles nouvelles; seulement on voulait qu'un candidat éclos spontanément présentât d'autres garanties que sa capacité individuelle. Ce n'est ni la science ni l'esprit qui font les hommes : c'est le caractère, et cette qualité est le plus ordinairement héréditaire. Si l'hérédité ne donne pas toujours des aigles, l'acclamation des masses est encore plus aveugle dans ses choix.

Sous l'ancien régime, les fonctions apportaient plus de considération qu'elles n'en donnent aujourd'hui, et cela pour la double raison qu'elles étaient moins rétribuées et que les sujets, indépendamment du mérite personnel, étaient généralement tirés d'un milieu déjà respectable. Sans autre recommandation que sa croix, un chevalier de Saint-Louis pouvait se présenter partout ; toutes les portes lui étaient ouvertes. On n'avait pas moins de déférence pour un magistrat. La fortune elle-même anoblissait parce qu'on en usait noblement ; elle entraînait le respect, non seulement à cause de l'autorité attachée à la possession territoriale, mais encore par l'usage qu'on faisait de ses revenus. Un luxe de dignité, étranger au sibaritisme, qui n'avait rien de personnel, ne blessait personne. D'ailleurs le riche se croyait moralement obligé de consacrer au bien public une grande partie de sa fortune, et même de payer de sa personne en exerçant quelque office périlleux ou assujétissant; on tenait à opprobre d'être un homme inutile. Il était de tradition de servir son pays avec abnégation et sans bruit, aussi l'ancienne noblesse était-elle généralement, sinon pauvre, du moins toujours à court d'argent, les grandes maisons aussi bien que les petites.

Aujourd'hui, la perspective d'une grande fortune ne donne plus que le goût d'une oisiveté élégante ; la considération que peut donner une place est comptée pour rien : on ne voit que le profit qu'on en peut tirer. Ce n'est plus pour une idée qu'on s'émeut; c'est pour jouir, pour conquérir le bien-être matériel; ce sont les avantages positifs qu'on poursuit. Le fonctionnaire nomade, peu soucieux de ses administrés, gonflé de la morgue du parvenu, court à l'avancement d'une extrémité à l'autre de la France sans s'inquiéter de la réputation qu'il laissera là où il a passé. Tel est le résultat de l'ouverture de la carrière des emplois à tous indistinctement.

Le concours et l'élection sont les deux moyens préconisés pour se procurer des candidats de valeur, mais c'est là une illusion. La science théorique dont on fait preuve dans un concours n'est point un gage de moralité et n'est qu'un faible indice de capacité professionnelle ; savoir parler ne prouve pas qu'on saura agir ; ce n'est pas dans les livres qu'on acquiert la connaissance des hommes et des affaires. Enfin, cette capacité elle-même n'est pas la seule qualité requise pour faire un bon fonctionnaire. Un tacticien de cabinet remarquable dirigerait peut-être d'une manière désastreuse une armée en campagne ; et un brillant avocat pourrait faire un très mauvais juge. L'élection offre encore moins de garanties que le concours, car elle est le plus souvent le résultat d'intrigues ou d'un caprice aveugle. Elle est condamnée par le général Hoche, qui dit dans sa correspondance : « Le soldat est « bon juge du chef qu'on lui donne, mais non de celui qu'il se « donnerait, parce qu'il serait sans respect pour celui dont « l'autorité serait son ouvrage. » Ce que le général Hoche dit du soldat est également vrai de tous les hommes, dont l'esprit est le même. Le choix par les supérieurs est préférable à celui qui vient d'en bas, mais il ne laisse pas que d'être bien dangereux s'il n'est fait dans une catégorie déjà éprouvée. Sous le nom de choix se cache souvent la faveur, dont l'effet était ainsi caractérisé par Louis XIV : « Chaque fois que j'accorde une faveur, je fais dix « mécontents et un ingrat. »

L'idée démocratique n'accepte en principe que le concours et l'élection ; elle s'accommode cependant du choix, pourvu qu'il soit fait parmi ses zélateurs. Sous ce régime, où les droits politiques sont égaux, il n'y a plus de raison pour servir à bon marché un ensemble qui, devant les urnes électorales, est divisé en deux camps hostiles. Dans cette situation, où la voix du pauvre vaut celle du riche, la charité devient une anomalie au point de vue civil ; elle ne peut être que le prix d'un bulletin de vote.

L'origine, dont on ne veut tenir aucun compte aujourd'hui aux candidats qui aspirent aux emplois, est pourtant une garantie sérieuse de bonne gestion, un cautionnement naturel de grande valeur. Ce n'est pas par un vain préjugé que, dans sa sollicitude pour l'avenir de sa fille, le père s'enquière minutieusement des antécédents de race de l'homme qui demande sa main : il veut trouver chez lui des quartiers de santé et de conduite, comme on exigeait des quartiers de noblesse pour l'admission dans les anciens chapitres. La considération de naissance est, en effet, parfaitement rationnelle. « L'hérédité, dit M. Ribot, qui a étudié cette question « d'une manière approfondie, s'offre à nous comme une loi « biologique, c'est-à-dire s'appliquant à tout ce qui vit ; elle régit « la vie sous toutes les formes, végétale, animale et humaine, « normale et morbide, physique et mentale. » Il n'en saurait être autrement, car, dans tout ce qui est organisé, la vie se prolonge et reste semblable à elle-même. Les animaux se transmettent héréditairement leurs qualités, leurs instincts particuliers : bon chien chasse de race. Les hommes transmettent pareillement à leurs enfants leur tempérament physique et leurs dispositions morales. « Bon sang ne peut mentir, » dit un vieil adage. L'éducation n'apporte à cette règle que de rares exceptions, car la vie des enfants est un épanchement de celle des parents ; c'est la même liqueur dans un autre vase. L'hérédité est l'axe qui porte l'ordre, hors duquel il n'y a qu'agitation ; elle est la protectrice des intérêts légitimes contre les appétits déréglés. Cette loi universelle des êtres particuliers se vérifie jusque dans le gouvernement des sociétés en ce qu'elles ont de plus élevé. « Quoi de « plus absurde en apparence, dit le comte Joseph de Maistre, « que l'hérédité de la couronne? Et cependant on n'a rien trouvé

« de mieux que cette institution pour garantir le bonheur des
« peuples. »

L'autorité émanant de l'hérédité inspire plus de respect que
celle qui est improvisée ; le droit venant de la naissance a pour
corrélatif des devoirs envers ceux qui sont moins favorisés de ce
côté, et l'aptitude aux emplois est aussi bien garantie que par
l'élection. Jadis, alors que les familles se consacraient de père en
fils, soit au service militaire, soit aux charges de la magistrature,
on préparait de longue main les enfants à la carrière qui leur
était destinée ; ils y arrivaient imbus des traditions du corps et
pénétrés de leurs devoirs. On tenait à prendre racine dans sa
province, à s'y créer par ses services et son dévoûment un patronage analogue à celui qu'avait eu le seigneur de fief au temps de
sa puissance, une clientèle à la place de vassaux et de sujets qui
depuis longtemps n'existaient plus que de nom. On achetait fort
cher une charge produisant de minces émoluments et qui entraînaît
dans des frais de représentation onéreux. On payait cette charge
en vue de la considération qui y était attachée, avec l'assurance de
la conserver toute sa vie et dans l'espoir fondé de la transmettre à
ses enfants.

Depuis que l'hérédité des charges a été abolie en France, les
familles n'ont plus de carrière assurée ; elles ont perdu le
principal moyen de maintenir leur considération, et le public,
tout en payant plus cher, n'en est pas mieux servi, car il ne faut
pas compter à l'avantage de la masse, qui ne peut prétendre aux
fonctions, ce qui n'a profité qu'à quelques-uns. M. Fustel de
Coulanges, un esprit très libéral assurément, remarque que
« l'hérédité des charges fut une des institutions qui contribuèrent
« le plus à la solidité de l'ancien régime ». Richelieu, dans son
Testament politique, avait déjà dit que « la suppression de
« l'hérédité des offices, loin d'ouvrir la porte à la vertu, ne
« l'ouvrirait qu'aux brigues en déchaînant les ambitions ».

Parmi ces offices, ceux des cours souveraines étaient des plus importants. Dans les pays d'États, comme la Bretagne, les sièges du Parlement étaient particulièrement recherchés par les premières familles de la province à cause de la puissance politique qu'ils conféraient. Ces cours, dont l'autorité était souveraine et la compétence à peu près illimitée, étaient qualifiées d'*Augustes sénats* et leurs membres de *Nosseigneurs*. M. de Tocqueville remarque que « Louis XV a autant ébranlé la monarchie et hâté la Révolution par « ses nouveautés que par ses vices. Lorsque le peuple vit, dit-il, « tomber et disparaître ce Parlement antique, presque contempo- « rain de la royauté, et qui avait paru jusque-là aussi inébranlable « qu'elle, il comprit vaguement qu'on approchait de ces temps où « tout devient possible, où il n'y a guère de choses si anciennes « qui soient respectables et de si nouvelles qu'elles ne se puissent « essayer. »

Les généalogies mensongères ont été si répandues, l'industrie des pépiniéristes de cabinet, qui élèvent des arbres généalogiques à prix débattu, est si florissante de nos jours, où liberté complète leur est laissée, qu'en présentant une œuvre véridique on ne saurait trop multiplier les preuves à l'appui de chaque énoncia-tion; il en faut à chaque pas. Nous sommes loin du temps où un Haudicquier de Blancourt était condamné aux galères pour avoir fabriqué de fausses généalogies.

Les textes ne doivent pas toujours être pris à la lettre ; il faut les commenter pour en tirer la juste valeur, car, tout en gardant les mêmes noms, les choses ont, dans leur réalité, éprouvé de grandes variations. C'est ainsi qu'il en a été des qualifications no-biliaires, comme de la puissance de l'argent; leur importance a toujours été en décroissant par suite de la multiplication du signe. La valeur d'un titre dépend de la position de celui qui le donne, même de la date et du lieu où il est donné. *Noble homme* a été longtemps l'équivalent d'écuyer et même de chevalier; Ménage remarque dans ses *Vitœ* que, dans un acte du 16 octobre 1542, il est dit que l'arrière-ban d'Anjou était conduit par *noble homme*

Jean de Villeneuve ; et que, dans un autre acte de 5 août 1570, ce même Jean de Villeneuve est qualifié *haut et puissant seigneur*. En général, plus les provinces étaient éloignées de la capitale et plus longtemps les qualifications y ont gardé leur valeur primitive. Celle de *noble homme* était toujours placée avant le nom de baptême. Dans l'ancien style de Bretagne, on en usait ainsi pour celle *d'écuyer*, et c'est encore ce qui se pratique en Angleterre et en Espagne pour le *sir* et le *don* qui y correspondent. En France, à la fin du siècle dernier, on donnait la qualification *de noble homme* à toute personne vivant noblement ; elle était même devenue exclusive de la qualité de gentilhomme.

L'amoindrissement de l'importance des charges administratives n'a pas été moins marqué que celui des qualifications personnelles ; l'établissement des intendants de provinces a paralysé leurs titulaires ; ces agents entreprenants du pouvoir central ont attiré à eux et à leurs subdélégués les attributions les plus importantes de ces offices ; c'est à grand'peine si les parlements ont pu résister à leurs empiètements. Depuis leur installation en Bretagne, à la fin du XVIIe siècle, les généraux des finances, les grands maîtres des eaux et forêts, grands veneurs, grands prévôts, etc., n'étaient plus que l'ombre de ce qu'ils avaient été antérieurement ; leurs charges n'étaient plus guère qu'honorifiques. La dignité de maréchal de France est peut-être la seule dont l'importance se soit accrue avec le temps.

Dans les très anciens actes, la comparution comme témoin avait une importance qu'elle a perdue depuis. A une époque où la loi civile était faible, on suppléait à sa faiblesse par le nombre et surtout par la qualité des témoins appelés ; les contractants comptaient sur leur appui, sur leur intervention en cas d'infidélité dans l'exécution. C'était leur manquer directement que de ne pas faire ce qui avait été convenu dans un pacte qu'ils avaient honoré de leur présence, dont ils s'étaient tacitement portés caution quand ils ne l'avaient pas déclaré formellement. Quand ces témoins n'étaient pas appelés pour leur valeur personnelle, ils l'étaient à cause de leur position auprès des contractants, comme leurs parents ou principaux officiers de leurs maisons ; jamais ils n'étaient, comme on le voit aujourd'hui, des hommes de paille.

Il ne faut pas attacher une grande importance à la manière dont les noms propres sont écrits dans ces anciens actes ; leur orthographe n'avait encore rien de fixe, et on les mutilait d'une étrange façon. Le nom du connétable Duguesclin, qui devait être l'un des mieux connus, est écrit indifféremment, dans les manuscrits de son temps, *Du Glesquin, Claikin, Gléaquin, Glayaquin,* etc. Ménage a même remarqué qu'on l'écrivait de quatorze façons différentes, et cela n'a rien d'étonnant quand on voit un auteur fécoud du milieu du XVIᵉ siècle, Pierre Boistuau, déclarer : « Quant à l'*orthographie*, je la laisse à la discrétion de l'impri- « meur, pour ce que je sçay qu'elle est aujourd'hui si variable « et incertaine qu'il y a presque autant d'orthographies que de « livres. » S'il en était ainsi des mots usuels, on comprend la liberté qu'on se donnait à l'égard des noms propres. C'est par les circonstances et par les possessions qu'on établit l'identité des personnes. C'est tout nouvellement qu'on s'est astreint à écrire les noms de famille d'une manière invariable.

Il n'y a pas lieu de se préoccuper davantage de l'absence, dans les actes antérieurs à la Révolution, de la particule *de ;* c'est de nos jours seulement, et l'on pourrait dire de la loi de 1858, qu'on lui a attribué une valeur qualificative qu'elle n'avait jamais eue. Placée naturellement devant les noms qui viennent d'un lieu, elle jure avec ceux qui ont une autre origine ; cependant sa présence était estimée faire un certain effet, car, par lettres de 1651, le roi permit à Louis Billars *d'orner* son nom de l'article *de.* On doit noter aussi qu'il a toujours été de bon ton de signer son nom *tout court,* sans addition de particule ni de titre ; il n'est pas décent de se proclamer soi-même, c'est l'affaire du notaire. Entre gentilshommes, on ne s'est jamais appelé que du nom de fief comme on le signait.

Jadis, la plupart des familles avaient des archives qui leur permettaient de justifier immédiatement de la qualité de leurs membres et de celle de leurs terres. Ces trésors ont été généralement détruits ou dispersés par la Révolution et aussi par l'indifférence des générations modernes. Les dépôts publics ont été dépouillés de ces pièces par la rage égalitaire empressée de détruire tout ce qui lui portait ombrage ; c'est ainsi qu'à Rennes, les minutes des arrêts rendus par les chambres spéciales établies pour la réformation de la noblesse de Bretagne et pour celle des juridictions féodales de la province ont été brûlées sur la place publique.

Par suite de ces destructions, la tâche du généalogiste moderne est devenue très laborieuse ; cependant les matériaux ne lui manquent pas absolument. A défaut des originaux, il retrouve encore des grosses, des expéditions, des copies certifiées, des mentions authentiques, des visas en justice. Armé de persévérance et guidé par son flair, il peut encore retrouver les documents nécessaires à son travail. Il dispose aussi des registres paroissiaux, dont la première tenue fut prescrite en 1539, par l'ordonnance de Villers-Cotterets, mais qui ne remontent pas généralement au delà de 1600, ce qui ne laisse pas de comprendre une période qui, deux fois séculaire, est d'une longueur déjà respectable. Ces registres font pleine foi pour les filiations, mais les anciens généalogistes récusaient leur autorité en matière de qualifications ; ils exigeaient, pour en justifier, des actes notariés, assujettis au contrôle, et principalement des partages avantageux où les intérêts des parties étaient en opposition.

L'intérêt d'une généalogie paraissant restreint à un petit cercle, on pourrait se demander si un manuscrit unique ne suffirait pas pour y satisfaire, tout au plus quelques copies en petit nombre ? La voie de l'impression, usitée pour répandre les connaissances générales dans le public, serait-elle celle à laquelle il conviendrait de recourir pour exposer une histoire domestique, pour raconter des faits de la vie privée ?

Si l'on réfléchit aux chances de destruction qui menacent un manuscrit unique, on reconnaît aussitôt la nécessité d'en multiplier les copies pour assurer la conservation des documents qu'il renferme ; or, le moyen le plus simple d'opérer cette multiplication est de le faire imprimer à un nombre raisonnable d'exemplaires. Ce nombre ne doit pas être borné à celui des intéressés directs actuels, parents ou alliés ; il doit encore pouvoir satisfaire au désir des curieux du sujet. Enfin, il faut considérer que la connaissance d'une famille répandue à l'extérieur est aujourd'hui la seule chose qui détermine son rang moral et sa valeur dans la société. La loi ne prononçant plus sur les distinctions de naissance, c'est l'opinion publique seule qui opère aujourd'hui le classement des races ; or, la publicité des généalogies est le seul moyen de la mettre à même de juger en connaissance de cause, surtout depuis que la dispersion des familles a rompu le fil des traditions locales.

La voie de l'impression adoptée, reste à choisir entre l'insertion du travail dans un recueil généalogique, ou bien d'en faire l'objet d'un ouvrage à part. Ce sont les recueils généraux qui procurent la plus grande publicité, mais ils ne peuvent accueillir que des articles sommaires, dénués de preuves justificatives, autrement ils deviendraient trop volumineux, d'un prix peu abordable et par conséquent d'un placement difficile. Ce qu'ils disent, il faut l'accepter sur la foi de l'auteur. Des recueils destinés à embrasser la généralité des familles nobles, les derniers *Registres* de d'Hozier, sont les seuls qui donnent des généalogies complètement satisfaisantes ; mais cette collection n'a pas été poussée bien loin et n'aurait guère pu l'être quand même la Révolution ne serait pas venue l'interrompre. En ce genre de publication, La Chesnaye des Bois semble avoir adopté la vraie mesure pratique dans son *Dictionnaire de la noblesse ;* ses articles suffisent à la généralité des lecteurs, mais ils ne répondent pas à tout ce que peuvent désirer les familles qu'ils concernent directement. Pour donner à celles-ci pleine satisfaction, il faut leur consacrer un livre à part, où l'auteur ait ses coudées franches pour entrer dans tous les détails qui peuvent les intéresser et pour présenter les pièces justificatives de son récit. C'est ainsi qu'on est amené à user concurremment des deux modes de publicité.

Sous l'ancien régime, la famille de Cornulier s'était contentée de la possession d'état bien établie dont elle jouissait dans sa province et dans les circonvoisines ; elle n'avait provoqué aucune insertion de sa généalogie dans les recueils qui se publiaient alors. Ce fut une faute, car ces recueils, antérieurs à 1789, ont acquis, par comparaison avec ceux qui ont paru depuis, une autorité qui, sans être complètement méritée, ne laisse pas que d'avoir une certaine valeur, l'audace des suppositions ayant toujours été en augmentant. La Chesnaye n'avait fait que citer, à son ordre alphabétique, le nom de la famille de Cornulier et donner ses armes. Son continuateur, Badier, jugeant que cette simple mention était insuffisante, avait préparé un article en la forme ordinaire pour être inséré dans l'un de ses suppléments, lorsque la Révolution vint interrompre son travail. Ce manque d'emploi est peu regrettable, car l'article de Badier, écrit sans le concours de la famille, renfermait des erreurs et était loin d'être complet ; les deux grandes branches de *la Caraterie* et de *Lucinière* y étaient totalement omises ; elles n'étaient pas même indiquées.

Tel était l'état des choses lorsque nous avons entrepris d'écrire l'histoire de la maison de Cornulier. Nos recherches à cet effet ont commencé dès 1825 ; mais ce travail a été forcément interrompu bien des fois et durant de longs intervalles, en sorte que c'est seulement au bout d'une vingtaine d'années que nous sommes arrivés à posséder une généalogie présentable. En 1847, nous avons fait insérer une filiation complète, depuis l'époque où elle a été juridiquement prouvée, dans le recueil publié par le savant et véridique Laîné, tome xi des *Archives de la noblesse de France*. A cet article de 44 pages, le seul qui pouvait trouver place dans les *Archives,* nous avons joint, sous le nom de *Preuves,* 179 pages d'analyses d'actes, de dissertations et autres documents complémentaires.

Plus tard, en 1860 et 1863, de nouveaux documents nous ont permis d'ajouter à ces preuves deux *suppléments:* le premier de 335 pages et le second de 132 pages, plus une table alphabétique des noms de personnes et de lieux de 31 pages pour faciliter les recherches, et de donner, cette même année 1863, une nouvelle édition de la généalogie en 176 pages grand in-8°, avec illustrations telles que vues de châteaux et arbre généalogique.

Enfin, de nouvelles recherches nous ont fourni la matière de deux *compléments* imprimés en 1881 et 1884, ensemble de 208 pages grand in-8°, ce qui nous a permis de donner cette troisième édition de la généalogie en 1884.

Ce travail a été, comme on voit, poursuivi avec persévérance ; il l'a été avec amour, mais aussi avec non moins de véracité ; ce n'est pas une raison pour le dire définitivement clos et terminé. En pareille matière, il y a toujours à glaner, témoin les deux fascicules ajoutés en 1886 et 1888.

GÉNÉALOGIE DE CORNULIER

ÉDITION DE 1884

ET AUX PIÈCES JUSTIFICATIVES PRÉCÉDEMMENT IMPRIMÉES

Page 14.

Du 26 octobre 1475, au rapport de Doumaigné et de la Chesnais, passes, aveu rendu au comte de Laval pour le lieu noble de la Croix, ses appartenances et dépendances, par Amory *de Cornillé*, et noble demoiselle Isabeau de la Touschardière, sa femme.

Nota. — Isabeau de la Touschardière figurant personnellement dans cet aveu, c'est d'elle que devait venir le domaine de la Croix.

(Communiqué par M. Frain de la Gaulairie.)

Page 18.

Du 10 août 1546, au rapport de Dourdain et Lévêque, notaires, aveu rendu par noble écuyer Briand de Cornillé, seigneur de la Bichetière, de la Motte et du Plessix de Torcé, et damoiselle Geffeline de Champagné, sa mère, dame de la Croix ; lesquels confessent être hommes et sujets de Monseigneur le comte de Laval ; de lui tenir prochement et noblement à foi, sans rachat, les manoirs, métairies, moulins, savoir : la Croix, la Bichetière, etc. Signé : Briand de Cornillé.

(Communiqué par M. Frain de la Gaulairie, sur une copie de l'original existant au château de Vitré, délivrée le 30 avril 1712, par Jean Frain, sr. de la Motte, fiscal du siège de Vitré, à N. H. Luc Seré du Mesnil, alors propriétaire de la métairie de la Croix.)

Nota. — Par acte du 12 mai 1638, écuyer Rolland de la Tullaye, et

Denise de Lesnée, sa femme, vendirent le domaine et manoir de la Croix à
N. H. Mathurin Geffrard, s^r de la Billonière, depuis maître des comptes de
Bretagne. Des Geffrard, la Croix passa aux Georget, qui la vendirent aux Séré,
d'où elle passa, par alliance, aux Hardy de Beauvais, et de ceux-ci, par le
même moyen, aux Rolland de Rengervé, qui la possèdent actuellement.

Page 28.

Deux autres opinions, en outre de celle que nous venons de rapporter, la
seule qui se soutienne bien et soit conforme à la tradition conservée dans la
famille, ont été émises sur l'origine de Guillaume Ier DE CORNILLÉ ou
DE CORNULIER ; elles sont rappelées dans une note assez informe provenant du
cabinet généalogique de Chevillard, mais qui paraît être de la main de Pierre
d'Hozier.

L'une de ces versions le fait descendre de la maison *de la Cornillière*, en
Bretagne, l'autre des *Le Cornu*, du Maine. Ni l'une ni l'autre ne reposent sur
aucun titre ou autorité reconnue, et n'ont même pour elles la simple vraisem-
blance. Mais, ce qui est plus digne d'attention, toutes les deux s'accordent à
dire que ce Guillaume épousa, en premières noces, Marie, fille de Georges
de la Haye et de demoiselle Forestier ; duquel mariage sortit entre autres un
fils nommé Alain.

A l'appui de cette dernière assertion, on lit dans les anciennes réformations
de la paroisse de Landehen, évêché de Saint-Brieuc, en 1444 : « Alain *Cornillé*,
« noble ; » et, en 1476, « Jeanne *Cornillé*, fille de feu Bertrand *Cornillé*, fils
« d'Alain *Cornillé*, lesquels ont servi aux armes. » En la personne de cette
Jeanne paraît s'arrêter la descendance d'Alain.

C'est en suivant cette fausse piste que l'auteur de la note mentionnée ci-
dessus s'est égaré quand il a essayé de rattacher à cet Alain les *Cornulier* des
temps modernes.

Page 30.

La *Janneuse*, dite aussi la *Jarneuse* et la *Jaunouse*, n'est plus qu'un
petit village, situé à 500 mètres du bourg de Mecé, dont le territoire est
divisé entre plusieurs particuliers ; la plus grande partie appartient à
Mlle Frain de la Gaulairie. On n'y voit aucun vestige de constructions
anciennes, et rien ne les rappelle dans le souvenir des habitants du pays,
ce qui n'est pas étonnant, puisque, dès 1433, cette terre n'était déjà plus
habitée par ses propriétaires.

Page 31.

Guillaume II de Cornillé eut encore pour fils :
Yves DE CORNILLÉ, homme d'armes des ordonnances du roi, qui figure
en cette qualité dans une montre passée à Roby le 27 mai 1501. Ladite
montre en original sur parchemin à la Bibliothèque nationale, *Manuscrits français*, coté 25,783, n° 29.

(Communiqué par le vicomte Oscar de Poli.)

Page 39.

Ligne 1re, lire DES VAULX, au lieu de DE VAULX.

Page 44.

Pierre de Cornulier ne pensait pas déroger en acceptant
la mairie de Nantes ; il partageait à l'égard de ces fonctions l'opinion de l'illustre maréchal Blaise de Montluc, son
contemporain, qui dit au chapitre Ier de ses *Commentaires :*
« Ha ! noblesse, tu t'es fait tort et dommage de dédaigner
« les charges des villes ; car refusant ces charges ou les
« laissant prendre par les bourgeois citadins, ceux-ci s'em-
« parent de l'autorité ; et, quand nous arrivons, il faut les
« bonneter ou leur faire la cour : ça été un mauvais avis à
« ceux qui en sont premièrement cause. » Les évêques,
estimant aussi que l'impulsion part des villes pour agir sur
les campagnes, ont toujours préféré le titre de leur siège
épiscopal à celui du territoire de leur juridiction, c'est-à-
dire le gouvernement de la tête à celui du corps.

Du 7 novembre 1586, au rapport de Jean Blouyn et Thomas Lemoynne,
notaires royaux en la sénéchaussée de Nantes, contrat d'acquet sur les fouages,

passé entre nobles gens Pierre Cornulier, sieur de la Touche, et François Myron, sieur de Villeneuve, conseillers du roi, trésoriers de France et généraux de ses finances en Bretagne, procureurs spéciaux commis et députés par ledit seigneur roi par ses lettres-patentes données à Paris, le 21 juillet 1586, signées : HENRY, et plus bas, PINARD, et scellées du grand sceau, demeurant en cette ville de Nantes, d'une part; et Mᵉ Pierre Le Goaesbe, avocat, demeurant à Ploërmel, d'autre part.

Lesquels sieurs commissaires, pour et au nom dudit seigneur roi, ont, selon ses vouloir et intention déclarés par autres lettres-patentes en forme d'édit du mois de décembre 1585, publiées et registrées en la cour de parlement et chambre des comptes de ce pays les 30 avril et 12 août suivants, vendu, cédé et constitué audit Goaesbe la somme de huit écus un tiers de rente annuelle et perpétuelle sur les fouages de l'évêché de Saint-Malo, pour en être payé à l'avenir chacun an par le receveur des fouages en la ville de Ploërmel sur sa simple quittance ou de ceux de lui ayant cause.

Et a été ladite constitution faite par lesdits sieurs commissaires, à la raison du denier douze, pour le prix et somme de cent écus, laquelle ledit Goaesbe a payée comptant, suivant leur ordonnance, à Mᵉ Pierre Morin, aussi conseiller dudit seigneur roi, trésorier et receveur général de ses finances étant l'an présent en charge, ainsi que ledit Goaesbe nous a apparu par la quittance signée dudit Morin...

Ladite rente constituée à réméré perpétuel, ledit seigneur roi ou ses successeurs pouvant toujours, quand il leur plaira, la racheter en remboursant en un seul paiement ladite somme de cent écus avec les loyaux coûts et mises...

Signé : Cornulier, Myron, Blouyn et Lemoinne.

Pour la vacation et expédition du présent contrat et minute, un écu deux tiers payés par l'acquéreur.

(*Communiqué par M. de Lisle du Dreneuc.*)

« Le 30ᵉ jour de mars 1588, fut inhumé en l'église de Sainte-Radegonde Pierre Cornulier, sieur de la Tousche, général du roy en Bretaigne. Procession. » (*Extrait des registres de sépultures de la paroisse de Saint-Nicolas de Nantes.*)

Pierre de Cornulier laissa sa veuve dans une brillante position de fortune, s'il faut en croire un document venu dix ans plus tard. Henri IV allait venir visiter sa bonne ville de Nantes, et la municipalité, dont les finances étaient épuisées, vota le 23 mars 1598 un emprunt forcé de dix-sept mille écus sol, à prélever sur les habitants les plus aisés, pour subvenir aux frais de la réception du roi. La répartition de cette somme fut faite par des commissaires spéciaux, et la personne taxée le plus haut, à deux cents écus, fut Mlle de la Touche-Cornulier, demeurant sur la paroisse de Sainte-Radegonde. Les taxations les plus élevées après la sienne, au nombre de trois seulement, s'élèvent à cent-cinquante écus ; les autres varient entre vingt-cinq et cent écus.

Page 48.

C'est à tort qu'il est dit que Pierre de Cornulier fut reçu *conseiller clerc* le 17 septembre 1597 ; il faut dire simplement conseiller. M. Carré remarque dans *Le parlement de Bretagne après la Ligue* que, d'après sa constitution, en 1554, et à la différence de beaucoup d'autres cours, il n'y avait pas au parlement de Bretagne d'offices réservés aux clercs ; tous étaient laïques ; le roi avait même refusé aux États, en 1576, d'en créer qui appartinssent aux ordres sacrés. Mais ces charges laïques pouvaient être possédées accidentellement par des clercs, et tel était le cas particulier de Pierre de Cornulier. (M. CARRÉ : *Le parlement de Bretagne après la Ligue.*)

Page 50.

Pierre de Cornulier fut un prélat essentiellement réformateur ; aussi son épiscopat fut-il une lutte continuelle. Le 30 décembre 1628, il adresse à tout le personnel de son église cathédrale un mandement (en latin) par lequel il lui signifie qu'il en commencera la visite le lundi 15 janvier suivant, à une heure de l'après-midi, déclarant suspendus de leurs ordres et de leurs fonctions tous ceux qui ne s'y présenteront pas. Ladite visite devant porter sur l'état matériel des fonds baptismaux, des autels, des reliques, des ornements et des maisons prébendiales ; sur la comptabilité du chapitre et de la fabrique ; sur l'observation des statuts, tant anciens que modernes, et enfin sur l'examen des vie et mœurs de chacun des ecclésiastiques attachés au service de ladite église, qui, comme primatiale, doit donner l'exemple de la régularité à toutes les autres églises du diocèse ; ce que faisant il remplit un devoir de sa charge et un acquit de sa conscience.

Cette ordonnance parut injurieuse au chapitre, attentatoire à son honneur, non faite en esprit de charité chrétienne et de bienveillance paternelle ; en conséquence, la veille de sa mise à exécution, il fit signifier à l'évêque, par un huissier de la table de marbre, son appel comme d'abus au Parlement. Sans tenir compte de cette opposition, à la tête de laquelle étaient le trésorier, le chantre et l'archidiacre du Désert, l'évêque résolut de passer outre.

Du 15 janvier 1629, procès-verbal du commencement de visite de l'église cathédrale de Saint-Pierre de Rennes, qui relate d'abord comment les chanoines avaient fermé les portes et s'étaient emparés des clefs de l'église ; de celles du clocher, où ils avaient retroussé les cordes des cloches ; de celles du chœur, dont ils avaient tiré le rideau ; et, enfin, de celles de la sacristie et du chapitre, où ils s'étaient retranchés. Si bien que, quand les domestiques de l'évêque, chargés d'apporter ses ornements pontificaux, entrèrent dans la nef par la porte particulière qui donne dans l'évêché, ils furent obligés de les déposer à la porte du chœur, sous les risées et les quolibets des chanoines, qui les regardaient faire par une fenêtre haute de la trésorerie qui donne dans la nef.

En vain l'évêque envoya-t-il son greffier sommer les récalcitrants de venir le recevoir ; le trésorier et l'archidiacre du Désert lui firent répondre par un jeune garçon qu'ils étaient là en compagnie et ne pouvaient venir l'entendre.

L'évêque, ne pouvant faire son entrée par la grande porte, qui était barrée, et se voyant refuser les honneurs et solennités requis en pareil cas, dais, croix, etc., et voulant éviter un éclat public, pénétra dans la nef par sa porte privée, assisté de Jacques de Saint-Pern, son promoteur, de son greffier, de deux notaires royaux appelés pour constater l'état des choses, de quelques chanoines qui avaient refusé de prendre part à la rébellion, et de divers ecclésiastiques étrangers à la cathédrale, qui s'étaient rencontrés à l'évêché. Il se mit en devoir de procéder à la visite de la seule partie de l'église où il avait accès.

Là il constate que la nef est sale, mal pavée, mal vitrée, dépourvue d'ornements, et même découverte en quelques endroits ; que, dans cette partie inférieure de l'église, il y avait autrefois de nombreux autels dont on voit encore les vestiges, mais que tous, à l'exception de celui de Saint-Sébastien, ont été démolis par ordre du chapitre depuis une douzaine d'années ; que ces autels étaient ornés de belles colonnes à chapiteaux, de riches boiseries et de tableaux qui ont disparu ; qu'à chacun de ces autels se desservaient des fondations particulières, qui, aujourd'hui, sont négligées ou complètement abandonnées.

La tâche de l'évêque étant accomplie dans les limites du possible, puisqu'il ne pouvait pénétrer ailleurs ni interroger les chanoines ; il allait se retirer lorsque son promoteur lui représenta qu'il avait bien des abus et des dérèglements à lui signaler, et sur lesquels il appelait son attention.

Les reliquaires d'argent et les pierreries qui les décoraient avaient, pour la plupart, été vendus par le chapitre, et les reliques jetées pêle-mêle dans un vieux bahut.

Les fondations anciennes et importantes, notamment celle faite par la reine Anne, n'étaient plus desservies du tout ou ne l'étaient que très imparfaitement ; il en était de même des anniversaires. Le chapitre avait affecté les rentes qui leur étaient consacrées à doter l'office de Prime, auquel il n'assistait pas.

La tenue des chanoines, au chœur, était indécente, leur chant ridiculement précipité, leurs sorties continuelles ; ils désertaient les offices ordinaires pour courir aux obits et enterremeuts, où leur présence était mieux rétribuée, et effaçaient leurs noms du livre de chœur quand ils y avaient été portés comme absents.

Ils avaient confondu les recettes de la fabrique avec celles de la mense capitulaire, les appliquaient aux maisons prébendiales ; de là provenait le défaut d'entretien de l'église.

Il se tenait des chapitres clandestins où l'on n'appelait que ceux qu'on savait devoir opiner dans le sens qu'on désirait.

Les chanoines se permettaient, sans l'autorisation épiscopale, d'aliéner le temporel de l'église et disposaient, à leur gré, du produit de ces aliénations. Ils avaient dispersé la belle et ancienne bibliothèque du chapitre.

Enfin, ils s'étaient permis d'enlever du maître autel les armes de la maison de Bourbon, ce dont il y avait lieu d'aviser le procureur général du roi.

Le promoteur ajoutait qu'il n'était pas moins urgent de visiter les maisons particulières des dignitaires du chapitre, où il y avait d'anciennes chapelles qui avaient été consacrées à des usages domestiques ;

où l'on trouverait des locataires qui n'étaient pas de la qualité requise, même des personnes de mauvaise vie. Mais, disait-il, si l'on a éprouvé, dans l'église même, une résistance telle que nous la voyons, il faut s'attendre à en rencontrer une autrement vive dans ces maisons ; c'est pourquoi il convient d'ajourner cette visite à des temps plus calmes ou bien d'appeler l'assistance du bras séculier si l'on veut y procéder immédiatement.

La temporisation et la violence répugnant également à l'évêque, il adopta la voie judiciaire, mais non celle du Parlement, avec lequel il avait déjà des difficultés et dont le formalisme entraînait de grandes longueurs. Se basant sur l'article 11 de l'ordonnance d'Orléans, qui attribuait au conseil privé, pour y être jugés sommairement, la connaissance de ces sortes de conflits, il présenta le 19 avril sa requête à cette juridiction, demandant que son affaire y fût évoquée, et le parlement de Rennes dessaisi de l'appel comme d'abus interjeté par les chanoines.

Sur quoi il obtint, le 20 décembre 1629, un arrêt de ce conseil ordonnant qu'il serait passé outre à la visite de l'évêque, que ses ordonnances seraient exécutées nonobstant oppositions et appellations quelconques et condamnant le chapitre aux dépens.

(Pièces communiquées par le baron de Saint-Pern,
sous-directeur du haras de Pin.)

Dans une circonstance analogue, en 1690, Bossuet se montra moins réservé que ne l'avait été Pierre de Cornulier ; les religieuses de Jouarre ayant refusé de lui ouvrir pour sa visite pastorale, il fit forcer les portes de leur monastère et y entra malgré elles. Elles se prétendaient exemptes de la juridiction de l'ordinaire ; les chanoines de la cathédrale de Rennes ne pouvaient invoquer un pareil privilège vis-à-vis de leur évêque.

Page 52.

Extrait des registres de la paroisse de Saint-Sulpice-la-Forêt,
évêché de Rennes.

L'illustrissime et révérendissime Pierre Cornulier, par permission divine et du Saint-Siège apostolique évêque de Rennes, décéda à sa maison des Croix-lès-Rennes, le jour de la Madeleine, 22 juillet, vers les onze heures du matin, et son corps fut transporté en son palais à Rennes, le jour suivant, sur le soir. Le vingt-septième jour dudit mois, son corps fut solennellement porté dans l'église cathédrale de Saint-Pierre, où ses obsèques furent faites par

Monseigneur l'évêque de Dol, avec la plupart du clergé, tant de Rennes que des paroisses de son évêché, le 27ᵉ jour du mois de juillet l'an 1639. Signé : Jahin, recteur.

Page 53.

Jacques de Launay, seigʳ de Saint-Germain, normand d'origine suivant les mémoires du temps, avait été reçu conseiller au Parlement de Bretagne en 1577. Lors de la Ligue, il embrassa avec fougue le parti du duc de Mercœur, qui le pourvut d'une charge de président à mortier au parlement de la Sainte-Union qu'il établit à Nantes. Lors de l'édit d'amnistie rendu par Henri IV, en 1598, il rentra au parlement de Rennes avec son office, mais ne dut prendre rang de président qu'à dater de 1598 seulement.

Extrait des registres secrets du parlement de Bretagne.

Le 23 février 1604, la chambre du conseil est avertie que les parents de défunt Jacques de Launay sont au parquet des huissiers et désirent entrer. Ils sont introduits et annoncent aux chambres assemblées que la cérémonie funèbre aura lieu le lendemain à dix heures du matin dans l'église Saint-François ; ils les supplient de vouloir bien y honorer de leur présence la mémoire du défunt. Le président Fouquet, prenant alors la parole au nom de la Compagnie, remercie la famille de Jacques de Launay et déclare que la cour se rendra à l'église Saint-François.

Le 10 février 1641, décès de Guillaume de la Noue, seigneur du Plessis de Vair, conseiller au parlement de Bretagne, époux d'Anne Cornulier. (*Registres de la paroisse d'Anetz.*)

Page 54.

Extrait des registres des baptêmes de la paroisse de Saint-Germain de Rennes.

Le 25 octobre 1599, fut baptisée Marie, fille de nobles gens Raoul Martin, sieur de la Gastière, conseiller du roi, son alloué général, civil et criminel de Rennes, et Julienne Forgeays. Parrain : noble homme Claude *Cornillé*, seigneur de la Touche, la Haye, trésorier général de France en Bretagne. Marraines : dame Marie *Cornillé*, femme et compaigne de messire Jacques de Launay, conseiller du roi en ses conseils d'État et privé, et président en son parlement de Bretagne, et damoiselle Choart, dame de Bourgneuf.

Signé : *Cornulier*, Marie *Cornulier*, Perrine *Chouart*.

Page **58.**

En 1603 une profonde division régnait au Parlement de Bretagne entre les conseillers originaires et les conseillers dits français. L'animosité se réveilla à propos de Jean-Jacques Le Febvre, angevin de naissance, qui venait d'y être pourvu de l'office du procureur général. Sa réception rencontra une vive opposition dans cette compagnie ; M. H. Carré, maître de conférences à la Faculté des lettres de Rennes, en a raconté les péripéties dans une brochure qu'il a publiée, en 1886, sous ce titre : *Réception d'un procureur général au Parlement de Bretagne en 1603*. Nous lui empruntons les détails qui suivent, puisés dans les registres secrets de la Cour.

Parmi les Bretons les plus décidés à écarter l'étranger et l'ancien ligueur, s'était fait remarquer le conseiller Pierre de Cornulier ; aussi à peine le procureur général Le Febvre fut-il installé qu'il s'empressa d'attaquer cette puissante famille, un des plus solides appuis du parti des originaires et qui tenait à coup sûr une très grande place dans la province. Ses membres, disait-il, se faisaient décerner des commissions royales pour rechercher les usurpateurs du domaine ou des finances coupables de malversations sans daigner, contrairement aux ordonnances, présenter leurs commissions à l'enregistrement de la Cour, qui seule avait le pouvoir de les homologuer.

Claude de Cornulier, assisté du bailli de Léon, s'était mis à poursuivre tous ceux qui détenaient quelque partie du domaine, les contraignant à montrer leurs titres sous prétexte qu'il était commissaire du roi à cet effet. Les habitants de Lesneven et de Saint-Renan avaient protesté contre cette exigence. Le 14 mai 1604, le procureur général dénonça au Parlement Claude de Cornulier comme ayant sciemment méconnu l'autorité de la Cour. Il requit que ce commissaire fût ajourné à comparoir en personne à sa barre et qu'on procédât contre lui. En cas de récidive, il demandait qu'il fût condamné à la prison et à une amende de mille écus.

La Cour ne pouvait que rendre un arrêt conforme aux réquisitions d'un procureur qui défendait si bien les prérogatives de la compagnie ; elle ordonna donc à Claude de Cornulier de présenter sa commission.

En même temps que son frère, le général des finances poursuivait les usurpateurs du domaine, le conseiller Pierre de Cornulier recherchait les malversations commises du temps de la Ligue sans avoir non plus déposé sur le bureau de la Cour la pièce qui l'instituait commissaire à cet effet. C'était, disait le procureur général, un conseiller à la Cour donnant l'exemple de la violation des ordonnances. Il était plus coupable encore qu'un général des finances, qui, à la rigueur, pouvait prétendre ne relever que du roi. Peut-être les Cornulier se faisaient-ils un jeu de prendre des commissions pour ne pas les présenter à la Cour et user peu à peu l'autorité du procureur général.

Enfin, leur troisième frère, Jean de Cornulier, poursuivait de son côté, en dehors de l'autorité de la Cour, les empiètements en matière d'eaux et forêts sous couleur de son titre de grand maître enquêteur et général réformateur en cette partie.

Il n'est pas douteux, dit M. Carré, que la Cour ait donné gain de cause au procureur général qui servait si bien ses prétentions à une époque où les attributions étaient mal déterminées, mais ses arrêts ne furent suivis d'aucun effet. Les Cornulier en appelèrent au Conseil d'État, qui, par arrêt du 7 août 1604, autorisa ceux qui étaient pourvus de commissions particulières à en continuer l'exercice comme par le passé.

Cependant le procureur général Le Febvre dissimulait cet arrêt mortifiant qui anéantissait les poursuites qu'il avait entamées contre ses antagonistes ; mais, pour en assurer la publicité, Pierre de Cornulier la lui fit notifier au mois de septembre suivant par un nommé Derguy, sergent des eaux et forêts, homme dépendant de son frère le grand maître.

Ce Derguy, disait le procureur général, avait eu l'audace de remettre à l'un des huissiers de la Cour un commandement plein d'irrévérences et de mépris pour son autorité. La Cour l'avait menacé pour ce fait de le priver de son état ; mais quinze jours plus tard il était tombé, en pleine rue, en plus grande irrévérence encore directement envers lui, sous prétexte de lui intimer un arrêt du Conseil sur la commission du général de Cornulier. Cette fois encore, la Cour n'avait pas montré plus de sévérité à son endroit ; elle s'était contentée d'une nouvelle menace. Sur quoi il avait fait saisir l'insolent.

A cette occasion, des accusations graves furent portées contre le procureur général par le parti des Cornulier ; il lui reprochait d'avoir déchiré avec mépris un arrêt du Conseil du roi qui lui était signifié, de s'être emporté en exécrables blasphèmes contre le malheureux Derguy, de l'avoir roué de coups et fait jeter tout sanglant et les fers aux pieds dans un cul de basse fosse. L'animosité étant extrême ; on imputait encore au procureur général d'être resté en relations avec les Espagnols et de s'être rendu coupable de concussions et de malversations.

De là un procès criminel intenté à ce magistrat par Jean d'Espinay, seigneur de Cleuhunaut, qui ne paraît avoir agi en cette circonstance qu'à l'instigation des trois frères de Cornulier, contre lesquels le procureur général avait présenté à la Cour, en 1606, une requête attentatoire à leur honneur et à celui de leur famille. Dans cette affaire, les conseillers Bernardin d'Espinose et Maurice Boislève se récusèrent comme parents du grand maître des eaux et forêts, Jean de Cornulier ; mais, au dire de Gilles du Lys, garde des sceaux de la chancellerie du Parlement, le conseiller Guillaume de La Noue était un des plus animés contre le procureur général. Néanmoins les poursuites commencées contre lui ne furent pas continuées, et l'apaisement se fit à la fin de 1606.

Le général des finances, Claude de Cornulier, était encore en différend avec la Cour de Parlement au sujet du paiement de ses gages. Les magistrats de chaque semestre prétendaient être payés intégralement de leurs gages après trois mois de séance, tandis que le général des finances soutenait qu'ils ne leur étaient acquis qu'après les six mois d'exercice, c'est-à-dire pour le temps durant lequel ils avaient servi, et non trois mois à l'avance.

Page 63.

On lit dans *La Vie de Madame du Houx, surnommée l'épouse de la Croix*, in-12, Paris, François Babuty, 1713, p. 133 : « La mère « Marie-Thérèse de Cornulier a fait un très bel abrégé de sa vie (de « Mme du Houx), où elle l'a peinte avec de si vives couleurs qu'on ne « peut lire cet ouvrage sans admiration. »

Cette vie, publiée en 1713, ne porte pas de nom d'auteur ; mais, d'après l'épître dédicatoire, elle est l'œuvre des religieuses du second monastère de la Visitation de Rennes, dit du Colombier.

Page 79.

Renée Hay, veuve de Claude de Cornulier, fit à Nantes un testament olographe ; commencé le 4 juillet 1714, il est clos le 18 mars 1717. Il débute ainsi :

« Étant âgée de soixante et onze ans, me trouvant fort infirme et « attaquée de plusieurs maladies, j'ai pensé à donner ordre à ce que je « veux qui soit exécuté après ma mort.

« Je veux et ordonne que mon corps soit inhumé dans la chapelle des
« Filles Pénitentes de Nantes, auxquelles je donne mille livres pour les
« frais de mon enterrement, convoi et service. Si je meurs dans l'évêché
« de Rennes, mon corps sera mis aux Minimes de cette ville, dans
« l'enfeu de MM. de Cornulier. On donnera aux religieuses trois cents
« livres pour les frais de mon enterrement et service, et sept cents
« livres aux Filles-Pénitentes de Nantes. »

Elle ordonne qu'il soit dit, pour le repos de son âme et de celle de
son défunt mari, seize cents messes qu'elle répartit entre les différents
couvents de Nantes et de Rennes, et pour l'acquit desquelles elle assigne
une somme de huit cents livres.

Elle lègue aux pauvres la somme de mille livres, qu'elle répartit
pareillement entre diverses paroisses.

Elle veut qu'il soit payé à ses domestiques l'année courante de leurs
gages, qu'elle soit échue ou non au jour de son décès, et alloue à
plusieurs d'entre eux diverses gratifications personnelles.

Enfin, elle recommande instamment à son beau-fils, le président
Toussaint de Cornulier, de ne pas tarder à réaliser les fondations que
son défunt mari avait projetées pour les chapelles de Vair et de
La Haye ; savoir, pour celle de Vair, 250 livres de rente sur les prés
de l'officière, en Saint-Julien ; et pour la chapelle de La Haye, 86 livres
de rente sur le bordage du Landereau, aussi en Saint-Julien de
Concelles.

Le 21 juin 1671, bénédiction d'une cloche, pesant 315 livres, en l'église
d'Anetz, nommée *Claude-Renée*, par Claude Cornulier, seigneur de Vair, et
son épouse (*Registres de la paroisse d'Anetz*).

1698. — En cette présente année a été rebâtie l'église de Saint-Herblon
par les soins de messire Claude de Cornulier, président au Parlement de
Bretagne et seigneur de ladite paroisse, et la messe y fut dite le 24 décembre, veille de Noël, 1698. (*Registre de la paroisse de la Rouxière.*)

Page **83.**

Le 6 juillet 1699, bénédiction d'une petite cloche donnée par le président
de Cornulier, lequel a été parrain avec la présidente, son épouse. Ils la
nommèrent *Claude-Renée*. Le 29 octobre 1699 fut posée, au pilier du côté
du nord, la première pierre pour le clocher, par le président de Cornulier.
(*Registre de la paroisse de Saint-Herblon.*)

Page 85.

Le 29 octobre 1718, bénédiction d'une des cloches de la paroisse d'Anetz, qui fut nommée *Toussainte-Anne*, par Toussaint de Cornulier, chevalier, comte de Vair, marquis de Châteaufromont, et par Marie-Anne de la Tronchais, épouse de Charles-René de Cornulier, comte de Largouet. (*Registre de la paroisse d'Anetz.*)

Page 86.

Donation d'une rente de cent livres par Françoise de Boislève, dame de Landemont, veuve de François de la Bourdonnais, seigneur de Liré et de la Turmelière, puis épouse de Toussaint de Cornulier, marquis de Châteaufremont, pour deux pauvres, l'un de Drain, l'autre de Landemont, qui auront chacun un lit. (*Archives de l'hôpital d'Ancenis.*)

Page 91.

Le 13 septembre 1733, fut publiée au prône de la grand'messe l'installation des Sœurs établies en cette paroisse et fondées par Charles de Cornulier, président au Parlement, et par Marie-Anne de la Tronchais, son épouse, pour avoir soin des pauvres malades et enseigner gratuitement les filles des paroisses de Saint-Herblon, d'Anetz et de la Rouxière. (*Registre de Saint-Herblon.*)

Extrait des registres secrets du Parlement de Bretagne.

Du jeudi 10 avril 1738, les chambres assemblées à l'extraordinaire.

Ce jour, la Cour, avertie que les parents et amis de feu messire Charles-René de Cornulier, président de la Cour, étaient au parquet des huissiers et désiraient l'entrée en ladite cour ; icelle leur ayant été permise, Messire Christophe-Paul de Robien, président, qui les présentait, a dit que messire Charles-René de Cornulier, étant décédé en cette ville, sesdits parents et amis avaient délibéré, suivant sa volonté, de faire ce jour ses obsèques et funérailles dans la chapelle des Pères Minimes de cette ville aux dix heures et demie du matin ; pourquoi ils supplient la Cour d'honorer la mémoire du défunt de son assistance auxdites obsèques. Sur quoi leur a été dit par messire Antoine-Armand de La Briffe, premier président, que la Cour se trouverait en corps aux obsèques et honorerait de sa présence le convoi et funérailles dudit défunt ; ce qui a été fait.

(*Communiqué par M. Saulnier, conseiller à la Cour d'Appel de Rennes.*)

Page **92.**

M. Arthur de la Borderie a consacré un chapitre de son livre : *Galerie bretonnne historique et littéraire*, à la vie et aux œuvres du comte de la Touraille, premier gentilhomme du dernier prince de Condé, dont le nom patronymique était Lambert. M. de la Touraille raconte d'une manière très plaisante, dans ses mémoires, comment, étant encore tout jeune, à sa sortie du collège, et connu sous le nom du Bois-du-Loup, il fut envoyé, eu 1735, par ses parents, qui habitaient la paroisse d'Augan, près de Ploërmel, remercier d'un service qu'elle leur avait rendu une très aimable présidente qui habitait le château voisin de Lézonnet.

« Cette présidente, dit-il, était très riche et tenait un grand état de
« maison ; chez elle s'étalaient tous les raffinements du luxe alors connu
« en Bretagne ; et, en ce moment, elle avait grande affluence de monde
« à raison de la présence de l'évêque de Saint-Mâlo.

« En entrant dans les avenues du château, j'éprouvai quelque inquié-
« tude ; j'allais voir une grande dame que je ne connaissais point et me
« trouver dans une nombreuse compagnie que je ne connaissais pas
« davantage ; j'arrivai dans la cour du château ; j'entrai dans une vaste
« et superbe pièce qui était la salle à manger, où il y avait un couvert
« mis pour plus de trente personnes. »

· Après plusieurs méprises commises à la recherche de la maîtresse de la maison, il continue : « Enfin, à mon grand étonnement, je vois appa-
« raître une petite femme. — Je me figurais qu'une telle dame devait
« être aussi éminente en taille qu'en dignité. — Je lui fis ma révérence
« et entamai en balbutiant le discours que j'avais préparé. — Laissons
« là les compliments, monsieur, répondit la présidente, pour me tirer
« d'embarras, les petites choses n'en valent pas les frais. »

Sur quoi on se mit à table, où l'on s'amusa beaucoup de la gaucherie et des naïvetés du jeune du Bois-du-Loup, qu'on finit par griser avec du champagne. Mais, après le dîner, la présidente le fit asseoir à côté d'elle pour le soustraire aux railleries.

Quelle était cette aimable présidente que le jeune du Bois-du-Loup ne nomme pas et comparait dans son compliment à la reine des cieux ? M. de la Borderie croyait que c'était une Leprestre de Châteaugiron, mais M. Robert Oheix a fort bien établi, dans *Bretagne et Bretons*, qu'il s'agit de la présidente de Cornulier, née de la Tronchaye.

« C'était, dit M. Oheix, une femme modeste et charmante, et, à en

« juger par sa correspondance, une femme de tête, de sens, de cœur,
« originale parfois, pieuse, dévouée, charitable, qui avait en grande
« partie fait les frais de réédification de l'église de Trévé. Elle mériterait
« de trouver un bon peintre pour faire son portrait et d'avoir son buste
« dans la galerie des femmes bretonnes. »

Ce peintre, M. Oheix se propose de l'être dans un chapitre qu'il pré-
pare sur la haute société bretonne de cette époque; il ne peut être confié
à une plume plus alerte et mieux exercée que la sienne. Il possède, en
outre, les matériaux nécessaires : un grand nombre de jolies lettres
écrites par cette sainte femme à son trisaïeul et quantité d'autres pièces.
Enfin, il est du pays même qu'elle habitait.

Par acte du 3 mai 1751, au rapport de Conan et Quintin, notaires royaux à
Saint-Brieuc, la présidente de Cornulier, née de la Tronchaye, fonda à perpétuité, dans le bourg de Trévé, un établissement de trois sœurs de la maison
de Plérin, pour faire l'école aux jeunes filles, leur apprendre les prières, le
catéchisme et à lire, leur montrer à écrire, à filer, à coudre et à tricoter des
bas, et aussi pour donner leurs soins au soulagement des malades pauvres
de la paroisse, les visiter, consoler, soigner, secourir et assister s'il est
nécessaire.

Pour les loger, elle leur donne la maison qu'elles occupent déjà avec son
jardin, et leur crée pour leur entretien une rente perpétuelle de 500 livres.

(*Communiqué par M. l'abbé Bault.*)

Page **93.**

1779. Constitution d'une rente de cent cinquante livres sur les États
de Bretagne, par Angélique-Sainte de Cornulier, baronne de Montrelais,
au profit des pauvres de ladite paroisse (*Registre de Montrelais*).

Ce n'est pas le 31 janvier 1793, mais bien le 31 janvier 1794, que
mourut Marie-Angélique-Sainte de Cornulier, comme il résulte de
l'extrait suivant des registres de l'état-civil de Versailles.

Aujourd'hui onze nivôse, seconde année républicaine, se sont présentés à
la maison commune de Versailles devant nous, officier public soussigné : les
citoyens Alexis Guillotel, âgé de cinquante-six ans, demeurant rue Beaurepaire, n° 1er, et Maximilien Muret, âgé de vingt-sept ans, frotteur, demeurant
aussi rue Beaurepaire, n° 1er. Lesquels nous ont déclaré que Marie-
Angélique-Sainte Cornulier, âgée de soixante-dix-huit ans, native d'Anetz,
département de la Loire-Inférieure, veuve de Toussaint Cornulier, est décédée
aujourd'hui à huit heures du soir dans le lieu de son domicile.

Et de suite nous sommes assuré du décès en nous transportant dans le lieu où ladite Cornulier est décédée. Les déclarants ont signé avec nous, officier public.

Signé : GUILLOTEL, MURET, PAIOU.

Page 94.

Le comte du Dresnay se remaria, en 1745, avec Marie-Anne de Montaudouin. Sa belle-sœur, la dame de Cornulier, lui donna partage le 4 mars 1749 comme ayant la garde noble du fils unique issu de son premier mariage.

Pierre-Placide-Marie-Anne de Saint-Pern, dit le comte du Lattay, né à Rennes le 11 janvier 1720, mourut dans cette ville le 19 décembre 1784. Dans son acte de décès, il est qualifié : ancien officier au régiment du Roi, commissaire des hôtels des gentilshommes et des demoiselles, inspecteur des haras de l'évêché de Saint-Malo, ancien commissaire intermédiaire des États de Bretagne. En 1768, il était lieutenant des maréchaux de France à Quimper-Corentin.

Il fut marié deux fois : 1° le 18 avril 1743, à Rennes, avec Jeanne-Charlotte-Hyéronyme de Cornulier, dont il eut un fils unique : Louis-François-Toussaint de Saint-Pern; 2° le 29 janvier 1761, à Rennes, avec Nathalie de la Bourdonnaye de Lyré, dont il n'a pas laissé de postérité.

Page 97.

Le 9 mai 1690, messire Jean-Baptiste de Cornulier, chevalier, seigneur du Boismaqueau et autres lieux, président en la Chambre des comptes de Bretagne, passe un bail pour une maison prébendiale située à Nantes, place Saint-Pierre, paroisse Saint-Laurent, dont jouissait alors noble et discret messire François Fouré, chanoine de Nantes, retiré au Séminaire.

Page 101.

Claude de Cornulier rendit aveu à la baronnie d'Ancenis pour sa terre du Boismaqueau le 29 novembre 1723; laquelle déclaration fut reçue en ladite cour le 26 décembre suivant.

Page **102.**

Jean-Baptiste-Toussaint de Cornulier de la Sionnière, mort à Nantes, était alors détenu révolutionnairement dans la prison des Saintes-Claires.

Page **105.**

Le 30 octobre 1738, bénédiction d'une cloche de l'église d'Anetz, laquelle fut nommée *Angélique* par Toussaint de Cornulier, marquis de Château-fromont, et par Angélique-Sainte de Cornulier, son épouse. (*Registre de la paroisse d'Anetz.*)

1747. Donation d'une rente de cent-cinquante livres constituée par Toussaint de Cornulier, marquis de Châteaufromont, et Sainte de Cornulier, son épouse, pour la fondation d'un lit en faveur de l'une des cinq paroisses d'Anetz, de la Rouxière, de Saint-Herblon, de Montrelais et de Saint-Sauveur. (*Archives de l'hôpital d'Ancenis, communiqué par M. de la Nicollière Teijeiro.*)

Du 28 septembre 1778, au rapport d'Yves Bodinier, notaire de la baronnie d'Ancenis, minu et déclaration des terres, fiefs et héritages tombés en rachat sous le proche fief de la baronnie d'Ancenis, par le décès de H. et P. seigneur Toussaint de Cornulier, vivant chevalier, seigneur de Boismaqueau et autres lieux, conseiller du roi en ses conseils, président à mortier honoraire au Parlement de Bretagne, arrivé le 9 avril 1778, que fournit et présente H. et P. dame Marie-Angélique-Sainte de Cornulier, veuve donataire dudit feu seigneur de Cornulier, faisant et garantissant pour H. et P. seigneur Toussaint-Charles-François de Cornulier, président à mortier au Parlement de Bretagne, fils aîné, héritier principal et noble dudit feu seigneur Toussaint de Cornulier et de ladite Marie-Angélique-Sainte de Cornulier, ses père et mère, à Très-Haut et T.-P. seigneur Armand-Joseph de Béthune, duc de Charost, pair de France, baron d'Ancenis, président né de la noblesse aux États de Bretagne, etc., etc. Savoir :

1o La maison noble du Boismaqueau et dépendances, sise en la paroisse de Teillé ;

2o La maison noble de la Motte et dépendances, en la paroisse de Trans ;

3o Le fief de Saint-Ouen, en la paroisse de Mouzeil ;

4o Le fief de Saint-Père, aussi en Mouzeil, s'étendant dans les paroisses de Teillé et de Pannecé ;

5o Le fief de la Motte, en la paroisse de Trans ;

6o Le fief de Clermont et Bourmont, en Teillé et Pannecé.

Avec droit de haute, moyenne et basse justice, création d'officiers, droit d'étalage et coutume aux assemblées de la Chapelle-Breton, droits de mouteaux sur ses sujets, de fuye, de garenne, etc.

Le 24 octobre 1779, le rachat fut composé à la somme de 700 livres avec le fermier général de la baronnie d'Ancenis.

Le 22 juin 1782, autre rachat des deux tiers, fixé à 466 livres 13 sous 8 deniers, payé au même fermier, pour le décès du président de Cornulier fils arrivé le 10 décembre 1779, l'autre tiers étant affecté au douaire de sa mère vivante.

Page 109.

Dans la généalogie manuscrite de Cornulier préparée par Badier, pour son supplément au *Dictionnaire de la noblesse*, Toussaint-Charles-François de Cornulier est qualifié marquis de Châteaufremont, comte de Largouët et de Vair, baron de Montrelais et de Lanvaux, *vicomte de la Tronchaye*, etc.

Dans l'aveu que M. Gautier de la Guistière rendait en 1782 à la seigneurie de Clisson pour la terre de la Vrillière, au nom des enfants du même Toussaint-Charles-François de Cornulier, il le qualifie de *baron de la Tronchaye, vicomte de la Touche*. (Voir p. 36 des *additions*.)

De ces variations, il faut conclure que, dès la fin du siècle dernier, il régnait une grande latitude dans l'application des titres aux terres qui ne relevaient pas directement du roi. Quand il s'agissait de lui rendre un aveu en proche mouvance, on était plus circonspect, témoin l'aveu du 12 décembre 1782, contrôlé à Saint-Médard-sur-Isle le 2 avril 1784, rendu par M. Gautier de la Guistière pour les parties de la terre et seigneurie de la Rivaudière qui relevaient immédiatement de Sa Majesté. Il le fait au nom de H. et P. seigneur Toussaint-François-Joseph, chevalier, *marquis de Cornulier*, et de H. et P. demoiselles Marie-Pauline-Sainte et Marie-Camille-Félicité de Cornulier, enfants de H. et P. seigneur Toussaint-Charles-François, chevalier, *marquis de Cornulier*, conseiller du roi en tous ses conseils, président à mortier au Parlement de Bretagne, et de H. et P. dame Marie-Félix-Pauline Hay des Nétumières, dame *marquise et présidente de Cornulier*, leurs père et mère. En appliquant ainsi le titre directement au nom patronymique, on prévenait toute contestation de la part de la Chambre des comptes.

Page 112.

Mathurin-Louis-Anne-Bertrand, comte de Saint-Pern, chevalier, seigneur de la Tour, né le 2 mars 1764, marié avec Marie-Pauline-Sainte de Cornulier, fut d'abord page de la petite écurie du roi, dont il

sortit en 1782 avec une épée d'honneur. Il quitta la carrière des armes
pour entrer dans la magistrature et mourut à Versailles le 28 avril 1793.
Il s'était remarié le 18 octobre 1791 avec une créole de Saint-Domingue,
Jeanne-Victoire-Aimée Laflèche de Grandpré, dont il n'a pas laissé de
postérité.

Page 114.

« M. Magon de la Balue, chef d'une des premières maisons de banque de
« Paris, était remarqué par la noblesse des sentiments, la digne simplicité
« des mœurs, la scrupuleuse régularité dans les affaires, la loyauté et la
« délicatesse dans les relations, la bienfaisance et la vraie grandeur dans
« toutes les actions de la vie privée. Il avait employé soixante ans, tant en
« Espagne qu'en France, à amasser par ses grandes spéculations maritimes
« une fortune considérable par laquelle il savait se faire honorer.

« Sa maison, à Paris, était tenue par la marquise de Saint-Pern, sa fille,
« mère de Mme Cornulier. La marquise de Saint-Pern, sans s'être fait pro-
« clamer dame de charité, en exerçait sans relâche les fonctions. Elle n'était
« occupée, du matin au soir, que du soin de visiter elle-même les indigents
« dans leurs tristes demeures et de leur porter tous les secours nécessaires.
« Elle remplissait sur la terre une mission tout angélique dont sa fortune
« lui permettait de multiplier les immenses bienfaits.

« Avec M. Magon de la Balue demeurait son frère aîné, M. Magon de la
« Blinais, âgé de quatre-vingt-quatre ans au moment de la Révolution.
« L'unique cause de la condamnation révolutionnaire de toute la famille
« Magon fut qu'elle était réputée fort riche. »

(Extrait des *Souvenirs de M. Berryer père*, t. Ier, chap. XV, et t. II, p. 324,
où sont donnés les détails de cette condamnation.)

Page 115.

Jean-Louis-Bertrand, comte de Saint-Pern, né le 22 mai 1788, marié
à Marie-Camille-Albertine de Cornulier, en a eu deux fils et quatre
filles et est mort à Nantes le 8 mars 1861. Il est auteur de plusieurs
compositions littéraires et musicales.

Page 136.

Il a été dit dans le *Supplément à la généalogie de Cornulier*,
imprimé en 1860, p. 209, que la famille de VILLEBOIS MAREUIL, originaire de l'Angoumois et depuis établie en Anjou, portait : de gueules au

chef d'argent, au lion d'azur brochant sur le tout ; c'est là une erreur. Elle porte : *d'azur à la porte de ville d'argent, crénelée et maçonnée de sable, flanquée de tours donjonnées de même. La porte surmontée entre les donjons d'un arbre issant d'or. En chef, au canton dextre, une mouche d'or, et, au canton sénestre, une hure de sanglier d'argent.*

Page **146**.

Lors de la réunion générale annuelle, au commencement de 1887, du cercle de la place Louis XVI, à Nantes, le président, M. le vicomte de Rochefort, a fait, comme de coutume, l'éloge des membres de la Société décédés dans le courant de l'année précédente ; il s'est exprimé ainsi au sujet du comte Auguste de Cornulier de la Lande.

« Vous vous rappelez, Messieurs, la profonde douleur « que vous avez ressentie en apprenant la mort de notre si « digne et si respectable ami, le comte Auguste de Cornu- « lier ; l'émotion causée par cette triste nouvelle fut géné- « rale ; le cercle fut fermé en signe de deuil à tous les pro- « jets de fête, juste hommage rendu à la mémoire de celui « qui n'est plus.

« Entouré de la considération de tous les partis poli- « tiques qui divisaient la Vendée, il fut acclamé par tous « lorsqu'il s'agit d'une élection sénatoriale, et deux fois « les suffrages de ses concitoyens vinrent lui imposer « l'honneur d'aller défendre au Sénat les intérêts de son « pays. C'est là, Messieurs, qu'il est mort, après avoir « combattu sans espoir les ennemis acharnés de notre « sainte religion.

« Dès sa jeunesse, Auguste de Cornulier fut placé aux
« pages de Charles X ; la révolution de 1830 vint briser sa
« carrière ; il ne voulut pas servir cette nouvelle dynastie
« qui était venue s'implanter sur les débris de notre vieille
« monarchie chassée de sa patrie.

« M. de Cornulier revint tranquillement dans sa chère
« Vendée, puis à Nantes, où la plus grande partie des siens
« habitaient. Vous connaissiez, Messieurs, son caractère
« affable, sa droiture, son intelligence. Il faisait partie de
« votre cercle depuis quelques années, lorsqu'à la mort de
« son cousin (le vicomte Victor de Cornulier), il fut choisi
« par vous pour diriger cette grande réunion qui nous est
« si chère à tous. Personne mieux que lui ne pouvait rem-
« plir cette délicate mission ; aussi nous nous rappelons
« avec reconnaissance les grands services qu'il nous a
« rendus.

« C'est à lui, Messieurs, que nous devons la fondation du
« cercle que nous occupons aujourd'hui ; c'est à lui, à sa
« bienveillance, à son caractère si conciliant, que vous de-
« vez, en grande partie, cet esprit de si bonne fraternité
« qui fait le charme du cercle Louis XVI.

« Heureux, Messieurs, ceux qui meurent avec un passé
« sans peur et sans reproche, en vrais gentilshommes chré-
« tiens, donnant à tous l'exemple des vertus qui font les
« grands citoyens.

« Le comte Auguste de Cornulier n'est plus, mais sa
« mémoire ne périra jamais dans ce cercle où il comptait
« tant d'amis et où il a fait tant de bien. Son nom, Dieu

« merci, n'est pas éteint dans notre réunion ; il laisse après
« lui son frère, qui a toujours marché sur ses traces, et
« un fils qui comprend l'héritage que lui a laissé son noble
« père.

« Permettez-moi, Messieurs, d'offrir de la part de vous
« tous, aux représentants de l'ami que nous avons perdu,
« l'expression de notre douleur et de nos vifs et sincères
« regrets. »

Page 147.

Louis-Henri-Marie, comte de Cornulier de la Lande, élu conseiller
général de la Vendée par le canton de Montaigu, le 11 avril 1886, en
remplacement de son père décédé, a été réélu au même conseil le
1er août 1886.

Du mariage de Charles-Marie, comte de Cornulier de la Lande, et de
Geneviève-Marie-Anne Pineau de Viennay, sont nés :
A. Germaine-Brigitte-Marie-Joséphine de CORNULIER, née au château
des Rochères, commune de Meslay, le 21 juillet 1884, morte à Genève
(Suisse), le 1er décembre 1886.
B. N*** de CORNULIER, né à Genève le 1er mars 1887.

Page 151.

Du 3 février 1618, au rapport de Bonnet et Desmortiers, notaires royaux
de la Cour de Nantes, aveu rendu par N. H. Jean Catreux, sieur de la
Finorais et de la Papionnière, demeurant en cette ville de Nantes, paroisse
Saint-Denis, à messire Jan Cornulier, seigneur de Lussinière, de Montreuil, etc., conseiller du roi, grand maître enquêteur et général réformateur
des eaux et forêts de France au département de Bretagne et grand veneur
audit pays, en son fief et seigneurie de Lussinière. Pour cause d'une pièce de
terre et de ses appartenances située en la paroisse de Nort, appelée la Clouse-
au-Clerc, contenant vingt-cinq journaux de terre ou environ, attenante d'un
côté et d'un bout à ladite seigneurie de Lussinière, d'autre côté aux communs
du Meix et d'autre bout aux communs des Touches. Laquelle pièce de terre
est échue audit Catreux par la succession de ses défunts père et mère.

Pour raison desquelles choses ledit Catreux avoue être sujet dudit seigneur et lui devoir vingt sous monnaie de rente, payables au sergent et receveur de ladite Cour, avec obéissance audit seigneur. Auquel fief il confesse que sondit seigneur a droit de juridiction, haute, basse et moyenne justice, droits de lods et ventes, épaves et gallois avec ferme droit de juridiction, etc.

Fait et consenti audit Nantes, au tablier de Bonnet, l'un desdits notaires, le 3 février 1618 avant midi, signé: J. Catreux, Bonnet, notaire royal, Desmortiers, notaire royal.

(Communiqué par M. de Lisle du Dreneuc.)

Page **157.**

Le 16 juillet 1691, par la Cour de Nantes ont comparu au parloir et grille du monastère et couvent des humbles et dévotes dames Ursulines de Nantes les révérendes Mère Catherine de Cornulier, prieure; sœur Marie-Gabrielle de Goulaine, sous-prieure ; sœur Jeanne de Bastelard, sœur Jeanne Fourché et sœur Marie de Cornulier, procureuse ; assemblées capitulairement en la manière accoutumée par la délibération de leurs affaires, et faisant tant pour elles que pour les autres religieuses professes et communauté dudit couvent, d'une part; et Pierre Fontenis, terrasseur et blanchisseur, demeurant rue Saint-Léonard, d'autre part.

Entre lesquelles parties a été fait un marché pour faire les terrasses et carrelages des douze planchers aux six logis qu'elles font bâtir de neuf dans leur maison de Belestre, au delà de la barrière de Richebourg, conduisant à l'arche de Toutes-Aydes, moyennant le prix de 450 livres.

Signé : Sœur Catherine de Cornulier, prieure ; sœur Marie-Gabrielle de Goullayne, sous-prieure : sœur Janne de Bastelart; sœur Janne Fourché ; sœur Marie de Cornulier, procureuse, Apuril, notaire royal, et Lebreton, notaire royal régistrateur.

(Communiqué par M. de Lisle du Dreneuc.)

Page **162.**

Du 14 février 1685, au rapport de Lebreton, notaire royal à Nantes, bail à ferme consenti par messire Claude de Cornulier, chevalier, seigneur de Montreuil et autres lieux, mari et procureur de droit de dame Marie-Marguerite Le Meneust, son épouse, demeurant en cette ville de Nantes, paroisse Saint-Léonard, près la Chambre des comptes, d'une maison située au village de Saisvre, paroisse de Saint-Sébastien, jardin, prés, vignes et terres labourables, et un magasin situé au lieu de la Morinière, paroisse de Rezay; et généralement tout ce qui peut compéter et appartenir à ladite dame de Cornulier aux dites paroisses de Saint-Sébastien et de Rezay, à elle échues de la succession du feu sieur des Nouelles Bureau, son aïeul maternel..... Ledit bail consenti, moyennant la somme de six vingts livres par an, à honorable homme François Menant, pour la durée de quatre années..... Convenu entre les parties que si ledit seigneur de Cornulier fait mettre à ses frais quinze gabarrées de manix de ville, des plus grandes gabarrées de Vertou, dans lesdites vignes, à la fête de Toussaint prochaine, ledit Menant paiera les années suivantes la somme de deux cent-quarante livres par an. Dans tous les cas à raison de six livres par an pour chacune gabarrée en sus de la susdite somme de six vingts livres, l'année qui suivra ladite mise, la durée de la ferme étant alors portée à sept années. Signé: de Cornulier ; F. Menand ; Belon, notaire royal, et Lebreton, notaire royal.

(Communiqué par M. Delisle du Dreneuc.)

Page 171.

Du 1er août 1690, quittance donnée par messire Jean-Baptiste de Cornulier, chevalier, seigneur du Pesle, Brains, etc., père et garde naturel de ses enfants, et de défunte dame Louise Raguideau, sa compagne, demeurant à Nantes, haute rue du Château, paroisse de Sainte-Radégonde ; en conséquence de l'instance par lui et par ladite défunte dame Raguideau, intentée au présidial de Nantes contre dame Charlotte Davy, veuve de défunt Olivier Cassard, vivant écuyer seigneur du Broussay-Fégréac, pour avoir le paiement de la somme de huit cents livres de principal et de plusieurs années d'intérêts, attendu la diminution d'hypothèque des dénommés au contrat de constitution de cinquante livres de rente créé au denier seize par messire Henri de la Chapelle, chevalier, seigneur marquis de la Rochegiffard, dudit feu sieur du Broussay-Cassard et autres co-obligés, au profit de défunte demoiselle Sébastienne Rouxeau, le 9 janvier 1659. Ledit contrat subrogé par messire François Raguideau, chevalier, seigneur du Rocher, conseiller du roi, président en la Chambre des comptes de Bretagne, l'un des héritiers directs de défunte demoiselle Rouxeau, audit seigneur de Pesle et à ladite défunte dame Louise Raguideau, sa compagne, par acte du 6 juillet 1686.

Icelui seigneur de Pesle, audit nom, a reçu comptant de ladite dame du Broussay, demeurant à Nantes, paroisse Saint-Denis, et de ses deniers la somme de 800 livres de principal pour amortissement desdites 50 livres de rente; plus la somme de 307 livres 7 sous 6 deniers pour cinq années d'arrérages de ladite rente ayant couru avant le 7 juin 1681 conformément à l'arrêt du Parlement de Paris rendu entre les créanciers dudit marquis de la Roche-Giffard le 2 juin 1687.

Ladite dame du Broussay réservant son recours vers ceux qui ont touché les deniers provenant de la vente des terres dudit seigneur de la Roche-Giffard et tous autres coobligés.

Passé à Nantes, en la demeurance du dudit sieur du Pesle.

Signé : J.-B. de Cornulier du Pesle ; Charlotte Davy ; Geuffray, notaire royal, et Lebreton, notaire royal.

(Communiqué par M. de Lisle du Dreneuc.)

Page **175.**

Extrait de l'inventaire dressé à Lucinière, du 27 janvier au 19 février 1721, après la mort du baron de la Roche-en-Nort.

8 pièces de tapisserie de Flandre à petits personnages, prisées. .	800 liv.
6 pièces de tapisserie à personnages.	250 —
7 pièces de tapisserie de Flandre	1.000 —
2 autres pièces de tapisserie à personnages.	120 —
7 pièces de tapisserie à bandes de point de Hongrie.	65 —
6 pièces de tapisserie de Flandre	500 —
3 tapis de Turquie	30 —
Un coffret de velours vert bordé de dentelle d'argent.	12 —
Une toilette de point de Marseille garnie de point de Hongrie. .	50 —
Un billard	150 —
Une pendule	100 —
Un trictrac.	20 —
200 jettons d'argent.	283 —
Lit de Mme de Lorière, en toile blanche	90 —
Lit de M. de Lorière, en indienne.	100 —
Un lit de damas.	150 —
Autre lit de damas, à bandes de point de Hongrie.	350 —
Un couvre-pied tissu à colonnes d'or et d'azur	100 —
Une courte-pointe de point de Marseille	25 —
6 chaises de damas cramoisi à franges d'or et d'argent.	200 —
Un lit de damas cramoisi, à franges d'or et d'argent, garni de dentelles d'or et d'argent.	1.200 —
Un lit de repos de damas rouge.	35 —
Deux carrosses garnis de velours vert.	800 —
7 flambeaux d'argent, 12 plats, 12 couverts, 12 couteaux et autres ustensiles d'argent, pesant ensemble 97 marcs et prisés.	6.144 —
Un fusil de maître.	30 —
Une cloche.	60 —
Une charrette ferrée.	45 —
Un tombereau	36 —

Une charrue et ses ustensiles.	20 liv.
Quatre bœufs avec leurs jougs.	500 —
Cinq vaches.	200 —
Une jument et deux poulains.	60 —
Un cheval et une mule.	80 —
Un taureau.	5 —
Cinq cochons. . . . . :	100 —
Une truie et ses deux petits. . . . . :	15 —
Vingt brebis . . . . . :	50 —
Un pressoir et ses ustensiles	300 —
200 barriques de vin, fût et vin, à 17 liv. 10 s. la barrique. . .	3.500 —
200 boisseaux de seigle (mesure de Nozay, 47 litres) à 40 sous.	400 —
60 boisseaux de froment rouge à 3 litres.	180 —
60 boisseaux de blé noir à 30 sous.	90 —
20 boisseaux d'avoine à 20 sous.	20 —

Le total de l'inventaire monte à la somme de. . . . . 35.460 liv.
qu'il faudrait tripler ou même quadrupler pour avoir la valeur au jour d'aujourd'hui des objets mobiliers existant à Lucinière en 1721.

Cet inventaire contient, en outre des différentes pièces déjà citées précédemment, la mention d'autres actes qui auraient eu de l'intérêt s'ils avaient été analysés ou seulement datés. On se borne à rappeler les principaux tels qu'ils sont énoncés, les originaux n'existant plus :

Mémoire concernant la maison de Cornulier ;

Transaction avec la dame veuve de Victor de Cornulier.

Testament de feu M. de Lucinière (Jean de Cornulier), de 1650.

Testament de feu M. le président du Pesle, de 1707.

Testament de feue Mme de Lorière mère (née Dondel).

Fondation en l'église cathédrale de Rennes, par l'abbé du Hézo, de 1653.

Procédure entre M. de Lorière et le sieur Bourdin, recteur de Joué.

Cinq pièces concernant le droit de banc de la maison de Lucinière, dont une concession de banc du 24 octobre 1709.

Mémoire du partage des terres de Lucinière.

Cinq aveux et mémoires de la terre de Lucinière et ce qui en relève.

Mémoire concernant la terre de Lucinière.

Rentes de Lucinière en 1685.

Rôle des rentes de la juridiction de Lucinière en Nort.

Franchissement de droits dus par la maison de la Papionnière.

Pièces concernant le moulin des Rochettes et le moulin des Chesneaux dans le fief de Lucinière.

Contrat d'acquet de la terre de la Gazoire.

Contrat de vente de la terre de Fayau.

Pièces relatives à la terre de La Motte en la paroisse d'Ercé.

On avait dit malicieusement que la Roche-en-Nort était une baronnie fantastique, qui s'étendait partout et qu'on ne pouvait saisir nulle part ; les pièces suivantes prouvent qu'elle avait bien une réalité.

1409. Pièce concernant le titre de la baronnie de la Roche-en-Nort.

1462. Déclaration à la Roche-en-Nort pour les terres de juveigneurie de Nozay.

1464. Reconnaissance de la duchesse de Bretagne portant que Nozay relève de la Roche-en-Nort.

1464. Lettres de la duchesse de Bretagne au sujet du rachat de Nozay. Commission de la duchesse de Bretagne aux officiers de Nozay au sujet de l'exercice pendant l'année du rachat, signées : *Françoise*. Quittances et dons de rachat de la baronnie de La Roche-en-Nort, de la part de la duchesse de Bretagne au seigneur Guy de Laval.

1477. Ancien missu de La Roche-en-Nort.

1496. Aveu rendu à La Roche-en-Nort.

1487, 1502 et 1534. Aveux de l'abbaye de Melleray pour ce qui relève de La Roche-en-Nort.

1506. Minu de La Roche-en-Nort.

1533. Ordre du seigneur de Laval à cause du rachat fait par les officiers de La Roche-en-Nort.

1545. Quittance du rachat de La Roche-en-Nort.

1546, 2 octobre, compte du rachat de Nozay.

1580, 28 février et 1603, 28 janvier. Déclarations rendues au seigneur de La Roche-en-Nort pour cause de la seigneurie de La Chapelle-Glain.

1604. Aveu de La Roche-Mentru à La Roche-en-Nort.

1605. Bannies faites par les péages de la rivière de Loire.

1613, 24 août. Provisions de procureur d'office de La Roche-en-Nort, signées : *Charlotte de Nassau*.

1614, 14 juillet. Aveu de la seigneurie de Villeneuve, en la paroisse de Nort, rendu par dame Anne de la Tour-Landry au seigneur de La Roche-en-Nort.

1614, 27 août. Aveu du lieu de Quihex, dépendant de l'abbaye de Melleray, rendu au seigneur de La Roche-en-Nort.

1616, 13 août. Aveu de dame Étienne du Bochet, rendu au seigneur de La Roche-en-Nort, pour cause de Saint-Aubin-des-Châteaux et du Plessis-Vangaud.

1623. Composition du rachat de Saint-Aubin.

1624, 14 juillet. Exercice de la baronnie de La Roche-en-Nort dans la paroisse de Saint-Mars-de-la-Jaille.

1650, 12 novembre. Bail des droits de péage sur la rivière de Loire.

1654, 12 avril. Extrait du greffe de la baronnie de La Roche-en-Nort au sujet des foi et hommages y dus.

Enquête et mémoire concernant les droits de La Roche-en-Nort. Mémoires instructifs concernant la baronnie de La Roche-en-Nort. Deux ordonnances des juges de la baronnie de La Roche-en-Nort au sujet de la police dans le bourg de Nort.

Requête au juge de La Roche-en-Nort pour raccommoder les chemins.

Registres du greffe de la baronnie de La Roche-en-Nort du 22 mai 1643 au 12 juin 1660.

Baux de La Roche-en-Nort des années 1499, 1505, 1510, 1512, 1530, 1535, 1543 et 1622.

Comptes de La Roche-en-Nort des années 1462, 1480, 1481, 1494, 1497, 1504, 1506, 1518, 1526.

1664. Arrêt de la Chambre des comptes de Bretagne sur les modifications de l'aveu de La Roche-en-Nort.

1694. Traité du rachat de feu Monseigneur le duc de Bourbon.

1696, 18 et 25 juin. Requête à fin de compulsion des titres de La Roche-en-Nort, tant à Vannes qu'à Nantes.

1707, 2 mars. Arrêt du Parlement de Bretagne entre M. de la Motte-Glain et le baron de la Roche-en-Nort.

1716. Acte d'apport de foi et hommage au baron de la Roche-en-Nort de la part de Mgr le duc de Bourbon, pour cause de sa châtellenie de Nozay.

1719, 23 mars. Arrêt sur requête et signification contre M. de Marcé à l'occasion des droits de la Roche-en-Nort.

Toutes les pièces qui précèdent et beaucoup d'autres sont mentionnées dans l'inventaire de Lucinière de 1721.

Page 177.

Les enfants du baron de la Roche-en-Nort avaient vu avec regret le second mariage de leur père, et ils le témoignèrent durement à leur belle-mère, qui restait en jouissance du château de Lucinière; leur mécontentement éclate dans l'inventaire qui suivit la mort de son mari.

Page 188.

La note placée au bas des pages 182 à 188 a été complétée par une suite qui occupe les pages 51 à 66 du premier fascicule des *Additions*. Ces deux notes réunies ont fait l'objet d'un tirage à part à cent cinquante exemplaires qui forme une brochure in-8 de 31 pages, sous ce titre : *Du Mode d'hérédité des qualifications nobiliaires dans leur état actuel.*

« Cette brochure, dit M. Borel d'Hauterive (*Annuaire de la noblesse* « *pour 1887*), est due à la plume d'un gentilhomme breton, M. le comte « Ernest de Cornulier, dont nous ne pouvons nous abstenir de dévoiler « l'anonyme pour rendre hommage au talent de l'écrivain. Tous les enfants « ont-ils un droit égal à prendre le titre de leur père ? L'auteur se prononce « en faveur de l'opinion qui applique directement le titre au nom patrony- « mique et qui passe naturellement à tous les enfants, depuis l'abolition du « droit d'aînesse. Sa thèse ainsi présentée est parfaitement fondée ; mais elle « est contraire à notre législation, qui ne reconnaît la succession des titres « que par ordre de primogéniture. L'usage contraire a prévalu dans la pra- « tique. Ce serait donc une réforme complète à introduire dans le texte de « nos lois et de nos règlements à ce sujet. »

Cette réforme est devenue nécessaire. Un jurisconsulte éminent, M. Martens, écrit dans la préface de son nouveau *Traité de droit international* : « On ne « peut considérer comme immuables des règles de droit nées dans le passé « de circonstances toutes différentes de celles où nous vivons actuellement. « Il est inadmissible qu'alors que les choses changent d'aspect, les lois qui « les régissent demeurent toujours les mêmes. »

Cette remarque est surtout applicable à la législation des titres, qui, non seulement ont changé d'aspect, mais encore sont devenus d'une nature toute nouvelle. Le nom, ce qui en général est le moins variable, est demeuré, mais il est devenu trompeur dans l'ancien ordre d'idées qu'on attachait aux qualifications nobiliaires, parce qu'il s'applique aujourd'hui à une chose toute différente de celle qu'il désignait autrefois.

Page **191**.

Anne-Marie de Gennes, née à Vitré, le 22 septembre 1701.

Page **198**.

Extrait des registres secrets du Parlement de Bretagne.

Du lundi 2 juin 1738, ont été vues au bureau, chambres assemblées, au rapport de Mᵉ Armand-Charles Robin d'Estréans, conseiller doyen de la Cour, les lettres de provision d'un état et office de conseiller originaire en icelle, données à Versailles le 25 avril 1738, obtenues par Mᵉ Charles-Robert de Saisy de Kerampuil, avocat en la Cour, sur la démission volontaire de Mᵉ Jean-Baptiste de Cornulier de Lorière, dernier possesseur dudit office.

Page 205.

Les illusions de M. de Lucinière, relatives à une prochaine rentrée en
France, se dissipèrent promptement à Jersey ; il comprit de bonne heure
qu'il avait des mesures à prendre en vue d'une longue absence. Son
ancien garde, Pierre Guérand, étant venu lui apporter une certaine
somme d'argent, il passa avec lui, sous signatures privées, en date de
Saint-Hélier, le 1er septembre 1791, un bail par lequel il lui affermait
pour cinq années la retenue de Lucinière, au prix de cinq cents livres
par an. En même temps, il lui cédait pour la somme de quinze cents
livres, payables le 1er mars suivant, des ustensiles et bestiaux nécessaires à cette exploitation, obligation dont le preneur s'acquitta à la date
fixée dans un second voyage qu'il fit à Jersey.

Muni de cette pièce, Guérand s'installa dans le château de Lucinière
comme locataire, et sa présence en cette qualité contribua sans doute à
le préserver de l'incendie. Pour se populariser davantage, il avait même
eu le soin d'y ouvrir un débit de boisson. Quand le commissaire
Aregnandeau vint procéder à la vente du mobilier de M. de Lucinière,
Guérand présenta son bail et on le laissa en possession des objets qui lui
avaient été cédés en propriété.

Mais le bureau établi dans la Loire-Inférieure pour la liquidation des
biens des émigrés n'admit pas la décision de son commissaire. « Consi-
« dérant, dit-il, dans sa délibération en date du 9 pluviose an IV (29 jan-
« vier 1796), que l'émigré Cornulier, dit Lucinière, n'a pu disposer, par
« un acte qui d'ailleurs n'a pas de date certaine, de biens qui étaient
« sous le sequestre, et que Guérand n'a pu se libérer validement entre
« ses mains, ordonne la vente au profit de la nation des objets qui lui
« avaient été cédés. »

Non seulement le pauvre Guérand se voyait dépouillé d'objets qu'il
avait payés, mais, de plus, il se trouvait prévenu d'émigration par les
pièces qu'il avait produites ; son bail du 1er septembre 1791 et sa quittance du 2 mars 1792, toutes les deux datées de Jersey. Le bureau
concluait donc à ce qu'il fût poursuivi pour ce fait, à moins qu'il ne pût
justifier, dans le délai de trois décades, de sa présence en France depuis
le 9 mai 1792, dernier délai fixé aux émigrés pour leur rentrée, par la
loi du 8 avril 1792.

Guérand fit cette preuve ; on le laissa tranquille de sa personne, mais
il perdit les objets qui lui avaient été cédés par M. de Lucinière. Dès

le 1ᵉʳ brumaire an XII (24 octobre 1803), aussitôt qu'il en eut les moyens, M. de Cornulier remboursa à Guérand les 1,500 fr. qu'il avait versés à son père à Jersey.

Les appréhensions de M. de Lucinière furent dépassées; tout ce qu'il possédait fut mis sous le séquestre d'abord, puis vendu nationalement. Dans une lettre datée de La Chauvelière, le 29 octobre 1801, et adressée à M. du Bourblanc, M. de Goyon de Marcé s'exprimait ainsi :

« Voici le peu de détails que j'ai pu me procurer sur les biens de votre « beau-frère.

« Les terres de Lorière et du Pesle ont subi le sort de toutes les propriétés « situées de l'autre côté de la Loire ; après avoir été incendiées, elles ont été « vendues nationalement: Lorière à différents particuliers et Le Pesle à un « nommé Bernard, concierge de la maison d'arrêt de Nantes, lequel, ayant payé « en assignats, a, dit-on, rattrapé sa mise dès la première année de récolte. « Je ne connais pas les noms des autres acquéreurs. » (Le principal acquéreur de Lorière était une demoiselle Morvan, fort répandue dans le monde impérial, et qui avait rendu à M. de Cornulier les meilleurs services pour lui faire obtenir l'échange des bois de Lucinière qui souffrait de grandes difficultés.)

« L'ancien fermier du Vernay a acheté les deux métairies de cette terre, « qu'il a payées 30,000 livres, dont partie à la République et le reste à ceux « qui se sont portés cohéritiers.

« Quant à la terre de Lucinière, je puis entrer dans de plus amples détails.

« Guérand a acheté la métairie du verger; il l'a payée 20,000 livres, un « tiers en argent, les deux autres en mandats, qui étaient alors à six livres « pour cent. Par conséquent, s'il est aussi bien intentionné qu'il l'assure, « cette portion ne coûterait pas beaucoup à racheter; mais nous avons « tous appris que ce n'est point sur leurs promesses qu'il faut juger les « hommes.

« Les métairies de Laurière ont été vendues 30,000 livres aux mêmes « conditions que la précédente.

« Celle du Bas-Allon a été payée 7,000 livres argent, à ce qu'on croit.

« Celle du Haut-Allon a été vendue par le premier acquéreur sur le pied « de 6,000 livres.

« La métairie de La Lande, en argent, environ 6,000 livres.

« Liancourt, fournisseur, acheta l'année dernière la maison principale et « les deux métairies de la Basse-Cour, le tout pour 25 à 30,000 livres, y « compris les frais. Il a sans doute payé en bons de son état, et je sais par « expérience qu'à cette époque ces Messieurs les donnaient à qui en voulait « pour moitié de leur valeur nominale. Au reste, il jouit de la réputation « d'honnête homme et semble, dit-on, porté à s'arranger s'il y a lieu.

« Pour les bois, depuis la futaie abattue par M. de Lucinière, on n'y a pas

« touché, car il ne faut pas compter pour exploitation les pillages, insépa-
« rables de l'anarchie, dont ils ont eu leur bonne part. Ayant été déclarés
« forêt nationale, on n'en a rien séparé ni vendu ; seulement les taillis ont
« été coupés à leur âge. »

Page **212.**

Démissions de M. de Lucinière.

I.

Je soussigné Jean-Baptiste-Benjamin de Cornulier-Lucinière,

Considérant que mon âge et mes infirmités qui en sont inséparables me
rendent difficiles tous voyages et mettent obstacle au désir que je pour-
rais avoir de quitter le lieu de retraite que j'ai choisi ;

Considérant encore que, quand même j'entreprendrais de retourner en
France, les mêmes obstacles et empêchements de vaquer par moi-même
aux soins qu'entraine nécessairement le rassemblement des débris de ma
fortune;

Craignant qu'on ne pût opposer à mes enfants un défaut de qualité que la
nature cependant leur donne le droit d'exercer en leur nom, sous les droits et
actions qui m'appartiennent, il m'a paru que le seul parti avantageux pour
mes enfants, dans la circonstance actuelle, était de consentir en tant que de
besoin un acte de démission de l'universalité de mes droits, actions et
prétentions.

En conséquence, je déclare me démettre et, par le présent acte, souscrit de
moi, je me démets entre les mains de Jean-Baptiste-Benjamin-Théodore de
Cornulier, mon fils, et de Félicité-Marie-Marcuise de Cornulier, dame de
Bahuno de Liscouet, ma fille, de tous mes biens, actions, droits et prétentions, à l'effet d'en jouir et user comme je l'aurais pu faire moi-même;
consens qu'ils puissent former telles réclamations qu'ils jugeront convenables,
passer en leur nom tels traités, etc.

Laquelle démission générale, que je fais par amitié pour mes enfants, sera
à jamais irrévocable ; à la charge que mes deux enfants ci-dessus nommés
jouiront par parties égales des biens qui leur parviendront de la susdite
démission. Et néanmoins l'administration en sera confiée à mon fils Théodore
de Cornulier, attendu le mariage de madite fille du Liscouët, sauf à partager
les susdits biens entre eux à ma mort suivant les lois qui auront lieu à cette
époque. Et à la charge encore de payer, si le cas a lieu, le douaire qui sera
dû à dame Jeanne-Marcuise-Pétronille du Bourblanc, ma femme.

Mon intention est que le présent acte de démission reste aux mains de
Jean-Baptiste-Benjamin-Théodore de Cornulier, mon fils, afin de le laisser

ignorer de M. Bahuno du Liscouët, mon gendre, voulant cacher cet arrangement de famille.

A Sommerstown, près Londres, le 28 juillet 1802.

Signé : CORNULIER DE LUCINIÈRE.

NOTA. — L'original de cette pièce fut remis le 3 prairial an XII (23 mai 1804) à M. Vassal, acquéreur du Pesle.

II.

Je soussigné Jean-Baptiste-Benjamin de Cornulier-Lucinière,

Considérant que mon âge et mes infirmités ne me permettent pas de vaquer à mes affaires ; connaissant d'ailleurs tout l'ordre et la bonne administration de Jean-Baptiste-Benjamin-Théodore de Cornulier, mon fils ; désirant surtout lui prouver mon tendre attachement et ma reconnaissance dans les malheurs dont j'ai été la victime et qui ont fait une si grande brèche à ma fortune ;

Envisageant que la pension que le roi a bien voulu m'accorder est plus que suffisante pour mes besoins personnels ;

Je déclare par le présent laisser et abandonner à mondit fils la jouissance entière des bois qui m'ont été restitués par le gouvernement, même la rente du moulin situé à Brains ; avec pouvoir de vendre lesdits bois, tant en fonds qu'en coupes, ainsi qu'il le jugera à propos pour l'intérêt commun ; ne me réservant que ma pension et deux septiers de seigle pour aumône à la Goui, ancienne domestique de ma sœur. A la charge toutes fois de traiter avec mes créanciers et de les solder.

A Lucinière, le 23 mars 1816.

Signé : CORNULIER DE LUCINIÈRE, père.

Page **215.**

Avant la Révolution, on avait assez généralement la funeste habitude de laisser grossir, avant de les solder, les mémoires des fournisseurs, et surtout de laisser s'accumuler les gages des domestiques, qui, de leur côté, considéraient cet arriéré comme une sorte de dépôt à défaut de caisse d'épargne. M. de Lucinière, qui, pour son époque, était un homme rangé, n'en quittait pas moins la France avec des dettes équivalentes à deux années de ses revenus ainsi consumés à l'avance. Bien des émigrés rentrant en France, où tous leurs biens avaient été vendus, regrettèrent amèrement une négligence qui les plaçait en face de dettes d'honneur sans moyen de les acquitter. La Nation, en confisquant les biens des proscrits, avait bien appelé leurs créanciers à présenter leurs titres, mais beaucoup n'en avaient pas qui fussent en en règle ; la prescription légale, le défaut de date certaine des reconnais-sances, atteignait la plus grande partie de ces créances ; nombre de porteurs étaient cachés ou en fuite. Pouvait-on opposer à ces malheureux leur manque d'action ?

Mme de Lucinière ne le pensait pas. Elle était d'une délicatesse extrême, redoutant par-dessus tout de faire tort à personne ; aussi recommandait-elle à son fils, d'une manière très expresse, d'acquitter ces dettes de conscience, si elle ne pouvait le faire elle-même de son vivant. Elle en dresse un état détaillé et circonstancié dans plusieurs testaments écrits de 1804 à 1805, où l'on voit qu'elle en avait déjà remboursé un certain nombre, non en capital, ce qui lui était impossible, mais en rentes constituées aux créanciers. D'après cet état, ces dettes montaient à 64,482 fr. (la mémoire faisait ici défaut à Mme de Lucinière, car son fils déclarait, huit ans plus tard, en avoir soldé pour 97,000 fr.) se décomposant ainsi :

Gages arriérés dus à divers serviteurs . . . . 10.119 f.
Mémoires de fournisseurs 7.315
Dû à diverses personnes, pour argent anciennement prêté. . . . 5.048
A la famille de Gouyon des Briands, pour retour de partages. . 30.000
A différents créanciers de Jersey 12.000

Mme de Lucinière insiste pour qu'on satisfasse tout d'abord ses créanciers de Jersey, qui sont venus à son secours dans les plus pressants besoins de sa famille, qui n'ont pas craint de se fier à sa parole, et qui pourraient, en Angleterre, faire enfermer son mari pour dettes.

Puis elle recommande spécialement Marie Joly, native de Mordelles, près Rennes, sa fidèle et dévouée cuisinière, qui l'avait suivie en émigration, qui était à son service depuis plus de trente ans, aux gages invariables de 96 livres par an, pour raison desquels il lui est dû 2,932 livres. Elle lègue à cette brave fille, pour la récompenser de son attachement, une rente viagère de 150 livres. (Dans les jours de détresse, à Jersey, Marie Joly allait en journées et rapportait son salaire à sa maîtresse pour l'aider à vivre.)

Mme de Lucinière recommande à ses enfants leur bon père, auquel elle voudrait donner 600 livres par an. Elle veut que ses obsèques soient de la plus grande simplicité possible, et demande deux cents messes basses célé-brées autant que faire se pourra par son confesseur. Quant aux aumônes, elle n'en fait aucune obligation à ses héritiers, les laissant juges de ce qu'ils croiront pouvoir faire eu égard à l'état de leur fortune et à leur attachement pour elle.

Page **226.**

Reconstitution de la terre de Lucinière.

La terre de Lucinière, qui avait été complètement démembrée par les ventes nationales, fut à très peu de chose près rétablie dans son ancien état foncier par Mme de Lucinière et par son fils à leur retour de l'émigration.

La mère rentra la première en France. Le 18 prairial an x (7 juin 1802), elle déclarait élire domicile chez son frère, M. du Bourblanc, à Saint-Symphorien, près Saint-Hilaire-du-Harcouët, et faisait devant le préfet de la Manche sa déclaration d'adhésion et de fidélité au gouvernement établi ; ajoutant qu'elle ne jouissait d'aucun titre, place, décoration, traitement ni pension des puissances étrangères ; promettant de n'entretenir, ni directement ni indirectement, aucune liaison ni correspondance avec les ennemis de l'État. Pareille déclaration était faite, par le fils, le 23 thermidor an x (11 août 1802), devant le Sous-Préfet de Saint-Malo. En conséquence, amnistie, pour le fait d'émigration, leur fut accordée à tous les deux le 26 pluviose an xi (15 janvier 1803) par le grand juge, ministre de la justice, avec remise de ceux de leurs biens qui n'avaient été ni vendus ni exceptés de la restitution par l'article 17 du sénatus-consulte du 6 floréal an x (25 avril 1802).

Comme nous l'avons déjà dit, Mme de Lucinière racheta, dès 1802, du citoyen Claude Liancourt, le château de Lucinière, pour son prix et la métairie de la Basse-Cour ; puis, du citoyen Pierre-Nicolas Perruchaud, la métairie de la Lande ; et, par échange, de Pierre Guérand, la métairie du Verger ; elle lui donna en retour la métairie de la Lardière, dans la commune des Touches, qu'elle avait acquise à cet effet.

De son côté, M. de Cornulier acquit, par acte du 21 vendémiaire an xii (14 octobre 1803), au rapport de Rolland, notaire à Nantes, du citoyen Adrien-Pierre Fabré, officier de santé, demeurant à Nantes, la métairie du Bas-Allon, acquise de l'administration par le vendeur le 24 brumaire an vi (14 novembre 1797). Le prix porté au contrat est de 7,000 fr., mais le prix réel était de 12,000 fr.

Par un autre acte du 21 juin 1806, au rapport de Jouneau, notaire à Nort, il acquit d'Olivier Tardiveau, demeurant à la Guinelière, commune de Petit-Mars, la métairie du Haut-Allon, que le vendeur avait lui-même acquise le 12 floréal an ix (1er mai 1801), de François Cruaud, laboureur, demeurant à Montigné, commune des Touches, acquéreur du gouvernement le 26 ventôse an VII (16 mars 1799). Le prix porté dans l'acte de la cession faite à M. de Cornulier est de 5,600 fr.

Par acte du 20 septembre 1808, au rapport de Roussel, notaire à Joué, M. de Cornulier acquit de demoiselle Marie-Louise-Aimée Verrye, demeurant à Ingrandes, la moitié, à prendre du côté nord, d'un bois taillis nommé le Champ-de-la-Noe, près des terres de Lorgeray, commune de Joué, sur le bord de la grande route; ladite moitié contenant 3 hectares 16 ares. Le prix porté dans l'acte est de 1,000 fr. Cette parcelle ne faisait pas partie de l'ancien domaine de Lucinière.

Les deux dernières métairies de cette terre, celles des Haut et Bas-Laurière, avaient été acquises de la Nation par le citoyen Pierre Voruz, fondeur en cuivre à Nantes, qui les possédait encore au mois de mai 1808, mais qui les céda peu après à M. de Cornulier.

Enfin, les bois de Lucinière furent échangés en 1810, comme on l'a déjà dit, contre d'autres bois que M. de Cornulier donna à l'État en contre-échange, et qu'il avait acquis à cet effet.

Par suite de ces opérations, à la mort du comte de Cornulier, en 1824, sa terre de Lucinière, moins la métairie de la Lande, qui avait été attribuée à sa sœur dans la succession de ses père et mère, se trouvait avoir une contenance d'environ 436 hectares. Les experts nommés pour en faire l'estimation portèrent son revenu à 15,481 fr. et sa valeur à 309,620 fr., en établissant ce dernier chiffre sur le pied du dernier vingt du revenu brut, ce qui était le taux de l'époque. Dans cette estimation, le château figure pour une somme de 12,000 fr.

En réalité, le revenu effectif, net d'impôts, n'était que de 12,300 fr.; on en avait néanmoins offert, à plusieurs reprises, au comte de Cornulier 400,000 fr., offre qui ne se renouvela pas lors de l'adjudication.

La différence entre le revenu réel et celui établi par les experts provient, en outre de la défalcation des impôts, de ce qu'une superficie de 21 hectares 44 ares était de fait improductive ou purement voluptuaire. C'était celle occupée par les édifices, les cours, jardins, terrasses, fossés, étangs, viviers, charmilles, vagues, chemins d'exploitation d'une ampleur exagérée, et les larges, longues et nombreuses avenues dont la terre était percée dans tous les sens d'une manière grandiose ; superficies susceptibles d'être mises en état de rapport, mais au détriment de la décoration et de l'agrément.

La réserve se composait du château, des articles ci-dessus, de 136 hectares 18 ares de bois taillis divisés en quinze coupes (les six breils ou cantons de futaie existant lors de l'échange fait avec l'État. avaient été rasés) ; de 30 hectares 56 ares de terres labourables, vergers et prairies ; et de 18 hectares 77 ares de vignes à la main, non compris les portions dont jouissaient les fermiers de la Basse-Cour, du Verger et de la Lande ; soit, en tout, de 207 hectares estimés 148,920 fr.

Dans leur procès-verbal, les experts établissaient comme suit la valeur de six des métairies faisant partie de la terre.

Le Pavillon ou la cour, contenant 50 h.	02 a.	estimé	38.997 f.
Le Verger	—	32	32	—	23.357
Le Bas-Laurière. . . .	—	35	42	—	25.002
Le Haut-Laurière . .	—	30	34	—	19.361
Le Bas-Allon	—	42	71	—	28.175
Le Haut-Allon	—	35	04	—	25.811
Totaux.		228	85		160.703

La propriété fut adjugée le 29 juin 1825, en l'étude de Me Carrié, notaire à Nantes, au prix de 315,000 fr., au vicomte Arnaud-René-Victor de Cornulier, seul enchérisseur. Il acquit, en outre, par acte du 3 juillet 1825, au rapport de Me Dubois, notaire à Nantes, de de Mlle de Lucinière, qui en était propriétaire, moyennant 25,000 fr., la métairie de la Lande, contenant environ 38 hectares et qui était affermée 700 fr. net d'impôts. Il devint ainsi possesseur, au prix de 340,000 fr., de la terre de Lucinière, d'une contenance de 474 hectares, en un seul bloc parfaitement arrondi, ne devant de passage à personne et susceptible d'un revenu de 16,500 fr. d'après l'expertise.

Bien peu de temps après cette adjudication, les propriétés rurales acquirent une grande faveur ; leur valeur vénale monta au denier trente du revenu. Sur ce pied Lucinière aurait été vendu plus de 500,000 fr. ; mais l'avenir était inconnu, la situation pressante ; il importait avant tout de ne pas laisser s'accroître un arriéré dont l'accumulation avait amené tous les embarras ; le salut commandait de liquider sans délai et à tout prix.

A la mort du vicomte Victor de Cornulier, en 1862, la totalité de la terre de Lucinière fut attribuée à son fils, le vicomte Jean-Louis-Arthur de Cornulier, qui, par l'acquisition de quelques parcelles qui n'avaient pas été rachetées et par celle des moulins de Quincangrogne, sur l'Erdre, qui la joignaient mais n'en avaient jamais fait partie, porta sa superficie à 478 hectares 18 ares. Il divisa en deux exploitations, comme elle l'était avant la Révolution, la métairie de la Basse-Cour. Puis il fit, sous le rapport voluptuaire, de grands changements au château et à ses abords dans le but de les moderniser. Il reconstruisit avec luxe une partie des servitudes, ajouta au château, à la place de la tour du nord qui menaçait ruine, un magnifique pavillon, combla les fossés qui entouraient l'habitation et les viviers qui bordaient le bas jardin, supprima les charmilles et les vergers attenants, de manière à ne laisser qu'une vaste pelouse entre les bois et le château.

Par acte du 15 mai 1885, au rapport de Mᵉ Rebsomen, notaire à Nantes, le vicomte Arthur de Cornulier et sa femme ont vendu la terre de Lucinière moyennant le prix de 940,000 fr. à M. Adolphe-Eugène-Michel-Marie-Edmond comte Le Gualès de Mézaubran, leur gendre. Ils en avaient refusé la somme ronde d'un million.

Nota. — Cette vente n'avait aucun rapport avec la dot de leur fille, à laquelle sa mère avait fait donation, par acte du 9 avril 1885, de sa terre de La Brollière, située dans l'arondissement de La-Roche-sur-Yon.

Page 227.

Lors de la mort du comte de Cornulier-Lucinière, ses sept enfants étaient encore mineurs ; ils restèrent sous la tutelle de leur mère, demeurant à Nantes, rue Basse-du-Château, n° 24, où était décédé son mari, et dès le 28 avril elle leur faisait constituer un conseil de famille ainsi composé :

Côté paternel :

Jean-Pierre de Cornulier, lieutenant-colonel de cavalerie, chevalier de l'ordre royal et militaire de Saint-Louis, demeurant à Nantes, rue Haute-du-Château, n° 4, parent éloigné.

Toussaint-Jean-Hippolyte, marquis de Cornulier, chef d'escadron des chasseurs de la garde royale, chevalier des ordres royaux de Saint-Louis et de la Légion-d'honneur, demeurant au château de Vair, commune d'Anetz, parent éloigné.

Louis-Auguste de Cornulier, chevalier de l'ordre royal et militaire de Saint-Louis, demeurant à Nantes, rue des Caves, n° 2, parent éloigné.

Côté maternel :

Albert-Jacques-Charles-Robert, marquis d'Oilliamson, ancien brigadier des gardes du corps du roi, chevalier de Malte, demeurant à Saint-

Germain-Langol, arrondissement de Falaise, département du Calvados, oncle des mineurs.

Jacques-Olivier-Marie Urvoy de Saint-Bédan, propriétaire, demeurant à Nantes, rue Félix, ami de la famille.

Henri-Louis Rousseau de la Meilleraie, propriétaire, chevalier de l'ordre royal et militaire de Saint-Louis, demeurant au château de la Meilleraie, commune de Riaillé, ami de la famille.

Ce conseil, réuni devant le juge de paix du IIIᵉ arrondissement de Nantes, nomma pour subrogé-tuteur aux mineurs de Cornulier-Lucinière M. François Baudoux, juge de paix du canton de Nort, demeurant à la Peccaudière, commune des Touches.

La tutrice confia la direction de ses affaires au digne M. Joseph-André Bruneau de la Souchais, avoué près le Tribunal civil de Nantes, qui demeurait dans la même maison qu'elle, et remplaça Mᵉ de Bussy, qui avait été le notaire funeste conseiller de son mari, par Mᵉ Charles-Louis Dubois, dont elle n'eut qu'à se louer.

Page 228.

Certificat de décès.

L'an 1847, le 4 août, nous soussigné, adjoint de la commune de Pornic, arrondissement de Paimbœuf, département de la Loire-Inférieure, déclarons que sur la demande de M. le comte Ernest de Cornulier, fils de la défunte, il a été constaté, sous la date du quatre de ce mois, par moi, en qualité d'officier de l'état-civil, et inscrit sur le registre des décès de la susdite commune, dame Anne-Henriette d'Oilliamson, et lui avons fait remise du corps de ladite défunte qu'il est dans l'intention de faire transporter dans la ville de Nantes.

Fait à Pornic les jour, mois et an que dessus.

Signé : CHOLLET, *adjoint.*

Page 235.

Lettre de l'amiral Duperré, ministre de la marine, adressée le 6 juillet 1839 à MM. Peyronnel, capitaine de frégate, et de Cornulier, lieutenant de vaisseau.

Messieurs, j'ai reçu la lettre que vous m'avez adressée le 7 du mois dernier, pour me demander de faire insérer dans les *Annales maritimes* votre mémoire sur la question théorique de *La chasse au plus près du vent.*

Ce travail ayant mérité l'éloge de la Commission qui a été chargée de l'examiner, j'accède bien volontiers à votre demande et je donne des ordres en conséquence.

Recevez, Messieurs, l'assurance de ma parfaite considération.

Page **238.**

Le comte Hippolyte de Cornulier-Lucinière était président de la Société d'assurance mutuelle contre l'incendie *La Nantaise*. Le directeur de cette Compagnie, M. Augustin Mahot ; dans son rapport à l'assemblée générale annuelle tenue le 4 avril 1887, crut, avant de l'entretenir de ses intérêts, devoir payer un tribut à la mémoire de son défunt président ; il s'exprima ainsi :

« Aujourd'hui, Messieurs, avant d'entrer dans le vif de mon sujet,
« j'ai un devoir à remplir ; ma mission m'impose l'obligation de venir,
« en votre nom à tous, adresser un dernier adieu à l'un de nos socié-
« taires les plus généralement aimés et estimés. La tâche est pénible ;
« car, quelque espérance, quelque certitude que nous ayons de nous
« retrouver un jour, il n'en est pas moins douloureux de voir la mort
« frapper ainsi les meilleurs d'entre nous ; mais elle devient douce et
« facile quand celui qui s'en est allé était par-dessus tout un homme de
« bien qui n'a laissé que du bien à dire après lui.

« Lorsque je fus appelé à prendre la direction de *La Nantaise*, l'état
« de santé de M. le sénateur ne lui permettait déjà plus d'assister aux
« séances du Conseil, et pourtant laissez-moi joindre ma douleur à la
« vôtre et mes regrets à vos regrets, car je connaissais, pour les avoir
« entendu vanter bien souvent, ses qualités charmantes où l'esprit du
« monde s'alliait toujours à la courtoisie du parfait gentilhomme, sa
« bonté naturelle, sa bienveillance tout affectueuse, son caractère
« aimable et conciliant, son abord plein de franchise et cette
« bonhomie vraie qui lui conciliait d'une façon irrésistible les sympa-
« thies de tous.

..... « Quand la Révolution de 1830 éclata, M. de Cornulier revint
« parmi les siens pour y vivre de cette vie simple et tranquille qu'il
« aimait et recherchait par-dessus tout. Son affabilité et sa loyauté par-
« faite lui attirèrent bien vite l'estime de ses concitoyens, qui, à plusieurs
« reprises, lui confièrent les fonctions de conseiller général. Il joua
« également un rôle important dans le Conseil municipal de notre ville,
« puis fut élu député de la Loire-Inférieure à l'assemblée nationale
« de 1871 et enfin sénateur inamovible.

« Entré dans le Conseil d'administration de *La Nantaise* en 1856, il
« s'était toujours acquitté de son mandat avec tant de régularité, de
« zèle et d'autorité, qu'en 1870 il fut choisi par vous, Messieurs, pour
« présider vos réunions. Et vous tous qui l'avez vu à l'œuvre et qui
« avez été à même d'apprécier pendant quinze années consécutives, dans
« ce rôle important et souvent difficile, la rectitude de son jugement et
« la courtoisie dont chacun de ses mots portait l'empreinte, vous vous
« associerez à mes paroles, et, unis dans un même sentiment de recon-
« naissance envers celui qui, durant trente années, voulut bien prendre
« une part active à vos discussions et à vos travaux, vous lui témoi-
« gnerez du fond du cœur les remerciements affectueux auxquels il a si
« justement droit.

« Je devrais m'arrêter ici, car sa vie seule est à nous et sa mort ne
« nous appartient plus. Mais non ! j'ai tort ! La mort du chrétien appar-
« tient à tous, car tous peuvent et doivent en profiter. Laissez-moi donc
« répéter en terminant ce qu'une voix plus éloquente et plus autorisée
« que la mienne a dit mieux que je ne saurais le faire.

« En s'éloignant du monde, il laisse avec un patrimoine d'honneur
« agrandi de grands exemples à suivre. Il est mort dans la paix du
« Seigneur avec le légitime orgueil d'avoir communiqué à ses enfants
« ses saintes croyances qui survivront et le feront survivre lui-même à une
« séparation cruelle. Sa fin a été douce et tranquille. Son âme est
« retournée à Dieu avec la conscience du devoir accompli, ne s'étant
« jamais courbé que devant la justice et la vérité. »

Page 239.

Théodore-Gabriel-Benjamin-Charles de Cornulier-Lucinière a sou-
tenu sa thèse pour la licence devant la Faculté de droit de Paris le
26 août 1837. Cette thèse, tant en droit français qu'en droit romain, a
pour sujet : *Les droits et les obligations du tuteur ;* elle a été imprimée
à Paris chez Bailly, 1837, 30 pages in-4°.

Page 245.

Le commandant de Cornulier-Lucinière figure dans le beau tableau
de Protais, qui est dans les galeries de Versailles, et qui représente les
troupes françaises avant le combat, au moment de donner le grand

assaut qui détermina la prise de Sébastopol. Il est peint d'après le portrait qu'en avait fait faire sa veuve dans l'atelier d'Horace Vernet. En
outre de ce dernier souvenir, elle a écrit, pour sa fille et pour ses
neveux, la vie détaillée de son héroïque mari, qui, dans l'armée, n'était
généralement désigné que sous le seul nom de *Lucinière*. Plus tard,
ses neveux n'y furent également connus que sous ce dernier nom.

Page 259.

Après qu'il eut quitté la mairie, l'amiral de Cornulier fut
nommé président de l'OEuvre du noviciat des Frères des
écoles chrétiennes pour le diocèse de Nantes. Dans la réunion générale annuelle des membres de cette œuvre tenue
à l'hôtel de Rosmadec le 9 février 1887, sous la présidence
de Mᵍʳ Le Coq, M. le marquis de la Ferronnays, député de
la Loire-Inférieure et nouveau président de l'OEuvre du vénérable de la Salle, prononça l'éloge de son prédécesseur.

« L'amiral de Cornulier, dit-il, est allé recueillir la récompense à
« laquelle cinquante années de dévouement à la religion et à la patrie
« semblaient lui donner tant de droits. Il nous laisse de salutaires
« exemples, de grands enseignements, d'autant plus précieux qu'à
« notre époque ils deviennent chaque jour plus rares. Au milieu des
« défaillances qui nous entourent, lorsque l'intérêt, sous les formes
« les moins élevées, semble être la loi maîtresse de la Société contempo-
« raine, saluons avec respect cette noble existence dont l'abnégation et
« le dévouement ont marqué tous les actes et que dominent ces deux
« emblêmes : la croix et l'épée !
« D'autres retraceront ce que fut M. de Cornulier lorsque, rendu par
« l'âge à la vie civile, il présidait aux destinées de notre grande cité. Ceux
« qui l'ont vu à l'œuvre dans sa laborieuse vieillesse rediront mieux
« que je ne saurais encore le faire ce que furent son activité, la justesse
« de son esprit, la fermeté de sa volonté pendant sa trop courte admi-
« nistration ; puis, lorsque les vicissitudes de la politique semblèrent
« une fois de plus le condamner à l'inaction, quelle fut l'infatigable

« ardeur qu'il consacra à servir les pauvres et les déshérités de ce
« monde.

« Soldat moi-même, c'est au soldat, Monseigneur, que vous me per-
« mettrez de rendre un suprême hommage, à celui dont le caractère
« chevaleresque excite encore aujourd'hui la respectueuse admiration de
« ceux qui furent ses chefs ou ses camarades.

« C'est qu'en effet, toutes les actions d'éclat qui marquent sa longue
« carrière présentent le même trait distinctif. Dès qu'il a vu ce que le
« devoir lui commande, M. de Cornulier l'exécute, sans hésitation, sans
« songer aux dangers qu'il affronte ; quelle que soit la difficulté de son
« entreprise, son unique préoccupation semble être de rester fidèle à la
« vieille devise de la chevalerie : *Fais ce que dois, advienne que*
« *pourra ;* et, par une singulière fortune, le succès a toujours couronné
« sa généreuse audace. »

Ici M. de la Ferrronnays retrace les principaux épisodes de la carrière
militaire de l'amiral, puis il continue ainsi :

« Son séjour dans l'Extrême-Orient a laissé des traces durables : c'est
« sous son administration de la Cochinchine que notre influence s'est
« solidement établie dans la colonie par le développement de la civili-
« sation chrétienne ; les missionnaires, protégés par le gouverneur,
« portaient au milieu de ces populations insoumises le respect du nom
« français et accomplissaient, pied à pied, la conquête pacifique de riches
« provinces dont la guerre n'eût pu aussi sûrement nous assurer la
« possession.

« Telle fut la carrière militaire de l'amiral de Cornulier ; peu de
« marins en ont eu une aussi glorieuse et il n'en est pas un dont le nom
« évoque à un plus haut degré des souvenirs d'honneur, de courage et
« de distinction. Voilà l'homme qui est enlevé à notre œuvre au moment
« où, plus que jamais, son concours allait nous être nécessaire. »

M. Poulain, secrétaire de la Société, prit ensuite la parole pour
lire un rapport sur la situation de l'œuvre ; lui aussi crut devoir débuter
par un témoignage de sympathie pour son ancien président.

« Avant de vous exposer, dit-il, les conséquences de la loi cruelle et
« injuste qui vient de frapper les congrégations enseignantes, laissez-
« moi payer à la mémoire du président que nous avons perdu, de
« l'amiral de Cornulier, l'hommage si légitime qui lui est dû. Vous
« venez d'entendre son successeur parmi nous parler de lui comme un
« soldat seul sait parler d'un marin. Obligé de renoncer à une brillante
« carrière militaire pour ne pas trahir ses convictions religieuses,

« M. le marquis de la Ferronnays peut, mieux que tout autre, com-
« prendre ce qui dut se passer dans l'âme chrétienne de l'amiral, le
« jour où il vit le triste gouvernement de son pays entreprendre la
« croisade antireligieuse à laquelle nous assistons depuis tantôt dix ans.

« Lacordaire l'a dit dans son brillant langage : « L'honneur, c'est
« l'âme et l'auréole de la vie d'un homme. » C'était le sentiment qui
« dominait chez l'amiral de Cornulier ; aussi portait-il l'assujettissement
« au devoir qui en est l'émanation jusqu'à ses dernières limites. Il
« devait ce don si rare à une triple cause : à ses traditions de famille,
« au rude milieu dans lequel il avait passé sa vie, à sa foi chrétienne.

« C'est pourquoi, rentré dans la vie privée, nous l'avons vu, au lieu
« du repos auquel il avait tant de titres, préférer, pour le plus grand
« bien de ses concitoyens, la lutte sur le terrain des libertés publiques et
« religieuses.

« Appelé au Conseil municipal, il accepta la haute situation de maire
« de Nantes, qui déjà n'était plus, pour un homme de cœur, qu'un
« poste de devoir et de dévouement. Il tint jusqu'au bout avec la double
« pensée d'être un obstacle à des violences de sectaires et à des dilapi-
« dations sans frein. Puis, quand il ne trouva plus autour de lui les
« conditions qu'il regardait comme indispensables à la vie publique, il
« se condamna à la retraite où l'attendait le témoignage d'une conscience
« sans reproche.

« C'est là que nous vînmes lui offrir la présidence de l'Œuvre du
« vénérable de La Salle. Son acceptation fut immédiate. Elle était, à ses
« yeux comme aux nôtres, une protestation contre la persécution qui
« s'accentuait et un hommage à ces vaillants instituteurs qu'il avait pu
« apprécier sur tous les points du globe. Au Conseil supérieur de l'ins-
« truction publique, où il représentait le ministre de la marine, l'amiral
« avait d'ailleurs pu apprécier le frère Joseph, et ce fut avec joie qu'il
« apprit un jour son élévation à la suprême dignité de sa congrégation.

« Dès le début de sa présidence, il obtint du Conseil général un secours
« annuel de deux mille francs pour le noviciat des Frères.

« Faut-il maintenant rappeler le rôle de l'amiral de Cornulier lors de
« l'expulsion des jésuites ? La porte du couvent est brisée ; les jésuites
« cèdent à la violence ; ils sortent. En tête marche l'amiral donnant le
« bras au supérieur, le R. P. Foucault. Ils sont accueillis aux cris de
« vivent les jésuites ! vive la liberté ! La police confuse et impuissante
« est à la merci d'une foule frémissante et indignée. Les sergents de
« ville semblent implorer l'assistance de leur ancien maire. L'amiral se

« décide à parler; il fait appel à la modération et à la sagesse; la foule
« s'écarte respectueusement et forme la haie.

« Ce n'était pas la première fois qu'il protégeait les fils de saint
« Ignace. Douze ans auparavant, dans l'Extême-Orient, les jésuites,
« dont les résidences étaient menacées, firent, par l'intermédiaire du
« chargé d'affaires à Pékin, appel à la protection de la croisière fran-
« çaise dans les mers de Chine. Le chef de la station navale appareilla
« aussitôt pour Chang-Haï; à peine eut-il montré son pavillon sur les
« eaux du fleuve Bleu, que les jésuites cessèrent d'être inquiétés, et cela
« pour longtemps. L'amiral avait oublié cet acte généreux, mais ses
« protégés en avaient gardé un souvenir reconnaissant, et le Père
« Foucault put lui dire en le lui rappelant : « Un de ces jésuites menacés,
« c'était moi; le marin protecteur, c'était vous ! »

Dans son assemblée générale, tenue au commencement
de chaque année, le cercle de la place Louis XVI à Nantes,
qui est celui des hommes appartenant à la première société
de la ville, a, comme les tribunaux à leur rentrée, la pieuse
coutume de consacrer un souvenir à la mémoire de ceux
de ses membres que la mort lui a ravis dans l'année précédente. Son président en 1887, M. le vicomte de Rochefort,
après avoir fait l'éloge du comte Auguste de Cornulier, sénateur de la Vendée, s'est exprimé ainsi :

« Un autre membre de cette noble famille devait, peu de mois après,
« payer le triste tribut dû à la nature; le contre-amiral comte de
« Cornulier-Lucinière était enlevé à notre cercle, à ses nombreux amis,
« à sa famille et à la France, qu'il avait si bien servie pendant toute sa
« vie jusqu'à son dernier soupir.

« Il me faudrait, Messieurs, un volume pour retracer l'existence du
« glorieux marin qui n'est plus ! Toute sa vie a été consacrée au service
« de la patrie. Elle n'a été qu'un long exil, qu'une suite continuelle de
« combats contre les éléments, contre les ennemis de son pays; aussi
« sa noble poitrine était-elle constellée des décorations de toutes les
« contrées du globe. Grande et magnifique existence ! Combien les
« Nantais doivent être fiers de pareils enfants !

« Obligé de prendre sa retraite par suite de l'inexorable limite de
« l'âge, l'amiral de Cornulier revint vivre parmi nous. C'est alors,
« Messieurs, que le gouvernement lui offrit la mairie de notre ville. J'ai
« connu toutes ses répugnances à subir cette lourde charge ; il savait
« combien d'ennuis lui étaient réservés avec un corps municipal composé
« des ennemis de tout ce qu'il aimait et respectait ; il crut que c'était
« son devoir et il accepta.

« Comme il s'y attendait, les déboires ne lui ont pas manqué ; il a été
« abreuvé d'amertumes ! Néanmoins, il tint tête à l'orage jusqu'au
« moment où il sentit ses forces lui faire défaut. Appelé de nouveau par
« ses concitoyens au Conseil municipal de Nantes, il est resté sur la
« brèche jusqu'au dernier jour.

« L'amiral de Cornulier laisse à la France une belle famille ; tous ses
« enfants ont embrassé la carrière des armes ; ils savent porter digne-
« ment le nom que leur a légué leur illustre père.

« L'amiral s'est vu mourir ; il n'avait pas besoin d'avertissement
« pour se préparer à ce terrible passage. Chrétien sincère et dévoué,
« il a fait son sacrifice avec une grande fermeté d'âme, bien per-
« suadé que le Dieu de miséricorde et de justice saurait le récom-
« penser d'une vie toute d'honneur, de dévouement et de sentiments
« chrétiens. »

Veuve depuis dix mois seulement de l'amiral de Cornulier-Lucinière, Mlle de la Tour-du-Pin est morte presque
subitement à Nantes le 15 janvier 1887. Elle appartenait à
une race illustre et fertile en femmes douées des qualités
viriles, à celle qui, il y a deux siècles, donna la célèbre
Philis de la Charce, la Jeanne d'Arc du Dauphiné. Elle s'est
montrée digne de son origine.

Femme solitaire de marin, son existence a compté plus
de jours de tristesse et d'angoisses que d'heures de joie.
Prudente et exempte de frivolité, elle s'acquitta heureuse-
ment d'une tâche ardue, celle de diriger par elle-même le
gouvernement de sa maison et l'éducation de ses six enfants,

que les absences fréquentes et prolongées de son mari re-
mettaient entièrement entre ses mains.

Page 261.

Le comte Raoul de Cornulier-Lucinière, lieutenant-colonel, a été
nommé, le 8 septembre 1887, commandant du 160e régiment de ligne,
devant être formé à Perpignan le 1er octobre 1887.

Page 264.

Le vicomte Paul de Cornulier-Lucinière, commandant le *Limier* à la
station de Madagascar, a adressé au Ministère de la marine une étude
sur les *Ouragans à Madagascar en 1885*. Le ministre, après avoir
soumis ce mémoire à l'examen du Comité hydrographique, lui écrivit
le 24 mars 1887 : « M'associant aux conclusions de ce comité, je vous
« adresse mes remerciements pour l'envoi de ce travail, qui sera inséré
« dans la *Revue maritime* et dans les *Annales*, précédé du rapport de
« MM. Banaré et Caspari. » En conséquence de cette décision, le
mémoire du commandant de Cornulier-Lucinière a paru dans les
Annales hydrographiques, 1er volume de 1887, où il occupe trente-deux
pages et est accompagné de quatre planches.

*Extrait de la délibération du Comité hydrographique dans sa séance
du 23 février 1887.*

MM. Banaré et Caspari ont examiné le travail de M. le capitaine de frégate
de Cornulier-Lucinière sur les deux ouragans observés à Madagascar en 1885.
L'ouragan de décembre n'a qu'une importance moindre; quant à celui
des 24-25 février 1885, M. de Cornulier-Lucinière a calculé sa trajectoire
probable au moyen des observations faites à Tamatave, Sainte-Marie,
Vohémar, et à bord du *Saphir* et du *Pornichet;* il a basé ses calculs, non
pas sur la direction du vent, mais sur les hauteurs barométriques observées
qui permettent d'avoir la distance au centre par la formule de M. le commandant Fournier. La courbe ainsi obtenue satisfait bien aux observations, et le
météore s'y meut avec une vitesse sensiblement constante.
La connaissance de la trajectoire a conduit l'auteur à cette conclusion : que
l'on ne peut pas admettre d'une façon absolue que les vents sont normaux

au relèvement du centre, mais qu'ils ont une tendance à se rapprocher de la direction centripète.

Il a semblé aux rapporteurs que M. de Cornulier-Lucinière s'était peut-être trop astreint à donner au météore une vitesse uniforme et une trajectoire géométrique, et qu'il serait possible, en tenant compte de l'influence des hautes terres, de modifier la forme de la courbe, de manière à mieux satisfaire aux observations du *Saphir* et du *Pornichet* et de Sainte-Marie. Ces réserves n'infirment, d'ailleurs, en rien les conclusions générales, ni surtout la constatation de ce fait important, à savoir la direction légèrement centripète des vents, qui est pour la marine du plus haut intérêt.

A ce point de vue, les rapporteurs estiment que le travail très consciencieux de M. de Cornulier-Lucinière a sa place marquée dans la *Revue maritime et coloniale* et les *Annales hydrographiques*.

Ces conclusions sont adoptées par le Comité, qui adresse ses remerciements à l'auteur, et décide que le mémoire présenté sera précédé dans les *Annales* du rapport de MM. Banaré et Caspari.

Conformément à l'avis des rapporteurs et de M. le chef du service météorologique, le Comité émet le vœu que des baromètres enregistreurs soient délivrés à celles de nos colonies où des ouragans sont à craindre.

Pour le contre-amiral président, l'ingénieur hydrographe en chef,
Signé : BOUQUET DE LA GRYE.

Remarque. — Il y a pour les marins, comme le dit le rapport ci-dessus, un haut intérêt à savoir si, dans les cyclones, la direction du vent est divergente ou centrifuge, si elle est circulaire, ou bien si elle suit une spirale tendant vers le centre du météore. Dans la première hypothèse, fuir vent arrière devant l'ouragan présente tous les avantages, car on ménage le navire tout en s'éloignant de l'origine de la tempête ; dans la seconde, cette manœuvre soulage le navire sans le rapprocher du point périlleux ; dans la troisième, elle fait courir vers le centre même du danger, elle engage définitivement le navire dans la sphère du tourbillon.

Le 1er décembre 1887, le vicomte Paul de Cornulier-Lucinière a été nommé adjoint au directeur du personnel du Ministère de la marine et promu capitaine de vaisseau le 4 février 1888.

Page 268.

Gustave-Jean-Marie-Alfred de Cornulier-Lucinière a été promu, le 13 janvier 1887, capitaine au 3e régiment de cuirassiers.

CORRECTIONS A FAIRE AUX ADDITIONS.

Page 17, dernière ligne, lire *floyd*, au lieu de floye.

Page 22, ligne 6, lire *pudicitiæ*, au lieu de pudicitatis.

Page 23, ligne 9 et page 24, ligne 20, lire la *Tronchaye*, au lieu de la Tranchaye.

Page 44, ligne 9, le colonel Charles de Launay de la Mothaye n'a pas épousé une demoiselle de Sapinaud, mais bien Marie *Fremyn de Sapicourt*.

Page 48, dernières lignes, Marie de Keraldanet épousa Gilles de Sévigné, *fils* de Renaud, comte de Montmoron, conseiller au Parlement de Bretagne.

TABLES

DE LA

GÉNÉALOGIE DE CORNULIER

ÉDITION DE 1884

ET DE SES ADDITIONS

Imprimées en 1886 et 1888.

NOTA. — Les chiffres sans caractéristique renvoient aux pages de la *Généalogie*.
— Les chiffres précédés de la lettre A renvoient aux pages des *Additions*.

PREMIÈRE TABLE

1° Avant-propos ou introduction à la Généalogie.

2° Articles d'un intérêt commun à tous les membres de la famille de Cornulier.

DEUXIÈME TABLE

Articles spéciaux à chacun des membres de la famille de Cornulier.

Premiers sujets.

De Cornillé. Hamelin, 1, 2.
Odon Ier et Geoffroy, 2, 3.
Odon II et Jacquelin, 3, 4.
Hamelin (douteux), 4, 5.
Hervé et Sylvestre, 5, 6.
Odon III et Sécard, 5, 6.
Geoffroy, seigneur du Bois-d'Izé, dit depuis lui le Bois-Cornillé, et Guillaume, 6.
Pierre, 7, 8.
Odon IV, Guillaume, Alain et Gautier, 8.
Jean, chevalier du Temple, 8.
Guy, abbé de Saint-Augustin de Limoges, et Geoffroy, 9.
Béatrix, bienfaitrice de la Chartreuse du Parc, 9, A 1.

Branche de la Bichetière.

Jean Ier, Olivier et Jeanne, 13, 14, A 2.
Jean II, 14.
Amaury et ses enfants, 14, 15, A 139.
Pierre et ses enfants, 15, 16, 17, A 2.
Antoine et ses enfants, 17, 18.

> NOTA. — Aux enfants d'Antoine de Cornillé, énumérés dans la généalogie, il faut ajouter François, mentionné dans une lettre écrite de Rome, le 26 octobre 1542, par Gilles de Beaumanoir, qui dit : « Je désire être recommandé aux bonnes grâces de Monsieur François *de Cornoillé* et à tous les autres de la maison du Besso. » (Lettre publiée dans la *Revue historique de l'Ouest*, 1re livraison de 1888.)

Pierre, abbé de Montmorel, 18.
Briand, chevalier de Saint-Michel, et ses enfants, 18, 19, 20, A 2, 3, 139.

Branche de Bais.

De Cornillé. Thomas Ier et Thomas II, 21.
Hervé Ier, Hervé II et ses enfants, 21, 22, Λ 3.

Branche de Mécé, tige de la maison de Cornulier.

De Cornulier. Grégoire Ier et Grégoire II, dont le nom et les armes
furent changés en 1381, 23 à 28.
Guillaume Ier et ses enfants, 28 à 30, A 3, 140.
Guillaume II et ses enfants, 30 à 32, A 141.
Pierre Ier, qui se fixa dans le comté Nantais, 32 à 36.
Pierre II, gratifié par le sire de Châteaubriant et ses en-
fants, 36 à 39.
Pierre III, dit le général de La Touche, 39 à 48, A 3, 4, 141
à 143.
Pierre, évêque de Rennes, 48 à 52, A 4 à 11, 143 à 146,
148 à 150.
Filles de Pierre III, 52 à 54, A 12 à 14, 147.
Philippe, prieure de Saint-Malo-de-Teillay, 53, 54.
Claude Ier, dit le général de La Haye, et ses enfants, 54 à
à 64, A 12 à 14, 147 à 150.
Marie-Thérèse, célèbre religieuse de la Visitation, 63, A 150.
Pierre IV, baron de Châteaufremont, et ses enfants, 64 à
70, A 15.
Pierre, maître de l'Oratoire de Monsieur, 68.
Marie-Louise, religieuse hospitalière, 69, 70.
Claude II, marquis de Châteaufremont, et ses enfants, 70
à 80, A 10, 15, 150, 151.
Toussaint, comte de Largouet, et ses enfants, 80 à 90, A
16, 17, 150, 152.
Marie-Constance, religieuse de la Visitation, 88, 89.
Charles-René, dernier mâle de la branche aînée, et ses
filles, 90 à 94 A 17, 19, 152, 154 à 156.

Branche du Boismaqueau, devenue l'aînée en 1738, et son rameau de la Sionnière.

De Cornulier. Jean-Baptiste, dit le président du Boismaqueau, et ses
enfants, 95 à 99, A 19, 20, 155.
Claude, prieur de la Madeleine d'Iff, chevalier de Saint-
Lazare, 98.
Claude, dit aussi le président du Boismaqueau, et ses en-
fants, 99 à 103, A 155.

De Cornulier. Jean-Baptiste Toussaint et Jean-Pierre, tous les deux chevaliers de Saint-Louis, qui ont fait le rameau de la
Sionnière, 102, A 156, 177.

Toussaint, devenu chef de nom et d'armes de la famille
en 1738, et ses enfants, 103 à 109, A 20 à 28, 154, 156.

Jean-Toussaint, commandeur de Malte, 105, 106, A 20, 21,
32.

Toussaint-Charles-François, sixième et dernier président à
mortier de la famille et ses enfants, 109 à 112, 28 à 36,
156, 157.

Toussaint-François-Joseph, marquis de Cornulier, exécuté
révolutionnairement, et ses enfants, 112 à 115, A 36 à
42, 157.

Toussaint-Jean-Hippolyte, marquis de Cornulier, lieutenant-colonel de cavalerie, et ses enfants, 115 à 120, 177.

Charles-Joseph-Gontran, marquis de Cornulier, député du
Calvados, et ses enfants, 120, 121, A 42, 43.

Branche de la Caraterie et ses rameaux de la Pajollerie, du Boiscorbeau et de La Lande.

De Cornulier. Charles, seigneur des Gravelles, capitaine des gentilshommes du pays de Retz, et ses enfants, 123 à 126,
A 43.

Charles-Yoland, seigneur de la Caraterie, capitaine de la
noblesse au comté Nantais, et ses enfants, 126 à 128.

Claude, auteur du rameau de la Pajotterie, 127, 128.

Charlemagne Ier, seigneur de la Caraterie, capitaine de la
noblesse au comté nantais, et ses enfants, 128 à 131.

Alexandre-Gaston, dit le chevalier de la Caraterie, chevalier de Saint-Louis, 130.

Charlemagne II, seigneur de la Caraterie, mort dans la
tourmente révolutionnaire, et ses enfants, 131 à 137.

Charlemagne III de la Caraterie et ses filles, 133, 134.

Arnaud-Désiré-René-Victor du Boiscorbeau, 134, 135,
A 44.

Arnaud-René-Victor, vicomte de Cornulier du Boiscorbeau,
et ses enfants, 135 à 137, A 160, 176.

Jean-Louis-Arthur, vicomte de Cornulier du Boiscorbeau,
et sa fille, 136, 137, A 44, 176, 177.

Louis-Auguste, comte de Cornulier de la Lande, qui continue aujourd'hui la branche de la Caraterie, chef de division des armées vendéennes, et ses enfants, 137 à 146,
A 44, 177.

De Cornulier. Auguste-Louis-Marie, comte de Cornulier de la Lande, élu
deux fois sénateur de la Vendée, ses enfants et petits-
enfants, 146 à 148, A 45 à 48, 159 à 161, 184.
Louis-Henri-Marie, conseiller général de la Vendée, et ses
enfants, 147, A 47, 161.

Branche de Lucinière et ses rameaux de Montreuil, du Pesle et du Vernay.

De Cornulier. Jean, dit le grand-maître de Lucinière, et ses enfants, 149
à 160, A 48 à 50, 148 à 150, 161, 162, 165.
Claude, dit l'abbé du Hézo, 153 à 156, 165.
Victor, seigneur de Montreuil, et sa fille, dite Mme de Luci-
nière, 156 à 157, A 162, 165.
Philippe-Emmanuel, auteur de la branche de Montreuil,
dont la descendance est exposée au bas des p. 158 à
168, savoir :
Claude Ier, 160 à 162, A 162, 163 ;
Claude II, 163 à 164 ;
Claude III, 164 à 167 ;
Tous les trois successivement capitaines de la noblesse
et lieutenants des maréchaux de France au comté Nan-
tais.
Pierre, dit le grand-maître de Lorière, et ses enfants, 160 à
173.
Françoise-Élisabeth, dite Mlle de Lorière, 173.
Jean-Baptiste, dit le président du Pesle, chevalier de Saint-
Lazare, et ses filles, 170 à 172, A 163, 164, 165.
Jean-Baptiste, baron de la Roche-en-Nort, et ses enfants,
173 à 190, A 50, 164, 165, 168.
Pierre-Eustache, auteur du rameau du Vernay, et ses en-
fants, dont le chevalier du Vernay, dit le comte de
Cornulier, 179 à 187.
Claude-Jean-Baptiste, comte de la Roche-en-Nort, et ses
enfants, 191 à 200, A 66, 68, 69.
Jean-Baptiste-Benjamin, dit le président de Lucinière,
troisième et dernier conseiller au Parlement de sa
branche, et ses enfants, 200 à 220, A 70, 71, 75, 76,
169 à 173.
Louis-Henri, tué à Newport, 216 à 218.
Anne-Charlotte-Marie, dite Mlle de Lucinière, 218, 219,
A 73 à 75.
Jean-Baptiste-Théodore-Benjamin, comte de Cornulier-
Lucinière, et ses enfants, 230 à 247, A 75 à 77, 170 à
172, 174 à 177.

TROISIÈME TABLE

Liste alphabétique des noms de famille, autres que celui de Cornulier, et des noms de terres cités tant dans la Généalogie que dans ses Additions.

Nota. — Les noms de famille sont en romain ordinaire ; les noms de terres sont en *italique* ; les renvois à des articles détaillés sont entre parenthèses ( ).

Caraterie (La), 61, 123 à 131, 133, 134, 142, 144, 165, 167.

Carcado (De), 87, 89, A 34. (Voyez Le Sénéchal.)

Cardonne (De), 70, 71.

Carné (De), 37.

Caro, A 114.

Carré, A 143, 148, 149.

Carron (L'abbé), 112, 209, 219, 227, 248, A 73, 74.

Caspari, A 186, 187.

Cassard, 190, A 163.

Casson, 164.

Castel, A 34.

Castille (De), 83.

Catherinot, 31.

Catreux, A 161, 162.

Catuélan (De), 107, A 18, 27. (Voyez du Merdy.)

Cauroy, 169.

Cayeu, 135.

Cazenove de Pradines, A 45.

Cerisay, A 4.

Cernoy, 135.

Cerrières, A 11.

Chaffault (Le), 70, 76, 157.

Chalonge (Le). A 32.

Chamballan, 86.

Chambord (Comte de), 137, 258.

Chambrette, A 15.

Champagny (De), A 119.

Champaigné (De), 16, 17, 19, A 15, 139.

Champion de Cicé, 47, 52, 53, 123, A 11, 12.

Champ de la Noë (Le), A 175.

Champ-Renou (Du), A 82, 83.

Chanteloup, 85.

Chapeau (Le), A 11.

Chapelle (De la), 53, 103, 195, A 11, 163.

Chapelle-Glain (La), A 166.

Chapelle-Saint-Sauveur (La), A 25, 26.

Chapelles (Les), A 34.

Chapellier (Le), A 33.

Charbonneau, 103.

Charce (De la), A 185. (Voyez La Tour-du-Pin.)

Charette, 39, 62, 63, 136, 138, 141, 144, A 45.

Charier, 162.

Charost (De), A 19. (Voyez Béthune.)

Charpentier de Lenvos, A 31.

Chasné (De), 21, A 3.

Chasseloire, 152.

Chassonville, 108, 133, A 33. (Voyez Le Mallier.)

Chastel (Du), 62.

Chastenay (Le), 31.

Châteaubriant (De), 8, 78, A 117.

Châteaufremont (64, 65), 66, 67, 76, 77, 80, 84, 90, 92, 95, 105, 112, 123, 165, A 14, 16, 17, 24 à 26, 29 à 32, 35, 36, 156, 157.

Châteaugal, 62, 109, 112, A 29, 34.

Châtellier (Le), 85.

Chauveau, A 12.

Chauvelière (La), A 170.

Chauvinière (La), 164.

Cheminée, A 20.

Chêne (Le), 20.

Chenu, 67, A 15.

Chérin, 133, A 55, 62.

Chesnaie (La), 86.

Chesnaye des Bois (La), A 135, 136.

Chevigné (De), 99, 133.

Chevillard, A 140.

Chèze (La), 63, A 12.

Chillau (Du), 146.

Choart, A 147.

Choiseul (De), 106.

Chotard, 189.

Chouzé, 65, A 14.

Chrestien, 171.

Cicé (De), A 11, 31. (Voyez Champion.)

Cicéron, A 100, 118.

Cigoigne (De la), 21, A 3.

Clairaux (Les), 109, A 34.

Louis XIV, A 128.
Louis XV, A 131.
Louis XVI, A 121.
Lousil, 158.
Louvel, 18.
Luvrardière, 162.
Loyenne (La), 189.
Loynes (De), 132.
Loyon, 81.
Loysel, 61.
Lucinière, 40, (42, 43,) 48, 59, 74, 95,
 113, 135, 136, 148, 150, 153 (154),
 155, 156, 158, 173, 174, (175), 177,
 189 à 191, 194, 196, 198 à 201, 206,
 210, 213, 215, 223, 226, 229, 232,
 236, 239, 240, 246, A 4, 11, 68, 70
 à 72, 161 (162), (164 à 167), 169,
 170, (174 à 177.)
Lucinière (De), 150, 156, 199, 200,
 202 à 205, 208 à 211, 213, 216 à
 218, 227, 229, 246, A 35, 66, 69,
 71, 73 à 76, 169 à 173.
Luxembourg (De), vicomte de Martigues, 38, 42.
Lyon (Du), 120.
Lys (Du), A 150.

M

Madeleine (La), 227.
Magon de la Balue, 112 à 114, A 37,
 38, 158.
Mahé, A 9.
Mahière (La), 158.
Mahot, A 180.
Maillé (De), 43, A 4.
Maistre (De), A 104, 129.
Malestroit (De), 82.
Mallier de Chassonville (Le), 108,
 A 23, 26, 32.
Malnoë, 131, 170.
Mantellier, A 67.
Maquillé (De), 87.
Marbœuf (De), 71.
Marcé, 195, A 167, 170.

Marec (De), 195.
Margerie (De), A 100, 122.
Marigny, 159.
Marion, 177.
Marqueraye (De la), A 8.
Martel (De), 109.
Martens, A 168.
Martigné, A 50.
Martigues (Vicomte de Martigues), 38,
 45.
Martin, 13, 62, A 147.
Martin de la Baluère, 109.
Massillon, A 98.
Matz (Du), 41.
Maubouant, A 32.
Maubreuil, 130, A 44.
Maudet (De), 53.
Mauduit du Plessis (De), 148.
Mauléon (De), 120.
Maumusson, 70, 84.
Maure (De), 78.
Maurice du Lérin, A 40.
Meignen (Le), 127, 128.
Meilleraye (De la), A 43, 166, 178.
Meix (Le), (153, 154), 173, 174, 191,
 200.
Mellinet, 242.
Ménage, A 131, 133.
Ménager, 139, A 2.
Ménardeau, 130, A 44.
Méneust (Le), 160 à 162, 190, A 162.
Mennais (L'abbé de la), 219, A 73 à
 75.
Ménoray, 90, A 19.
Merdy de Catuélan (Du), 107, A 23,
 24, 26, 32, 33.
Merlet, 190.
Mésanger (De), 65.
Mesle, 62.
Mesnard, 190.
Mesneuf, 19, A 49.
Mesros, A 29.
Metz (De), 121.
Milly, 43, A 4.
Minière (La), 86.

Mirabeau (De), A 108.
Miramion, 62.
Miron, 56, A 142.
Moine de la Tâchelais (Le), A 33.
Molac, 81, 92, A 24, 36.
Molac (De), 91.
Molé, A 61, 62.
Mongazon, 19, 20.
Montjonnet, 89.
Monk-d'Uzer, 248.
Monnier, 246.
Montaigne, A 111, 122.
Montaudouin (De), A 155.
Montbourcher (De), 16, 29, A 3.
Montchouon, 14, 30.
Montebert, 62, 63.
Montendre, 48.
Montesquiou-Fezensac, A 104.
Montfort, 81.
Montfort (De), 108, 133, A 67.
Montfort-Gaël (De), 195.
Montgommery (De), 18.
Monthorin, 16.
Monti (De), 87, 115.
Montifray, 150.
Montigné, 177, A 175.
Montluc (De), 47, A 141.
Montmorel, 18.
Montmorency (De), 56, 63, 87, 89, 157.
Montmoron, A 48.
Montoir, A 24.
Montrelais (78), 80, 90, 92, 93, 105, 113, A 16, 25, 26, 154, 157.
Montreuil, 74, 130, 149, (151), 156, 158, 162 à 165, 168, 170, 174, A 161, 162.
Montreveau, 47.
Montsorbier (De), 133, 134, 137, A 44.
Montullé (De), 160.
Moreau, 177, 203, A 6.
Morel, 22, 50, 171.
Morel de la Motte, 109, A 24, 26, 32.
Morhonnière (*La*), 126.

Moricière (*La*), 161, 170, 175, 197.
Morin, 156, 171, A 142.
Morinaye (*La*), A 49, 50.
Morinière (*La*), 85.
Morlière (*La*), 156.
Morouais (*La*), 92.
Mortain, 1, 2, 3.
Mortemart, 78.
Morvan, A 170.
Motte-Alleman (*La*), 17.
Motte d'Aubigné (De La), 192, A 66.
Motte-Beaumanoir (De La), 94, A 18.
Motte en Ercé (*La*), 149, 160, A 50, 165.
Motte Ferchault (*La*), A 15.
Motte de Gennes (*La*), 109.
Motte-Glain (*La*), 71, 152, 194, A 167.
Motte-Grimaud (*La*), 40.
Motte-Rouge (De La), A 44.
Motte-Roussel (*La*), 132.
Motte de Torcé (*La*), 14, 16 à 20, 139.
Motte en Trans (*La*), 95, 97, 99, 103, A 24, 156.
Moulin (*Le*), 196.
Moulin (Du), 41, 108, 154.
Moulinets (*Les*), 145.
Moustouer (*Le*), 92.
Muce (De La), 154.

N

Narbonne-Pelet (De), 63.
Nassau (De), A 166.
Nau, 127.
Nepvouet, 124.
Nétumières (*Les*), 78, 87, 112, A 15, 29 à 35, 41.
Nicolliere-Teijeiro (De La), A 25, 43, 156.
Normand de Marchillé, A 57.
Norouelle, 85.
Noue (De La), 53, 70, A 147, 150.
Nouvellon, 267.
Noyal, 87.

W

IMP. GEORGES JACOB, — ORLÉANS.